| 职业教育新形态教材

汽车液压与气压传动

▶▶ 第二版

崔培雪　陈彩珠　主编
施权浩　尚玉龙　王 影　邹哲维　副主编

QICHE YEYA
YU QIYA CHUANDONG

化学工业出版社
·北京·

内容简介

本教材为职业教育新形态教材，分为基础理论和实训工作页两部分，主要内容包括：汽车液压流体力学基础、汽车液压动力元件、液压执行元件及辅助元件、汽车液压控制元件、液压基本回路、典型的汽车液压传动系统、气源装置与气动元件、气动基本回路、汽车气压传动系统应用实例、电气控制回路设计与PLC控制应用、汽车液力传动及应用、岗课赛证·综合实训工作页。本教材精选了大量的汽车新科技装备与产品图片，图文并茂，版面生动美观。为方便教学，本书配套了丰富的资源，包括二维码视频、电子课件、习题参考答案、综合试卷等。

本教材可作为职业院校汽车类各专业液压与气压传动课程的专业教材，也可以作为企业岗位培训用书。

图书在版编目（CIP）数据

汽车液压与气压传动/崔培雪，陈彩珠主编．—2版．—北京：化学工业出版社，2023.8
ISBN 978-7-122-43446-3

Ⅰ.①汽… Ⅱ.①崔… ②陈… Ⅲ.①汽车-液压传动-高等职业教育-教材②汽车-气压传动-高等职业教育-教材 Ⅳ.①U463.2

中国国家版本馆CIP数据核字（2023）第082006号

责任编辑：韩庆利　　　　　　　　　　文字编辑：吴开亮
责任校对：李雨晴　　　　　　　　　　装帧设计：史利平

出版发行：化学工业出版社（北京市东城区青年湖南街13号　邮政编码100011）
印　　装：三河市双峰印刷装订有限公司
787mm×1092mm　1/16　印张14　字数354千字　2023年9月北京第2版第1次印刷

购书咨询：010-64518888　　　　　　　售后服务：010-64518899
网　　址：http://www.cip.com.cn
凡购买本书，如有缺损质量问题，本社销售中心负责调换。

定　　价：45.00元　　　　　　　　　　　　　　　版权所有　违者必究

本书编写人员名单

主　编　崔培雪　陈彩珠
副主编　施权浩　尚玉龙　王　影　邹哲维
参　编　杨　乾　王建波　马永杰　石金桃
　　　　　杜爱春　李俊亚　黄红兵　杨　宝
　　　　　周敬勇　杨　谋　张　姗　姚　俊
　　　　　洪耀杰　程心妍　于太安

第二版前言

本教材根据党的二十大精神和全面教材工作会议精神编写，教材中以提升学生科技创新能力为出发点，将理论知识应用于实践中，促进学生创造性思维的转化与发展。本教材介绍了与课程知识体系相关的国家新政策、行业新动态、专业新知识。本教材可作为高职高专院校、企业培训机构汽车类各专业液压与气压传动课程的专业教材。

液压与气动技术在现代汽车装备中的应用极为广泛，是汽车工程师和汽车技师必须掌握的核心技术。

本教材涵盖了汽车液压气动技术领域的基本知识，内容丰富，视野开阔。对汽车液压气动元件、回路和系统的介绍，符合学生的认知规律，体现了现代高等职业技术教育的特点。

本教材的编写特色及创新点如下：

① 本教材为岗课赛证融通教材，全书分为基础理论和实训工作页两个教学部分，以情境教学的方式组织教学体系，增加了"课程思政"的相关内容。

② 本教材为新形态一体化教材，在保持传统教材优秀风格的基础上，以更为开阔的视野，引入『情境链接』和『知识拓展』版块，引入了数字液压和智能液压的概念，介绍了科技前沿和液压气动相关领域的新知识。

③ 强调"机电一体化"概念，适度补充了课程实训所必需的电气控制与PLC控制基础知识和实例。

④ 以实用知识和技能为核心，进一步简化了烦琐的理论计算、特性分析和公式推导。

⑤ 精选了大量的机械装备与产品图片，图文并茂，版面生动美观。

⑥ 本教材为校企合作开发教材，突出了教、学、做一体化，体现了工学结合。

在此特别感谢河北省张家口市三北拉法克锅炉有限公司高级工程师于太安为本书提供了教学案例，参与了编写工作，并提出了很多合理化的教材建设与改革意见。

由于编者水平有限，书中难免存在疏漏和不妥之处，欢迎广大读者提出宝贵意见。

编　者

目录

绪论 ... 1
0.1 蓬勃发展中的当代液压气动工业产业 ... 1
0.2 液压与气压传动的工作原理与系统组成 ... 3
0.3 液压与气压传动的特点 ... 4
〔知识拓展〕 机械传动与流体传动 ... 5
〔情境链接〕 液压工业4.0与智能液压时代 ... 5
〔科技前沿〕 新能源汽车简介——奔驰S400 HYBRID混合动力汽车 ... 6
0.4 课程的行业背景、性质与地位 ... 7

教学情境一 汽车液压流体力学基础 ... 8
1.1 液压油 ... 8
〔情境链接〕 汽车液压油的选用 ... 11
1.2 流体静力学基础 ... 13
1.3 流体动力学基础 ... 15
1.4 管道中液流的压力损失 ... 17
1.5 薄壁小孔与阻流管 ... 18
〔情境链接〕 汽车悬架系统中的液压减振器 ... 19
1.6 气穴现象和液压冲击 ... 20
习题与思考题 ... 21

教学情境二 汽车液压动力元件 ... 22
2.1 液压泵概述 ... 22
〔情境链接〕 汽车动力转向液压泵 ... 22
2.2 柱塞泵 ... 26
〔科技前沿〕 奔驰新款V8发动机燃油高压直喷系统液压装置 ... 28
2.3 叶片泵 ... 30
2.4 齿轮泵 ... 33
〔情境链接〕 保时捷卡宴V8发动机润滑系统上的齿轮泵 ... 34
〔情境链接〕 汽车自动变速器液压油泵 ... 36
2.5 液压泵类型与电动机参数的选择 ... 37
习题与思考题 ... 38

教学情境三 液压执行元件及辅助元件 ... 39
〔情境链接〕 国之重器：我国研制的超大直径盾构机在长沙下线 ... 39
3.1 液压缸 ... 40
3.2 液压马达 ... 43
〔情境链接〕 汽车起重机上的液压执行机构 ... 46
3.3 蓄能器 ... 46
〔知识拓展〕 蓄能器安装时的注意事项 ... 48
3.4 液压油箱 ... 48
〔知识拓展〕 油箱结构设计中的注意事项 ... 49
3.5 滤油器 ... 49
〔知识拓展〕 滤油器上的发信装置 ... 51
3.6 热交换器 ... 52
3.7 橡胶密封圈 ... 53
3.8 压力表 ... 53
习题与思考题 ... 54

教学情境四 汽车液压控制元件 ... 55
〔情境链接〕 大国建设：雄安站混凝土主体结构封顶中的液压工程机械 ... 55
4.1 方向控制阀 ... 56
〔知识拓展〕 换向阀的控制方式与职能

         符号的意义 ………………… 58
　4.2　压力控制阀 …………………………… 61
　　[情境链接]　远程调压功能 …………… 63
　4.3　流量控制阀 …………………………… 67
　4.4　插装阀 ………………………………… 70
　4.5　比例阀 ………………………………… 72

　　[情境链接]　电子变量泵中的传感器与
　　　　　　　　比例控制阀 ……………… 73
　4.6　叠加阀 ………………………………… 73
　　[情境链接]　电液数字控制阀 ………… 74
　习题与思考题 ……………………………… 75

教学情境五　液压基本回路　　76

　　[情境链接]　复杂液压系统都是由简单回路
　　　　　　　　组成的（以MLY60挖掘机
　　　　　　　　为例）…………………… 76
　5.1　压力控制回路 ………………………… 77
　　[情境链接]　无级调压回路 …………… 79
　5.2　方向控制回路 ………………………… 83
　5.3　调速回路 ……………………………… 84

　　[情境链接]　汽车液压无级变速器工作
　　　　　　　　原理 ……………………… 87
　5.4　快速运动回路 ………………………… 88
　5.5　顺序动作回路 ………………………… 89
　5.6　速度切换回路 ………………………… 90
　　[情境链接]　风力发电机液压调速系统 … 91
　习题与思考题 ……………………………… 92

教学情境六　典型的汽车液压传动系统　　94

　　[情境链接]　大国崛起：国产大飞机C919
　　　　　　　　横空出世 ………………… 94
　　[知识拓展]　分析复杂的汽车液压系统的
　　　　　　　　方法 ……………………… 95
　6.1　Q2-8型汽车起重机液压系统 ………… 95
　6.2　自卸汽车液压系统 …………………… 98
　6.3　汽车液压动力转向系统 ……………… 99

　6.4　汽车ABS液压制动系统 …………… 101
　　[情境链接]　鼓式制动器与盘式制动器 … 103
　6.5　汽车自动变速器液压控制系统 …… 104
　　[情境链接]　自动变速器液压泵的拆装与
　　　　　　　　检修 …………………… 107
　习题与思考题 …………………………… 108

教学情境七　气源装置与气动元件　　109

　　[情境链接]　工业自动化生产线上的气动
　　　　　　　　机械手 ………………… 109
　7.1　气压传动的工作原理与系统组成 …… 110
　7.2　气源装置 ……………………………… 111
　7.3　气动控制元件 ………………………… 113
　　[情境链接]　气动三联件 ……………… 114

　7.4　执行元件 ……………………………… 119
　7.5　气动辅助元件 ………………………… 121
　　[情境链接]　阿文美驰与宝马公司共同
　　　　　　　　研发的X5系列消声系统 … 121
　　[情境链接]　常用气动辅件的功用 …… 123
　习题与思考题 …………………………… 123

教学情境八　气动基本回路　　124

　8.1　压力控制回路 ………………………… 124
　8.2　气动换向回路 ………………………… 125
　8.3　调速回路 ……………………………… 126
　8.4　往复动作回路 ………………………… 127
　8.5　顺序动作与同步动作回路 ………… 128

　8.6　位置（角度）控制回路 …………… 129
　　[情境链接]　位置传感器 ……………… 130
　8.7　安全保护回路 ………………………… 131
　8.8　气液联动回路 ………………………… 132
　习题与思考题 …………………………… 133

教学情境九　汽车气压传动系统应用实例　　134

　9.1　东风EQ1092型汽车主车气压制动
　　　　回路 …………………………………… 134
　9.2　公交车车门气动安全操纵系统 …… 135

　9.3　解放CA1091型汽车气压制动
　　　　系统 …………………………………… 135
　　[情境链接]　汽车液压气动技术的发展

| | 趋势 ………………… 137 | 习题与思考题 …………………… 137 |

教学情境十　电气控制回路设计与PLC控制应用 ——————————— 138

10.1 常用的电气控制元件 ………… 138	10.4 液压回路的电控电路设计实例 …… 146
〖情境链接〗 液压气动系统中的位置传感器 ………… 141	10.5 气动回路的电控电路设计实例 …… 149
〖知识拓展〗 液压传动与电气传动的比较 ………… 142	〖情境链接〗 电控电路梯形图程序编制 … 151
10.2 基本电气控制电路 …………… 142	10.6 液压气动系统PLC控制设计实例 ………… 152
10.3 液压气动回路的计算机仿真 …… 144	〖情境链接〗 FX2N系列三菱PLC控制器编程及应用 ……… 155
〖情境链接〗 计算机绘制液压气动与电控电路图 ………… 145	习题与思考题 …………………… 156

教学情境十一　汽车液力传动及应用 ——————————————————— 158

11.1 汽车液力传动基础 …………… 158	11.4 汽车液力变矩器检修 ………… 170
11.2 液力耦合器 …………………… 160	习题与思考题 …………………… 172
11.3 汽车液力变矩器 ……………… 162	

岗课赛证·综合实训工作页 ————————————————————————— 173

实训工作页1 CB-B型齿轮泵的拆卸和装配 ……… 173	实训工作页6 液压速度切换回路电控设计与系统运行 …… 191
〖情境链接〗 液压泵拆装注意事项 ……… 175	实训工作页7 工业成品自动推料装箱设备PLC控制 ……… 194
〖知识拓展〗 ……………………… 175	
实训工作页2 YB1型双作用叶片泵的拆卸和装配 ……… 177	实训工作页8 自动化生产线上的工件转运设备PLC控制 …… 199
实训工作页3 CY14-1型轴向柱塞泵的拆卸和装配 ……… 180	〖知识拓展〗 单缸气动实训设备参考模型 ……………… 202
实训工作页4 液压基本换向回路电控设计与系统运行 …… 183	实训工作页9 汽车装配线上的板材冲裁装备PLC控制 …… 203
〖情境链接〗 液压系统的调试与运行 …… 183	〖情境链接〗 采用光电传感器的板材冲裁PLC控制 ………… 208
实训工作页5 自动化生产线上的圆柱形工件分送装置 …… 187	〖知识拓展〗 汽车工件专用钻床实训设备参考模型 ………… 210
〖知识拓展〗 双缸气动实训设备参考模型 ……………… 190	

附录 ——————————————————————————————————————— 211

| 附录1 常用液压与气动元件图形符号（摘自GB/T 786.1—2021）…… 211 | 附录2 常用电气图形符号 ………… 214 |

参考文献 ————————————————————————————————————— 216

绪　论

0.1　蓬勃发展中的当代液压气动工业产业

液压气动技术在现代工业新技术和核心技术领域中占有着非常重要的地位。液压气动工业已经成为现代装备制造工业产业的一个重要组成部分。

液压技术（Hydraulics）是以液体作为工作介质来传递运动和动力，并对执行元件的运行状态进行调节和控制。气动技术（Pneumatic）是以压缩空气作为工作介质来传递动力或信号的工程技术，是实现各种工业生产和自动控制的重要手段。

现代液压气动工业经过几十年的迅速发展，已形成了规模齐全的生产科研体系。在汽车工业、工程机械、航空航天、冶金机械、矿山机械、农业机械、轻工纺织、石油化工、铁路、船舶、机床等工业领域中，液压与气动技术得到了广泛应用。

（1）汽车工业

液压气动技术在汽车工业中的应用极为广泛，如液压制动系统（ABS），包含前后轴盘式制动器、鼓式制动器、制动主缸、制动轮缸和压力传感比例阀等。此外还有液压动力转向系统、电控主动液压（空气）悬架系统、自动变速器液压控制系统等，如图0-1所示。

图 0-1　汽车中的液压气动系统及组成

（2）工程机械

液压气动技术已经应用在绝大多数工程机械上，如液压挖掘机、装载机、混凝土泵车、混凝土搅拌车、铲运机、工程起重机、打桩机、振动式压路机、推土机、沥青铺摊机、平地机等。图0-2所示为混凝土泵车液压机构及组成。

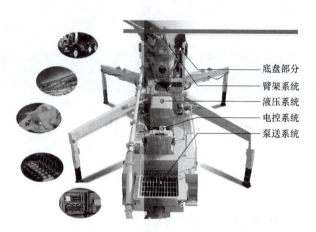

图 0-2　混凝土泵车液压机构及组成

（3）航空航天

液压气动技术用于航空航天，发展日趋迅速。如飞机上的起落架收放、舱门收放、进气锥操纵、辅助进气门操纵、发动机尾喷口操纵、燃液泵拖动、制动操纵、前轮转弯操纵、主操纵面操纵、雷达天线操纵、炮塔操纵等，均采用了液压气动技术。

世界上最大的商用载客飞机——空中客车 A380 采用的是由伊顿（Eaton）宇航设计研发的高压液压动力及流体传输系统，如图 0-3 所示。运用伊顿的高压液压技术，所有的关键液压元件，如主飞行控制元件、液压缸、液压马达、蓄能器、油箱、流体传输管、软管、接头卡箍等的尺寸和重量均会减小，整个系统较常规的液压系统要减轻 1t 的重量，这对于航空工业来说，意义非凡。

图 0-3　空中客车 A380 中的液压元件

（4）机床设备

机床是工业的基础装备。自从 1882 年世界上第一台液压龙门刨床问世以来，液压气动技术在各种机床上得到了广泛的应用，液压气动元件成为机床不可缺少的重要的基本元件。在机床工业中，机床传动系统中有 85% 采用液压传动与控制，如磨床、铣床、刨床、拉床、压力机、组合机床、数控机床等。

(5) 石油机械

石油钻机的转动和升降是由液压来驱动的，石油钻机顶部液压驱动钻井装置是现代钻井技术装置发展的重大成果，主轴的旋转，钻进主轴的刹车，钻杆的上扣卸扣，吊环的前倾、后倾与旋转，平衡重量等都采用了液压技术。

(6) 冶金矿山设备

冶金工业是基础工业之一。它为国民经济各部门提供各种金属材料和金属制品。传统的冶金方法是通过采矿、选矿、冶炼等过程从含有金属元素的矿石中获得金属或合金，再通过轧、拉、挤、压制成各种金属材料。液压气动技术在整个冶金过程中均有广泛运用，它遍及矿山设备、冶金设备、轧制设备。如电炉控制系统、轧钢机的控制系统、平炉装料、转炉控制、高炉控制、带材跑偏和恒张力装置等均采用了液压技术。

当前，液压技术正在向高压、高速、大功率、低噪声、高度集成化、数字化、机电液气一体化的方向发展。而气动技术的应用领域已从汽车、采矿、钢铁、机械工业等行业迅速扩展到化工、轻工、食品、军事工业等各行各业，已发展成为包含传动、控制与检测在内的自动化技术。同时，新型液压气动元件的应用，液压气动系统的计算机辅助设计、计算机仿真和优化、机器自动控制技术等，也日益取得显著的成果。

现代工业的各个领域和各种高端装备已经在非常广泛地应用液压气动技术。液压气动产业已经发展成为现代工业的支柱性产业。图 0-4 为液压气动产品配套行业分布图。

图 0-4 液压气动产品配套行业分布图

0.2 液压与气压传动的工作原理与系统组成

液压与气压传动是利用动力元件（液压泵或空压机）将原动机输出的机械能转变为工作介质（液体或气体）的压力能，然后在控制元件和辅助元件的配合下，通过执行元件将压力能再转变为机械能。

液压传动的工作介质是液体，气压传动的工作介质是气体。液压与气压传动可以传递力和运动。

液压与气压传动系统的组成是相似的，主要由以下四个部分组成：

① 动力元件　主要指各种液压泵和空气压缩机（空压机）。它的作用是把原动机的机械能转变成压力能，是液压与气压传动系统的动力源。

② 执行元件　包括做直线运动的液压缸和气缸，以及做回转运动的液压马达和气动马达。其作用是将压力能转变成机械能，以驱动负载。

③ 控制元件　主要指各种类型的控制阀，如溢流阀、节流阀、换向阀等。其作用是控制系统中流体的压力、流量和流动方向，保证执行元件能以特定的速度和方向运动，并驱动负载。

④ 辅助装置　包括蓄能器、过滤器、管道、管接头、压力表等。它们对保证系统的正常运行具有重要的作用。

0.3　液压与气压传动的特点

（1）与机械传动、电气传动相比，液压与气压传动所具有的优势

图 0-5　工业自动化生产线上的气动机械手

① 液压气动执行机构在空间中的布置是自由的、灵活的。机械传动由齿轮、轴、连杆等来实现传动，属于刚性传动，执行机构的布置受空间和位置的限制；液压气动属于流体传动，执行机构的布置非常灵活，因此，机械手的传动一般都采用液压或气压来传动，如图 0-5 所示。

② 液压与气压传动输出的力和功率非常大。如航空母舰上的舰载机起飞弹射器（图 0-6），装备弹射器是为了让喷气式飞机在更短的滑行距离内升空。大功率的液压弹射器在 1943 年正式投入使用，"企业"号航空母舰是首批使用这种液压弹射器的航空母舰之一。1954 年，航空母舰上开始装备包含了液压系统的蒸汽动力弹射器。

③ 液压驱动技术运动精度非常高。如图 0-7 所示，航天飞机的机械臂（右）将一套新的太阳能电池板（重约 16t，长约 14m），精确地转移到空间站上的机械臂（左）。

（2）液压与气压传动的其他优点

① 液压传动能方便地实现无级调速，调速范围大。

② 在相同功率情况下，液压传动能量转换元件的体积较小，质量较小。

③ 工作平稳，换向冲击小，便于实现频繁换向。

图 0-6　航空母舰上的舰载机起飞弹射器

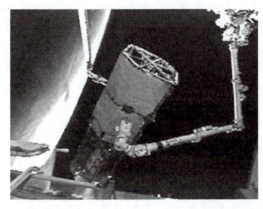
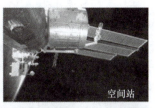

图 0-7　航天飞机与空间站上的机械臂

④ 便于实现过载保护,而且工作油液能使传动零件实现自润滑,故使用寿命较长。

⑤ 操纵简单,便于实现自动化。特别是和电气控制联合使用时,易于实现复杂的自动工作循环。

⑥ 液压元件易于实现系列化、标准化和通用化。

⑦ 液压系统的可变性和可塑性很强,采用叠加阀的液压系统,补充添加修改回路变得很容易;计算机可编程控制的液压系统,可随意修改程序,使系统改变工作循环。

(3) 液压与气压传动的缺点

① 液压系统存在泄漏、污染环境、能源损耗的问题。

② 高温和低温条件下,液压系统的正常运行有一定困难。

③ 液压气动元件制造精度要求高,使用与维修保养有一定困难,增加了管理的难度。

『知识拓展』

机械传动与流体传动

"给我一个支点,我就能撬起整个地球"是古希腊数学家、物理学家阿基米德的经典语录。阿基米德用了夸张的方式来说明杠杆的原理,即机械构件与机械传动的威力巨大。但是他在说出机械传动威力巨大的同时,又无意中说出了机械传动的最大缺点,也就是机械传动过分依赖支点与空间位置来实现传动。在一连串的机械传动中可能会有很多个支点,这些支点是传动的必要保证,只要去掉其中一个支点,整个传动链立刻失效。

液压与气压传动则属于流体传动,从动力元件到执行元件的中间传动环节是可以自由布置的,中间传动与控制元件不需要固定在一个特定的位置。只要管路流体通畅,液气压力就可以传递到所需要的任何地方,所以,液压气动执行元件的空间布置也是非常灵活的。正是因为这个原因,液压气动技术得以在现代高端装备上广泛应用。

『情境链接』

液压工业 4.0 与智能液压时代

2022 年 7 月 3 日,"2022 年全国液气数智化产业技术高峰论坛"在广州举行。大会以医院取得数字化智能化为主题,围绕数字智能液压气动元件技术创新以及"区块链技术+大数据挖掘"的工程机械应用等热点议题展开了研究讨论。

随着计算机技术的发展和信息化技术应用的日益广泛,电液数字控制技术已成为实现电液一体化的重要发展方向,是实现液压控制系统进行高速、高精度控制的方法之一,广泛应用于航空航天、汽车、冶金、农业机械、工程机械等重要领域。工业4.0,数字化必然走向智能化,数字化又往往是智能化的基础条件之一,因此液压数字元件作为液压智能元件的基础,它的重要性会更加彰显。

液压工业4.0智液一体化时代,以液压数字智能元件为代表,EHA(电静液缸或电液缸)体现了液压元件与数字电机电控高度融合与高度集成的大方向。在这样一个智能液压时代里,必须改变液压技术发展仅仅依靠硬件本身的传统思维,要用"软件+芯片"的新思维改变液压行业技术、企业、产品的发展模式。

图0-8完整地表达了液压工业4.0的内涵与外部整体环境,随着计算机技术与微电子技术的发展,电液系统的数字化控制已成为今后发展的趋势,数字式电液装置将会用于越来越多的液压系统中。智能液压时代的到来,一定会促进智能数字液压技术的进一步发展。

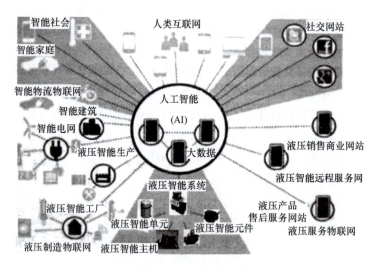

图0-8 液压工业4.0的内涵与外部整体环境

『科技前沿』

新能源汽车简介——奔驰S400 HYBRID混合动力汽车

新能源汽车是指采用新型动力系统,完全或主要依靠新型能源驱动的汽车。新能源汽车主要包括纯电动汽车、混合动力汽车及燃料电池汽车。

新能源电动汽车的组成主要包括:电力驱动装置、控制系统和传动系统等。

电力驱动装置及控制系统是电动汽车的核心,也是区别于内燃机汽车的最大不同点。电力驱动装置及控制系统由驱动电机、电源和电动机的调速控制装置等组成。电动汽车上的传动装置、行驶装置、转向装置、制动装置等基本上与内燃机汽车相同。图0-9所示为奔驰S400 HYBRID混合动力汽车。

新能源电动汽车的研究表明,其能源效率已超过汽油机汽车。新能源电动汽车的应用可有效地减少人类对化石能源的依赖,可将有限的化石能源用于更重要的方面。向蓄电池充电的电能可以由煤炭、燃油、天然气、水力、核能、太阳能、风力、潮汐等能源转化。除此之

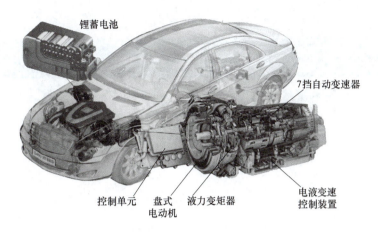

图 0-9 奔驰 S400 HYBRID 混合动力汽车

外,如果夜间向蓄电池充电,还可以避开用电高峰,有利于电网均衡负荷,减少费用。

发展新能源汽车是降低汽车燃料消耗,缓解燃油供求矛盾,改善大气环境,促进汽车产业技术进步和优化升级的重要举措。

0.4 课程的行业背景、性质与地位

汽车液压与气压传动课程是高等职业教育汽车类各专业必修的专业基础课,是一门研究汽车液压气动应用技术的实践性很强的课。

通过对本课的学习,学生可以掌握汽车液压气动技术的基本理论、基本知识和基本分析问题的方法,了解汽车液压气动技术的发展趋势和最新技术,为进一步学习有关专业课和日后从事相关专业工作打下基础,因此本课在汽车类各专业的教学中占有极其重要的地位。

教学情境一
汽车液压流体力学基础

 教学目标

知识目标：
√ 理解液压油的性质与选用原则。
√ 掌握流体静力学与动力学基础知识。
√ 掌握管道中液流的压力损失。
√ 了解薄壁小孔与阻流管的特性。
√ 了解气穴现象和液压冲击。

技能目标：
√ 学会液压油选用。
√ 了解薄壁小孔与阻流管的液流状态。
√ 能正确分析计算管道中液流的压力损失。

素质目标：
√ 落实党的二十大精神和社会主义核心价值观教育，加强中华优秀传统文化知识教育，促进学生德技并修。

流体力学是研究流体平衡及其运动规律的学科，是分析、设计和使用液压传动系统必要的理论基础。

1.1 液压油

液压传动的工作介质是液体，最常用的是液压油。此外还有乳化型传动液和合成型传动液等。

1.1.1 油液的主要物理性质

（1）密度

密度是单位体积流体的质量，通常用 ρ（kg/m³）表示，即

$$\rho = \frac{m}{V}$$

式中 m——流体的质量，kg；
　　 V——流体的体积，m³。

矿物油型液压油的密度随温度的上升而有所减小，随压力的增大而稍有增加，但变动值

很小,可忽略不计。常用液压油的密度为 900kg/m³。

(2) 黏性

流体在外力作用下流动（或有流动趋势）时,分子间的内聚力阻止分子相对运动而产生一种内摩擦力,这种现象叫流体的黏性。流体只有在流动（或有流动趋势）时才会呈现出黏性,静止流体是不呈现黏性的。

黏性使流动流体内部各处的速度不相等,以图 1-1 为例,若两平行平板间充满流体,下平板不动,而上平板以速度 u_0 向右平动,由于流体的黏性,紧靠下平板和上平板的流层速度分别为零和 u_0,而中间各流层的速度则从上到下按递减规律,呈线性分布。

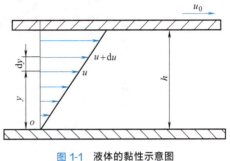

图 1-1 液体的黏性示意图

实验测定表明,流体流动时相邻流层间的内摩擦力 F 与流层接触面积 A、流层间相对运动的速度梯度 du/dy 成正比,即

$$F = \mu A \frac{du}{dy}$$

式中　μ——比例常数,称为动力黏度。

单位面积上的内摩擦力 τ 的表达式为

$$\tau = \frac{F}{A} = \mu \frac{du}{dy}$$

这就是牛顿流体内摩擦定律。

流体黏性的大小用黏度来表示,常用的黏度有三种：动力黏度、运动黏度和相对黏度。

① 动力黏度 μ　是流体在单位速度梯度下流动时,流动层间单位面积上产生的内摩擦力,单位为 N·m/m² 或 Pa·s（帕·秒）。

② 运动黏度 ν　运动黏度 ν 是动力黏度与密度的比值,即 $\nu = \mu/\rho$,单位为 m²/s。液压油的牌号就是采用它在 40℃ 时运动黏度（以 mm²/s 计）的中心值来标号的,例如 L-HL-32 表示该通用液压油在 40℃ 时的运动黏度的中心值为 32mm²/s。

③ 相对黏度　相对黏度又称条件黏度,由于测量仪器和条件不同,各国相对黏度的含义也不同。如美国采用赛氏黏度（SSU）；英国采用雷氏黏度（R）；而中国、德国和俄罗斯等国采用恩氏黏度（°E）。

液压油黏度对温度的变化十分敏感,如图 1-2 所示,温度升高,黏度下降。这种油液黏度随温度变化的性质称为黏温特性。不同种类的液压油有不同的黏温特性,由图 1-2 可见,温度对液压油黏度影响较大,必须引起重视。

液体的黏温特性常用黏度指数 Ⅵ 来度量。黏度指数 Ⅵ 值越大,说明油液黏度随温度的变化率越小,即黏温特性越好。

一般要求工作介质的黏度指数 Ⅵ 值应在 90 以上。当液压系统的工作温度范围较大时,应选用黏度指数较大的工作介质。几种典型工作介质的黏度指数 Ⅵ 列于表 1-1 中。

(3) 流体的可压缩性

液体受压力作用而使其体积发生变化的性质,称为流体的可压缩性。一般液压系统压力不高时,液体的可压缩性很小,因此可认为液体是不可压缩的,而在压力变化很大的高压系统中,就必须考虑液体可压缩性的影响。

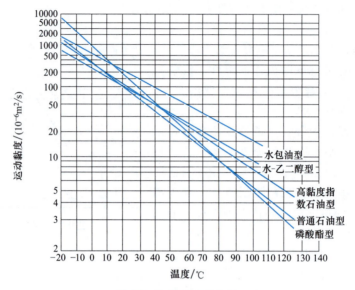

图 1-2 黏度和温度的关系

表 1-1 典型工作介质的黏度指数 VI

介质种类	黏度指数 VI	介质种类	黏度指数 VI
通用液压油 L-HL	90	高含水液压油 L-HFAE	≈130
抗磨液压油 L-HM	≥95	油包水乳化液 L-HFB	130～170
低温液压油 L-HV	130	水-乙二醇液 L-HFC	140～170
高黏度指数液压油 L-HR	≥160	磷酸酯液 L-HFDR	−31～170

气体的可压缩性比液体要大得多。当液体混入空气时,其可压缩性将显著增加,并将严重影响液压系统的工作性能,因此在液压系统中应使油液中的空气含量减少到最低限度。

1.1.2 液压油的选用

我国液压油品种符号与世界上大多数国家的表示方法相同,命名代号示例如下:类别-品种-牌号,如 L-HM-32。液压传动及液压控制系统所用工作介质的种类很多,液压油主要可分为矿油型、合成型和乳化型三大类。主要品种及其特性和用途见表 1-2。

表 1-2 液压油的主要品种及其特性和用途

类型	名称	ISO 代号	特性和用途
矿油型	通用液压油	L-HL	精制矿油加添加剂,提高抗氧化和防锈性能,适用于室内一般设备的中低压系统
	抗磨液压油	L-HM	L-HL 加添加剂,改善抗磨性能,适用于工程机械、车辆液压系统
	低温液压油	L-HV	L-HM 加添加剂,改善黏温特性,可用于环境温度在 −40～−20℃ 的高压系统
	高黏度指数液压油	L-HR	L-HL 加添加剂,改善黏度特性,适用于对黏度特性有特殊要求的低压系统,如数控机床液压系统
	液压导轨油	L-HG	L-HM 加添加剂,改善黏滑性能,适用于机床中液压导轨润滑系统
	全损耗系统用油	L-HH	浅度精制矿油,抗氧化、抗泡沫性能差,主要用于机械润滑,可作液压代用油,用于要求不高的低压系统
	汽轮机油	L-TSA	深度精制矿油加添加剂,改善抗氧化、抗泡沫性能,为汽轮机专用油,可作液压代用油,用于一般液压系统

续表

类型	名称	ISO代号	特性和用途
乳化型	水包油乳化液	L-HFA	难燃,黏温特性好,有一定的防锈能力,润滑性差,易泄漏,适用于有抗燃要求、油液用量大且泄漏严重的系统
	油包水乳化液	L-HFB	既具有矿油型液压油的抗磨、防锈性能,又具有抗燃性,适用于有抗燃要求的中压系统
合成型	水-乙二醇液	L-HFC	难燃,黏温特性和抗蚀性好,能在-30~60℃温度下使用,应用于有抗燃要求的中低压系统
	磷酸酯液	L-HFDR	难燃,润滑抗磨性能和抗氧化性能良好,能在-54~135℃温度范围内使用,缺点是有毒,适用于有抗燃要求的高压精密系统

『情境链接』

汽车液压油的选用

随着汽车技术的发展,现在汽车上许多机构都采用液压传动。如自动变速器、液压制动系统、液压式动力转向系统、液压减振器、自动倾卸机构等均采用液压传动装置。为保证汽车液压系统正常工作,必须根据各机构的工作特点选取不同类型的液压油(图1-3)。

图1-3 汽车液压油

(1) 液力传动油

汽车液力传动油又称自动变速器油(Automatic Transmission Fluid,ATF)。通用型液力传动油呈紫红色,有些呈淡黄色等,它是汽车自动变速器和动力转向系统的工作介质。它不仅起到传递力的作用,而且还起着对齿轮、轴承等摩擦副的润滑、冷却作用。

液力传动油除具有齿轮润滑油的性能外,还应具有适宜的黏度和良好的黏温性,良好的热氧化安定性,良好的抗泡沫性、抗摩擦特性及密封适应性等。

国外将液力传动油按照 ASTM(美国材料试验学会)和 API(美国石油学会)的分类方案,分为 PTF(Power Transmission Fluid)-1、PTF-2、PTF-3 三类。目前我国尚无液力传动油国家标准,现行标准为中国石化的企业标准,该标准将液力传动油分为6号和8号。8号液力传动油具有良好的黏温性、抗磨性和较小的摩擦因数,其接近PTF-1级油,适用于轿车、轻型卡车的自动变速器。6号液力传动油比8号液力传动油具有更好的抗磨性,但黏温性稍差,它接近PTF-2级油,用于内燃机车和重型货车的多级变矩器和液力耦合器。液力传动油的分类见表1-3。

液力传动油使用中的注意事项如下:

① 注意保持油温正常。长时间重载低速行驶,将使油温上升,加速油的氧化变质,将形成沉积物和积炭,阻塞细小的通孔和油循环管路,从而影响对零件的润滑和冷却作用。

表 1-3 液力传动油的分类

国外分类	国内分类	应 用
PTF-1	8号	轿车、轻型货车的自动变速器
PTF-2	6号	重型货车、履带车、农用车、越野车的自动变速器
PTF-3		农业及建筑机械的液力传动系统

② 经常检查油平面，不足时及时添加。如油面下降过快，可能是由于漏油引起，应及时查明原因予以排除。

③ 按车辆使用维护说明书的规定更换液力传动油和滤清器或清洗各滤清器芯子及外壳，并注意有无金属磨屑。每 3~4 月（约 1000h），取样检查油的质量，确定是否需要换油。

④ 液力传动油的使用寿命一般在 2000h 以上，使用过程中应定期对油质进行取样分析，以判断油液是否变质。

⑤ 检查油面和换油时，注意油液状况。在手指上蘸少许油液，用手指互相摩擦看是否有渣粒存在，并对油标尺嗅闻油液气味，对油液的外观进行检查，如发现油液变质等问题，需要及时换油。

『重要提示』

液力传动油的选用

必须严格按车辆使用说明书的规定，选用适合的液力传动油。无说明书的车辆，轿车、轻型货车应选用 8 号液力传动油；而重型货车、工程机械的液力传动系统，则可选用 6 号液力传动油。

（2）汽车制动液

汽车制动液应用于汽车液压制动系统或离合器液压操纵机构。由于汽车制动系统的可靠性直接影响到行车安全，因此要求制动液必须安全可靠、质量高、性能好，并且要在各种条件下四季通用。对制动液的性能要求还有：优良的高温抗气阻性，良好的低温流动性和黏温性，与橡胶良好的适应性，对金属的低腐蚀性，良好的化学安定性，良好的抗泡沫性等。

制动液按其组成和特性不同，一般分为醇型、矿油型和合成型三类。其中合成型制动液是目前广泛应用的主要品种，通常由基础液、润滑剂和添加剂组成。按其基础液的不同，合成型制动液有醇醚制动液、酯制动液和硅油制动液三种。醇醚制动液基础液的主要成分为二己醚类，其性能稳定，成本低，是目前用量最大的制动液。酯制动液因其沸点高，主要用于湿热环境下。硅油制动液具有高性能，其成本较高，目前尚未普及应用，只在军车等车辆上使用。

我国按照国家标准 GB 12981—2012《机动车辆制动液》将汽车制动液分为 HZY3、HZY4、HTY5、HTY6 四种产品。

『重要提示』

汽车制动液的选用

一般根据使用环境条件和车辆速度性能来选用适合的制动液。环境条件主要是指气温、湿度和道路条件等，在湿热条件下，一般应选用 HZY3 或 HZY4 合成制动液。高速车辆或常在市区行驶的车辆，制动液工作温度较高，应使用级别较高的制动液。

（3）其他类型液压油

汽车液压系统使用的液压油如无特殊要求，可按国家标准规定的润滑剂和有关产品（L类）中的 H 组成（液压系统）分类来选取，汽车液压系统常用的液压油品种主要有 L-HL、L-HM、L-HV 和 L-HR 等。L-HL 是一种精制矿物油，能改善防锈和抗氧化性，常用于低压系统和传动装置中，在 0℃ 以上的环境下使用；L-HM 是抗磨液压油，它适合低、中、高压系统，适用环境 −5～60℃；L-HV 是低温液压油，适用于环境温度变化大或工作条件恶劣的低、中、高液压系统，如野外作业工程车辆、军车等；L-HR 是高黏度指数液压油，性能与 L-HV 相似，只是在黏温性能方面略有改善。

1.2 流体静力学基础

1.2.1 液体静压力及其特性

液体静压力 p 是指液体处于静止状态时，单位面积上所受的法向作用力，即

$$p = \frac{F}{A}$$

静压力 p 的单位为 N/m^2 或 Pa（帕斯卡），液压传动系统中常采用 MPa（兆帕），换算关系为 $1MPa = 10^6 Pa$。

液体静压力的特性：

① 液体静压力沿着内法线方向作用于承压面；

② 静止液体内任一点受到各个方向上的静压力都相等。

1.2.2 液体静力学基本方程

如图 1-4（a）所示，密度为 ρ 的液体在容器内处于静止状态，液面上的压力为 p_0。现计算距液面深度为 h 处某点的压力 p。

假想在液体内取出一个底面包含该点、底面积为 ΔA 的一微小液柱来研究，如图 1-4（b）所示。这个液柱在重力及周围液体压力的作用下，处于平衡状态，所以有

$$p\Delta A = p_0 \Delta A + \rho g h \Delta A$$
$$p = p_0 + \rho g h$$

此方程称为液体静力学基本方程。由上式可知：

① 静止液体内任一点处的压力由两部分组成：一部分是液面上的压力 p_0，另一部分是液柱的重力所产生的压力 $\rho g h$。

② 静压力随液体深度呈线性规律递增。

③ 距液面深度相同处各点的压力均相等。由压力相等的点组成的面称为等压面，在重力作用下，静止液体中的等压面是一个水平面。

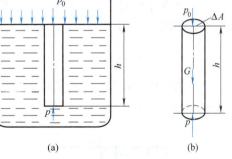

图 1-4 静止液体内的压力分布规律

1.2.3 压力的表示方法

压力的表示方法有两种：绝对压力和相对压力。绝对压力是以绝对真空作为基准所表示的压力；而相对压力是以大气压力作为基准所表示的压力，相对压力也称为表压力。

绝对压力＝相对压力＋大气压力。

当相对压力小于大气压力时，就会产生真空，真空度＝大气压力－绝对压力。

绝对压力、相对压力和真空度的相对关系见图 1-5。

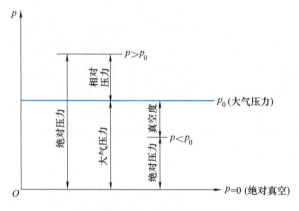

图 1-5 绝对压力、相对压力和真空度

1.2.4 静压传递原理

由静力学基本方程可知，静止液体中任意一点处的压力都包含了液面压力 p_0，这说明在密闭容器中的静止液体，由外力作用所产生的压力可以等值传递到液体内部的所有点。这就是静压传递原理或帕斯卡原理。

通常在液压传动系统中，由外力产生的压力 p_0 要比由液体自重所产生的压力 $\rho g h$ 大得多，且管道之间的配置高度差很小，为使问题简化，常忽略由液体自重所产生的压力，一般认为静止液体内部压力处处相等。

1.2.5 液体作用在固体壁面上的力

液体与固体壁面相接触时，固体壁面将受到总的液压力的作用。当不计液体的自重对压力的影响时，可认为作用于固体壁面上的压力是均匀分布的。这样，固体壁面上液压作用力在某一方向上的分力等于液体压力与壁面在该方向上的垂直面内投影面积的乘积。

（1）当固体壁面是一个平面时，如图 1-6（a）所示，则液压力作用在活塞（活塞直径为 D）上的作用力 F 为

$$F = pA = p\frac{\pi D^2}{4}$$

（2）当固体壁面是一个曲面时，如图 1-6（b）、图 1-6（c）所示的球面和圆锥面，若要

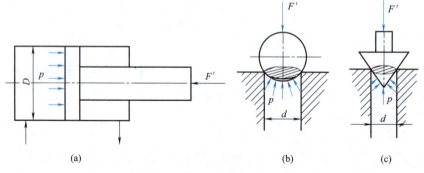

图 1-6 液压力作用在固体壁面上的力

求液压力沿垂直方向作用在球面和圆锥面上的力,其力 F （与图中 F' 方向相反）就等于压力作用在该部分曲面在垂直方向的投影面积 A 与压力 p 的乘积,其作用点通过投影圆的圆心,方向向上,即

$$F = pA = p\frac{\pi}{4}d^2$$

式中　d——承压部分曲面投影圆的直径。

1.3　流体动力学基础

由于液压系统工作时油液总是在不断地流动,因此除了研究静止液体的基本力学规律外,还必须讨论液体在外力作用下流动时的运动规律,即研究液体流动时流速和压力的变化规律。

1.3.1　基本概念

(1) 理想液体和恒定流动

理想液体是一种假想的既无黏性又不可压缩的液体。实际液体既有黏性又可压缩。

液体流动时,若液体中任一点处的压力、流速和密度都不随时间而变化,则这种流动就称为恒定流动;反之,只要压力、流速和密度中有一个参数随时间而变化,则称为非恒定流动。

(2) 流量和平均流速

① 通流截面　指液体在管道中流动时,垂直于流动方向的截面。

② 流量　单位时间内流过某一通流截面的液体体积称为流量,用 q 表示,即

$$q = \frac{V}{t}$$

流量的单位为 m^3/s 或 L/min。

③ 平均流速　液体流动时,由于黏性的作用,使得在同一截面上各点的流速不同,分布规律较为复杂,如图 1-7 所示,现假设通流截面上各点的流速均匀分布,液体以此平均流速 v 流过通流截面。即

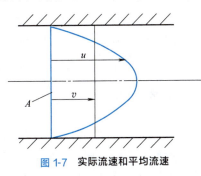

图 1-7　实际流速和平均流速

$$v = \frac{q}{A}$$

1.3.2　连续性方程

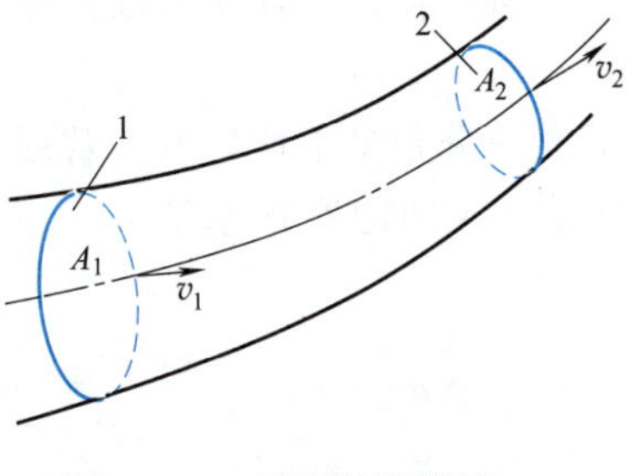

流体连续性方程是质量守恒定律在流体力学中的一种表达形式。设液体在图 1-8 所示管道中进行恒定流动,若任取的 1、2 两个通流截面的面积分别为 A_1 和 A_2,并且在两截面处的液体密度和平均流速分别为 ρ_1、v_1 和 ρ_2、v_2,则根据质量守恒定律,在单位时间内流过两个截面的液体质量相等,即 $\rho_1 v_1 A_1 = \rho_2 v_2 A_2$。

当忽略液体的可压缩性时,即 $\rho_1 = \rho_2$,则得

$$v_1 A_1 = v_2 A_2$$

图 1-8　液流连续性原理

由于通流截面是任意选取的，故

$$q = vA = 常数$$

这就是理想液体的连续性方程。这个方程表明，不管通流截面的平均流速沿着流程怎样变化，流过不同截面的流量是不变的。液体流动时，通过管道不同截面的平均流速与其截面积大小成反比，即管径大的截面流速慢，管径小的截面流速快。

1.3.3 伯努利方程

（1）理想液体的伯努利方程

伯努利方程是能量守恒定律在流体力学中的一种表达形式。

假定理想液体在如图 1-9 所示的管道中做恒定流动。质量为 m、体积为 V 的液体，流经该管任意两个截面积分别为 A_1、A_2 的断面 1—1、2—2。设两断面处的平均流速分别为 v_1、v_2，压力为 p_1、p_2，中心高度为 h_1、h_2。若在很短时间内，液体通过两断面的距离为 Δl_1、Δl_2，则液体在两断面处时所具有的能量为

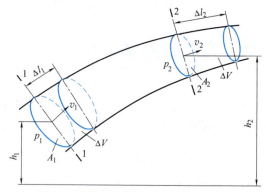

图 1-9 理想液体伯努利方程的推导示意图

动能：$\dfrac{1}{2}mv_1^2$； $\qquad\qquad\qquad \dfrac{1}{2}mv_2^2$

位能：mgh_1； $\qquad\qquad\qquad mgh_2$

压力能：$p_1 A_1 \Delta l_1 = p_1 \Delta V = p_1 m/\rho$； $\qquad p_2 A_2 \Delta l_2 = p_2 \Delta V = p_2 m/\rho$

流动液体具有的能量也遵守能量守恒定律，因此可写成

$$\dfrac{1}{2}mv_1^2 + mgh_1 + p_1 m/\rho = \dfrac{1}{2}mv_2^2 + mgh_2 + p_2 m/\rho$$

整理后得

$$p_1 + \rho g h_1 + \dfrac{1}{2}\rho v_1^2 = p_2 + \rho g h_2 + \dfrac{1}{2}\rho v_2^2$$

上式称为理想液体的伯努利方程，也称为理想液体的能量方程。其物理意义是：在密闭的管道中做恒定流动的理想液体具有三种形式的能量（动能、位能、压力能），在沿管道流动的过程中，三种能量之间可以互相转化，但是在管道任一断面处三种能量的总和是一常量。

（2）实际液体的伯努利方程

实际液体在管道内流动时，由于液体黏性的存在，会产生内摩擦力，消耗能量；同时管路中管道的尺寸和局部形状骤然变化使液流产生扰动，也引起能量消耗，因此实际液体流动时存在能量损失。

另外，由于实际液体在管道中流动时，管道过流断面上的流速分布是不均匀的，若用平均流速计算动能，必然会产生误差。为了修正这个误差，需要引入动能修正系数 a_1、a_2。因此，实际液体的伯努利方程为

$$p_1 + \rho g h_1 + \dfrac{1}{2}\rho a_1 v_1^2 = p_2 + \rho g h_2 + \dfrac{1}{2}\rho a_2 v_2^2 + \Delta p_w$$

式中 Δp_w——单位质量液体在管道中流动时的压力损失。

紊流时取 $a=1$，层流时取 $a=2$。

伯努利方程揭示了液体流动过程中的能量变化规律，因此它是流体力学中的一个特别重要的基本方程。伯努利方程不仅是进行液压系统分析的理论基础，而且可用来对多种液压问题进行研究和计算。

1.4 管道中液流的压力损失

实际液体在管道中流动时，因具有黏性而产生摩擦，故有能量损失。另外，液体在流动时会因管道尺寸或形状变化而产生撞击和出现漩涡，也会造成能量损失。在液压管路中能量损失表现为液体的压力损失，压力损失与管路中液体的流动状态有关。

1.4.1 液体的流动状态

(1) 层流和紊流

19世纪末，雷诺首先通过实验观察了水在圆管内的流动情况，发现液体有两种流动状态：层流和紊流。实验结果表明，在层流时，液体质点互不干扰，液体的流动呈线性或层状，且平行于管道轴线；而在紊流时，液体质点的运动杂乱无章，除了平行于管道轴线的运动外，还存在着剧烈的横向运动。如图1-10所示。

层流和紊流是两种不同性质的流态。层流时，液体流速较低，质点受黏性制约，不能随意运动，黏性力起主导作用；紊流时，液体流速较高，黏性的制约作用减弱，惯性力起主要作用。

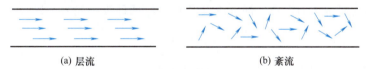

(a) 层流　　　　　　　(b) 紊流

图1-10　液体的流动状态

(2) 雷诺数

实验证明，液体在管道中流动时是层流还是紊流，可通过雷诺数 Re 来判断，即

$$Re = \frac{vd}{\nu}$$

式中　v——液体的平均流速；
　　　ν——液体的运动黏度；
　　　d——管道内径。

流动液体由层流转变为紊流时的雷诺数和由紊流转变为层流的雷诺数是不相同的。后者的数值小，所以一般用后者作为判断液流状态的依据，称为临界雷诺数，以 $Re_{临}$ 表示。当液流的实际雷诺数 Re 小于 $Re_{临}$ 时，液流为层流，反之则为紊流。常见管道的临界雷诺数 $Re_{临}$ 可由实验测定，见表1-4。

表1-4　常见管道临界雷诺数 $Re_{临}$

管道的形状	临界雷诺数 $Re_{临}$	管道的形状	临界雷诺数 $Re_{临}$
光滑的金属圆管	2320	有环槽的同心环状缝隙	700
橡胶软管	1600～2000	有环槽的偏心环状缝隙	400
光滑的同心环状缝隙	1100	圆柱形滑阀阀口	260
光滑的偏心环状缝隙	1000	锥阀阀口	20～100

1.4.2 沿程压力损失

液体在等径直管中流动时,因黏性摩擦而产生的压力损失称为沿程压力损失。经理论推导和实验证明,沿程压力损失 Δp_λ 可用以下公式计算

$$\Delta p_\lambda = \lambda \frac{l}{d} \times \frac{\rho v^2}{2}$$

式中　λ——沿程阻力系数;
　　　l——油管长度;
　　　d——油管内径;
　　　ρ——液体的密度;
　　　v——液体的平均流速。

层流时 λ 理论值为 $64/Re$,实际计算时,对金属管应取 $\lambda=75/Re$,对橡胶管应取 $\lambda=80/Re$。

紊流时计算沿程压力损失的公式与管壁的粗糙度有关。对于光滑管,$\lambda=0.3164Re^{-0.25}$;对于粗糙管,λ 的值要根据不同的 Re 值和管壁的粗糙程度,从有关资料的关系曲线中查取。

1.4.3 局部压力损失

液体流经管道的弯头、接头、突变截面以及过滤网等局部装置时,会使液流的方向和速度发生剧烈的变化,形成漩涡、湍流(紊流),液体质点产生相互撞击而造成能量损失。这种能量损失表现为局部压力损失。局部压力损失 Δp_ξ 的计算公式为

$$\Delta p_\xi = \xi \frac{\rho v^2}{2}$$

式中　ξ——局部阻力系数(具体数值可查有关手册);
　　　v——液流在该局部结构处的平均流速。

1.4.4 管路系统的总压力损失

管路系统的总压力损失等于所有的沿程压力损失和所有的局部压力损失之和,即

$$\Delta p_w = \Sigma \Delta p_\lambda + \Sigma \Delta p_\xi$$

1.5　薄壁小孔与阻流管

液体流动时,改变流通截面面积可改变流体压力和流量,这就是节流阀的工作原理。

(1) 薄壁小孔

如图 1-11 所示,当 $l/d \leqslant 0.5$ 时称为薄壁小孔,其流量 q 为

$$q = C_q A \sqrt{\frac{2(p_1 - p_2)}{\rho}}$$

式中　C_q——流量系数,通常取 $0.62 \sim 0.63$;
　　　A——小孔的截面积。

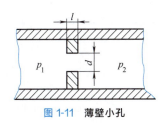

图 1-11 薄壁小孔

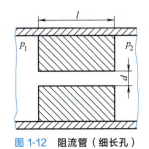

图 1-12 阻流管（细长孔）

(2) 阻流管（细长孔）

如图 1-12 所示，当 $l/d>4$ 时称为阻流管，其流量 q 为

$$q=\frac{\pi d^4(p_1-p_2)}{128\mu l}$$

式中 μ——动力黏度。

『情境链接』

汽车悬架系统中的液压减振器

汽车悬架是连接车轮与车身的机构，对车身起支撑和减振的作用，主要是传递作用在车轮和车架之间的力，并且缓冲由不平路面传给车架或车身的冲击力。为了加速车架与车身振动的衰减，改善汽车的行驶平顺性，汽车的悬架系统内都装有减振器，如图 1-13 所示。

悬架系统广泛采用的液压减振器，工作原理是利用液体流动的阻力来消耗振动的能量。即油液流经减振器内部的阀口时，产生的阻尼力起到了减振的作用。油液的黏度越大，阻尼力就越大。压缩行程时弹性元件起主要作用；伸张行程时减振器起主要作用。

图 1-13 汽车悬架系统

所以说减振器是在汽车悬架的弹簧反弹时起到阻尼减振的作用。这样在汽车通过不平路段时，才不至于不停振动。图 1-14 为汽车悬架中减振器和弹簧。

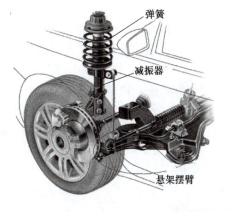

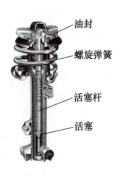

图 1-14 汽车悬架中减振器和弹簧

1.6 气穴现象和液压冲击

1.6.1 气穴现象

液体在流动过程中,因某点处压力低于空气分离压而分离出气泡的现象,称为气穴现象。

液压油中总是含有一定量的空气。常温时,矿油型液压油在一个大气压下约含有6%～12%的溶解空气。当压力低于液压油在该温度下的空气分离压时,溶于油中的空气就会迅速地从油中分离出来,产生大量气泡。

产生的大量气泡随着液流流到压力较高的部位时,因承受不了高压而破灭,产生局部的液压冲击,发出噪声并引起振动。附着在金属表面上的气泡破灭时,它所产生的局部高温和高压会使金属表面剥落,表面粗糙,或出现海绵状小洞穴,这种现象称为气蚀。

在液压系统中,当液流流到节流口或其他管道狭窄位置时,其流速会大为增加。由伯努利方程可知,这时该处的压力会降低,如果压力降低到其工作温度的空气分离压以下,就会出现气穴现象。液压泵的转速过高,吸油管直径太小或滤油器堵塞,都会使泵的吸油口处的压力降低到其工作温度的空气分离压以下,而产生气穴现象。这将使泵吸油不足,流量下降,噪声激增,输出油的流量和压力剧烈波动,系统无法稳定地工作,甚至使泵的机件出现气蚀现象。

减小气穴现象的措施:

正确设计液压泵的结构参数,适当加大吸油管的内径,限制吸油管中液流的速度,尽量避免管路急剧转弯或存在局部狭窄处,接头要有良好的密封,滤油器要及时清洗或更换滤芯以防堵塞,高压泵上应设置辅助泵向主泵的吸油口供应低压油的装置。

提高零件的机械强度,采用抗腐蚀能力强的金属材料,使零件加工表面的表面粗糙度减小等。

1.6.2 液压冲击

在液压系统中,常常由于某些原因使液体压力突然急剧上升,形成很高的压力峰值,这种现象称为液压冲击。

在阀门突然关闭或液压缸快速制动等情况下,液体在系统中的流动会突然受阻。这时,由于液流的惯性作用,液体就从受阻端开始,迅速将动能逐层转换为压力能,因而产生了压力冲击波。

此后,又从另一端开始,将压力能逐层转换为动能,液体又反向流动。然后,再次将动能转换为压力能,如此反复地进行能量转换。由于这种压力波的迅速往复传播,便在系统内形成压力振荡。实际上,由于液体受到摩擦力作用,而且液体自身和管壁都有弹性,不断消耗能量,才使振荡过程逐渐衰减趋向稳定。

系统中出现液压冲击时,液体瞬时压力峰值可以比正常工作压力大好几倍。液压冲击会损坏密封装置、管道或液压元件,还会引起设备振动,产生很大噪声。有时,液压冲击使某些液压元件(如压力继电器、顺序阀等)产生误动作,影响系统正常工作,甚至造成事故。

减小液压冲击的措施：

① 延长阀门关闭时间和运动部件的制动时间。实践证明，运动部件的制动时间大于 0.2s 时，液压冲击就可大为减小。

② 限制管道中液体的流速和运动部件的运动速度。在机床液压系统中，管道中液体的流速一般应限制在 4.5m/s 以下，运动部件的运动速度一般不宜超过 10m/min。

③ 适当加大管道直径，尽量缩短管路长度。

④ 在液压元件中设置缓冲装置（如液压缸中的缓冲装置），或采用软管以增加管道的弹性。

⑤ 在液压系统中设置蓄能器或安全阀。

习题与思考题

1-1 选用汽车液压油时应考虑哪些主要因素？

1-2 什么叫液体的静压力？液体的静压力有哪些特性？压力是如何传递的？

1-3 液压千斤顶柱塞的直径 $D=34$mm，活塞的直径 $d=13$mm，每压下一次小活塞的行程为 22mm，杠杆长度如图 1-15 所示，问：

（1）杠杆端点应加多大的力（F）才能将重力 $W=5\times10^4$N 的重物顶起？

（2）此时密封容积中的液体压力为多少？

（3）杠杆上下动作一次，重物的上升量为多少？

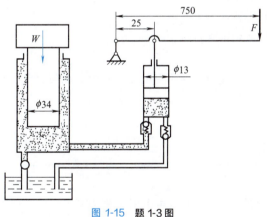

图 1-15 题 1-3 图

教学情境二
汽车液压动力元件

 教学目标

知识目标：
✓ 理解液压泵的基本原理、性能和参数。
✓ 掌握柱塞泵的结构与工作原理。
✓ 掌握叶片泵的结构与工作原理。
✓ 掌握齿轮泵的结构与工作原理。
✓ 理解数字液压泵的工作原理。

技能目标：
✓ 了解液压泵在现代机械装备上的应用。
✓ 熟知液压泵类型的选用方法。
✓ 学会液压泵的拆卸和装配。
✓ 了解液压泵常见故障和排除方法。

素质目标：
✓ 树立高尚的职业道德，具有一丝不苟的工作态度，弘扬劳动光荣、技能宝贵、创造伟大的时代风尚。

2.1 液压泵概述

液压泵作为液压系统的动力元件，其作用是把电动机的机械能转变为液压系统的液压能，向系统提供一定压力和流量的油液。液压泵的性能好坏直接影响到液压系统的工作性能和可靠性，液压泵在液压传动中占有极其重要的地位。

『情境链接』

汽车动力转向油泵

转向油泵是汽车动力转向系统的动力源。转向油泵经转向控制阀向转向助力缸提供一定压力和流量的工作油液。

目前国产轿车上几乎毫无例外地采用了转阀式的整体动力转向器。

动力转向系统（图 2-1）是兼用驾驶员体力和发动机的动力为转向能源的转向系统，它是在机械转向系统的基础上加设一套转向加力装置而形成的。其中属于转向加力装置的部件是：转向油泵、油管、转向油罐以及位于整体式转向器内部的转向控制阀及转向动力缸等。

当驾驶员转动转向盘时，转向摇臂摆动，通过转向直拉杆、转向横拉杆、转向节臂，使转向轮偏转，从而改变汽车的行驶方向。

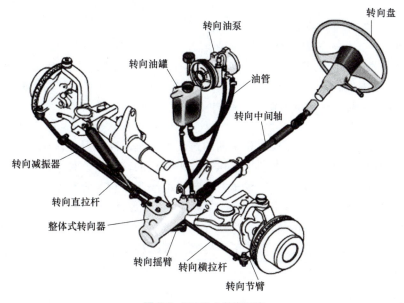

图 2-1　汽车动力转向系统

（1）转向油泵的功用

转向油泵是液压转向动力装置的能源，其作用是将输入的机械能转换为液压能输出。

（2）转向油泵的驱动

在转向油泵只受发动机驱动的情况下，一旦发动机停止运转，油泵即无压力油输出。对重型汽车而言，是极为不利的。

为了确保转向加力装置的工作可靠性，有些重型汽车在转向油泵的驱动装置中采用了自由轮机构，使转向油泵在正常情况下受发动机驱动，而在发动机转速过低甚或熄火时，则脱离发动机，转而受以较高速度滑行的汽车驱动。

另外一些重型汽车，加装了一个应急转向油泵，与主转向油泵并联。应急油泵可以借蓄电池通过直流电动机驱动，也可以由汽车传动系驱动。

（3）转向油泵的结构形式

有齿轮式、叶片式、转子式、柱塞式等，应用较多的是外啮齿轮式转向油泵和叶片泵。

2.1.1　液压泵的基本工作原理

现以单柱塞泵为例来说明液压泵的基本工作原理。图 2-2 为单柱塞泵的工作原理图，单柱塞泵由偏心轮 1、柱塞 2、缸体 3、压油单向阀 4、吸油单向阀 5 和弹簧等组成。柱塞装在缸体中形成一密封工作油腔 V，柱塞 2 在弹簧的作用下始终压紧在偏心轮 1 上。当电动机驱动偏心轮 1 旋转时，柱塞 2 就在缸体 3 中进行周期性的往复运动，使得密封油腔的容积大小随之发生周期性的变化。

当偏心轮 1 在图示状态沿逆时针方向旋转时，柱塞 2 被偏心轮 1 压进缸体 3，密封工作容积 V 由大变小，腔中吸满的油液将顶开压油单向阀 4 输入系统而实现压油，此时吸油单向阀 5 关闭。偏心轮继续回转，柱塞在弹簧力的作用下向外伸出，密封容积 V 逐渐增大，形成局部真空，油箱中的油液在大气压力的作用下，经吸油管推开吸油单向阀 5 进入密封油腔而实现吸油,此时压油单向阀 4 在系统油液压力作用下处于关闭状态。

> 『重要提示』
> 液压泵正常工作的必备条件:
> ① 有周期性变化的密封工作容积。
> ② 有配流装置。配流装置的作用是保证密封容积在吸油过程中与油箱相通,同时关闭压油通路;压油时与系统管路相通而与油箱切断。配流装置的形式随着泵的结构差异而不同。图 2-2 中两个单向阀在此处起到配流的作用。

随着偏心轮连续不断回转,吸油和压油的过程就连续不断进行。从单柱塞泵的工作原理可知,液压泵的吸油和压油是依靠密封容积变化来完成的,所以这种泵称为容积泵。

液压泵排出的油液压力取决于负载压力,流量取决于密封腔容积变化大小和转速。

单柱塞泵由于其输出特性是半周吸油,半周压油,如图 2-3 所示,输出的流量脉动很大,流量不稳定,一般只应用于润滑、冷却等场合,应用较少。为改变单柱塞泵输出特性差的缺点,工业上普遍使用径向柱塞泵或轴向柱塞泵等多柱塞泵。

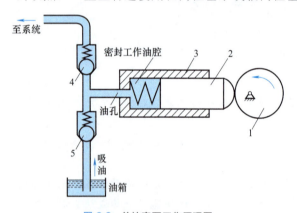

图 2-2　单柱塞泵工作原理图
1—偏心轮;2—柱塞;3—缸体;
4—压油单向阀;5—吸油单向阀

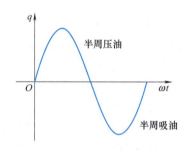

图 2-3　单柱塞泵的输出特性曲线

2.1.2　液压泵的主要性能和参数

(1) 液压泵的输出压力

① 工作压力　液压泵实际工作时的输出压力称为液压泵的工作压力,用符号 p 表示。工作压力取决于外负载的大小和排油管路上的压力损失,而与液压泵的流量无关。

② 额定压力　液压泵在正常工作条件下,按试验标准规定,能够连续运转的最高压力称为液压泵的额定压力。

③ 最高允许压力　在超过额定压力的条件下,根据试验标准规定,允许液压泵短暂运行的最高压力值称为液压泵的最高允许压力,超过此压力,泵即处于过载状态,泵的泄漏会迅速增加。

(2) 泵的排量和流量

排量是泵主轴每转一周所排出液体体积的理论值,用符号 q 表示。如果泵排量固定,则为定量泵;如果泵排量可变,则为变量泵。一般定量泵因密封性较好,泄漏少,故在高压时效率较高。理论流量 Q_T 是指泵在单位时间内理论上可排出的液体体积,它等于排量 q 与转

速 n 的乘积，即
$$Q_T = qn$$
由于存在内、外泄漏，泵的实际输出流量 Q 小于理论流量，即
$$Q = Q_T - \Delta Q$$
式中　ΔQ——泵的泄漏量。

泵的实际流量和理论流量的比称为容积效率 η_{PV}，即
$$\eta_{PV} = \frac{Q}{Q_T}$$

η_{PV} 是一个小于 1 的数字，它是表示泵性能好坏的重要标志。在一定范围内，泵的泄漏量 ΔQ 随泵的工作压力增高而线性增大，所以泵的容积效率随着泵的工作压力升高而降低（见图 2-5）。额定流量是指泵在额定压力、额定转速下必须保证的实际输出流量。

（3）泵的机械效率和总效率

泵是将机械能转变成液压能的能量转换装置，理想情况下，机械能全部转变为液压能，即
$$M_T \omega = p_P Q_T$$
式中　ω——泵转动时的角速度；
　　　M_T——泵的理论转矩；
　　　p_P——泵出口压力（设泵进口压力为零）。

将 $Q_T = qn$，$\omega = 2\pi n$ 代入，得
$$M_T = \frac{p_P q}{2\pi}$$

实际上由于泵内有各种机械和液压摩擦损失，泵的实际输入转矩 M_P 应大于理论转矩 M_T，即 $M_P = M_T + \Delta M$，式中 ΔM 为泵的摩擦转矩（损失）。

泵的机械效率用 η_{PM} 表示。机械效率为
$$\eta_{PM} = \frac{M_T}{M_P}$$

泵的总效率等于泵的输出功率与输入功率之比，即
$$\eta_P = \frac{p_P Q}{M_P \omega}$$

化简得
$$\eta_P = \eta_{PV} \eta_{PM}$$

泵的能量转换和效率可以用图 2-4 表示。泵的实际流量与压力之间的关系如图 2-5 所示。

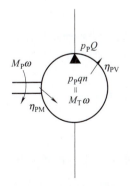

图 2-4　泵的能量转换和效率

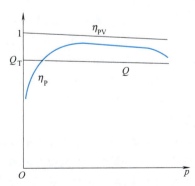

图 2-5　泵的实际流量和压力

2.1.3 液压泵的类型

液压泵的分类方式很多，它可按压力的大小分为低压泵、中压泵和高压泵；也可按流量是否可调分为定量泵和变量泵；还可按泵的结构形式分为齿轮泵、叶片泵和柱塞泵，其中，齿轮泵和叶片泵多用于中、低压系统，柱塞泵多用于高压系统。图2-6和图2-7为液压泵职能符号。

图2-6　单向定量泵和变量泵职能符号　　　　图2-7　双向定量泵和变量泵职能符号

2.2 柱塞泵

柱塞泵是依靠柱塞在其缸内往复运动，改变密封腔的容积来完成吸、压油的。但单柱塞泵的流量是不均匀的（半周压油半周吸油），因此实际生产中使用的柱塞泵一般做成多柱塞泵式。根据柱塞是沿径向配置还是沿轴向配置，多柱塞泵可以分为径向式和轴向式两大类。

2.2.1 径向柱塞泵

（1）基本特征

径向柱塞泵是一种多柱塞泵，其中柱塞的轴线和传动轴的轴线相互垂直。它由柱塞、缸体（又称转子）、衬套（传动轴）、定子和配油轴等组成。转子的中心与定子中心之间有一偏心距 e，柱塞径向排列安装在缸体中，缸体由原动机带动连同柱塞一起旋转，柱塞在离心力（或低压油）作用下抵紧定子内壁。

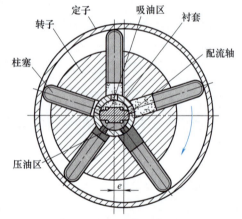

（2）工作原理描述

径向柱塞泵的工作原理如图2-8所示，当转子连同柱塞按图示方向顺时针旋转时，上半周的

图2-8　径向柱塞泵的工作原理图

柱塞往外滑动，柱塞底部的密封工作腔容积增大，于是通过配流轴向轴孔吸油；下半周的柱塞往里滑动，柱塞底部的密封工作腔容积减小，于是通过配流轴向轴孔压油。转子每转一周，柱塞在缸体内吸油、压油各一次。

『重要提示』

径向柱塞泵的转子与定子偏心放置，当移动定子改变偏心距 e 的大小时，泵的排量就得到改变；当移动定子使偏心距从正值变为负值时，泵的吸、压油区就互换，因此径向柱塞泵可以做成单向变量泵或双向变量泵。

(3) 应用特点

径向柱塞泵径向尺寸大，转动惯量大，自吸能力差，且配流轴受到径向不平衡液压力的作用，易磨损，这些都限制了其转速与压力的提高，故应用范围较小。其常用于10MPa以上的各类液压系统中，如拉床、压力机或船舶等大功率系统。

2.2.2 轴向柱塞泵

轴向柱塞泵是指柱塞轴线与缸体轴线平行的一种多柱塞泵。轴向柱塞泵按其结构不同可分为斜盘式和斜轴式两大类，以下仅介绍斜盘式轴向柱塞泵。

(1) 基本特征

斜盘式轴向柱塞泵是由缸体（转子）、柱塞、斜盘、配流盘和驱动轴等主要部件组成，缸体内均匀分布着几个柱塞孔，柱塞可以在柱塞孔里自由滑动。轴向柱塞泵的缸体直接安装在传动轴上，通过斜盘使柱塞相对缸体往复运动。压力和功率较小者，以柱塞的外端直接与斜盘做点接触；压力和功率较大者，柱塞通常是通过滑履与斜盘接触。图2-9为斜盘式轴向柱塞泵工作原理图。

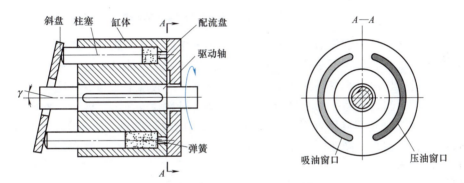

图2-9 斜盘式轴向柱塞泵工作原理

(2) 工作原理描述

当传动轴带着缸体和柱塞一起旋转时，在斜盘的作用下，柱塞在缸体内进行往复运动，在自上而下回转的半周内，柱塞逐渐向外伸出，使缸体内密封油腔容积增加，形成局部真空，于是油液就通过配流盘的吸油窗口进入缸体中。在自下而上的半周内，柱塞被斜盘推着逐渐向里缩回，使密封油腔的容积减小，将液体从压油窗口压入系统。这样，缸体每转动一周，缸体上的每一个柱塞都会完成一次吸油和一次压油。

『重要提示』

柱塞、缸体和配油盘形成若干个密封工作油腔。驱动轴输入的动力使缸体旋转，需要注意的是：配油盘和斜盘是固定不动的。斜盘倾角决定着柱塞泵的流量大小，斜盘的倾角越大，流量越大；斜盘的倾角越小，流量越小。

(3) 斜盘式轴向柱塞泵的典型结构

图2-10为手动变量直轴斜盘式轴向柱塞泵的结构图。它由泵体部分和变量部分组成。

泵轴通过花键带动缸体旋转，使轴向均匀分布在缸体上的七个柱塞绕泵轴轴线旋转。每个柱塞的头部都装有滑履，滑履与柱塞采用球面副连接，可以任意转动。弹簧的作用力通过钢球和回程盘将滑履压在斜盘的斜面上。当缸体转动时，该回程盘使柱塞得到回程动作，完

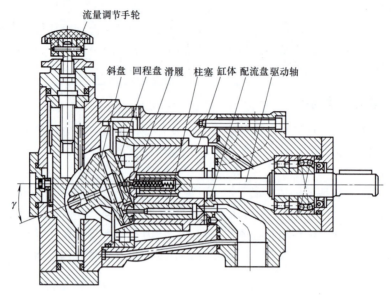

图 2-10　手动变量直轴斜盘式轴向柱塞泵的结构

成吸油过程。柱塞的排油过程则是由斜盘斜面通过滑履推动来完成的。缸体的轴向力由配流盘承受，配流盘上开有吸、压油窗口，分别与泵体上的吸、压油口相通。

左边的变量机构用来改变斜盘倾角的大小，以调节泵的流量。调节流量时，先松开锁紧螺母，然后转动手轮，从而推动变量活塞上下移动，斜盘倾角 γ 随之改变。γ 的变化范围为 $0°\sim20°$ 左右。流量调定后旋转锁紧螺母将螺杆锁紧，以防止松动。这种变量机构结构简单，但手动操纵力大，通常只能在停机或泵压力较低的情况下才能实现变量。

（4）实际应用

斜盘式轴向柱塞泵结构上能够承受高压，容易实现无级变量，所以，在各类高压液压系统中应用非常广泛，广泛应用于各类工程机械、锻压机械、起重机械、注塑机械、冶金机械及船舶中。

『科技前沿』

奔驰新款 V8 发动机燃油高压直喷系统液压装置

奔驰最新发布了两款新型发动机——自然吸气 V6 和双涡轮增压 V8。相比奔驰车型目前使用的 V6 和 V8，新发动机在燃油经济性和功率输出方面得到进一步提升。图 2-11 所示为奔驰发布的新款 V 型 8 缸发动机外观。

新款发动机采用了全新的 60°夹角"V"造型，放弃了现款的 90°夹角"V"造型。另外，新款发动机采用了第三代的燃油直喷系统、新型火花塞和低摩擦辅助设备等，动力输出和新车的燃油经济性能有了飞跃式的提高。使用新发动机的车型包括 CL500、S350 和 CL350 等车型。图 2-12 所示为奔驰新款 V 型 8 缸发动机燃油直喷系统上的高压油泵。

图 2-11　奔驰发布的新款 V 型 8 缸发动机外观

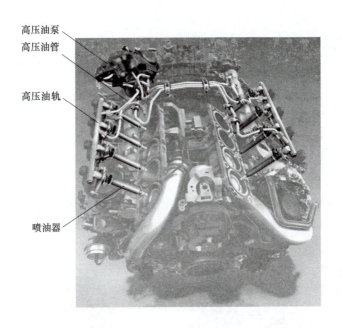

图 2-12 奔驰新款 V 型 8 缸发动机燃油直喷系统上的高压油泵

发动机燃油高压直喷系统主要由高压油泵、电控单元、蓄压器（高压油轨）、电控喷油器以及各种传感器等组成。高压油泵多采用由内燃机驱动的三缸径向柱塞泵。

低压燃油泵将燃油输入高压油泵，高压油泵将燃油加压送入蓄压器（高压油轨），高压油轨内的燃油经过高压油管，根据机器的运行状态，由电控单元确定合适的喷油定时、喷油持续期，由电液控制的电子喷油器将燃油喷入燃烧室，如图 2-13 所示。

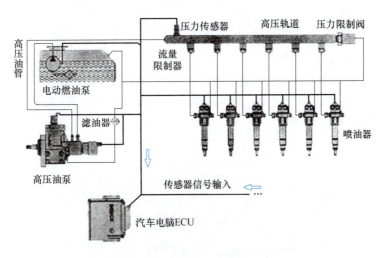

图 2-13 发动机燃油高压直喷系统液压装置

"高压"是指喷油系统压力比传统内燃机要高出许多倍，燃油压力大、雾化好而且燃烧充分，从而提高了动力性，最终达到省油的目的。

高压系统中的喷油压力柔性可调，对不同工况可确定所需的最佳喷射压力，从而优化了内燃机的综合性能。

2.3 叶片泵

叶片泵有两类:双作用叶片泵和单作用叶片泵。双作用叶片泵只能做成定量泵,而单作用叶片泵则往往做成变量泵。

2.3.1 双作用叶片泵

(1) 典型结构

双作用叶片泵主要由定子、转子、叶片、配流盘、转动轴和泵体等组成。定子内表面由两段长半径圆弧、两段短半径圆弧和四段过渡曲线组成,形似椭圆。图 2-14 为双作用叶片泵的实际结构图。

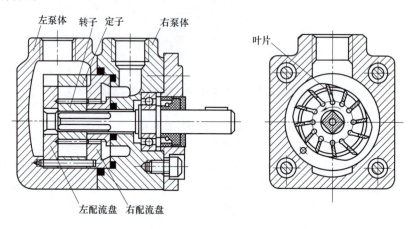

图 2-14 双作用叶片泵的实际结构图

(2) 双作用叶片泵工作原理

图 2-15 为双作用叶片泵的工作原理图。随着转子旋转,叶片在离心力和根部压力油作用下伸出并紧贴在定子的内表面上,两叶片之间和转子的外圆柱面、定子内表面及前后配油盘形成了若干个密封工作容腔。

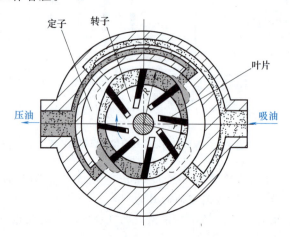

图 2-15 双作用叶片泵工作原理图

当图中转子在电动机的带动下顺时针旋转时，密封工作腔的容积在左上角和右下角处逐渐增大，形成局部真空而吸油，为吸油区；在右上角和左下角处逐渐减小而压油，为压油区。吸油区和压油区之间有一段封油区把它们隔开。

> 『重要提示』
> 定子内表面的四段过渡曲线为等加速（等减速）曲线，使得叶片周期性地伸出与缩回，相邻叶片间的密封容积就周期性地变大与缩小，产生吸油与压油的过程。由于定子和转子是同心安装的，所以双作用叶片泵的输出流量无法调节，属于定量泵。

这种泵的转子每转一周，每个密封工作腔吸油、压油各两次，故称双作用叶片泵。泵的两个吸油区和两个压油区是径向对称的，因而作用在转子上的径向液压力平衡，所以又称为平衡式叶片泵。

（3）实际应用

由于双作用叶片泵的压油窗口对称分布，所以不仅作用在转子上的径向力是平衡力，而且其运转平稳、输油量均匀、噪声小。其在各类机床设备以及注塑机、运输装卸机械和工程机械等中得到广泛应用。

2.3.2 单作用叶片泵

（1）典型结构及工作原理

单作用叶片泵由转子、定子、叶片和配流盘等组成，如图 2-16 所示。其中定子是一个与转子偏心放置的圆环，定子与转子之间存在一偏心距 e，叶片装在转子槽内，并可在槽内灵活滑动。由于离心力和叶片根部压力油的作用，叶片紧靠在定子内壁，这样，在定子、转子、叶片和两侧配流盘间就形成了若干个密封的工作腔。

当转子在电动机的驱动下按图示方向逆时针旋转时，右边处于吸油区的叶片逐渐往外伸出，密封腔容积逐渐增大，产生局部真空，于是油箱中的油液在大气压力作用下，由吸油口经配流盘的吸油窗口（图中虚线槽）进入这些密封腔，这就是吸油过程。反之，图中左面的叶片被定子内表面推入转子的槽内，密封腔容积逐渐减小，腔内的油液受到压缩，经配流盘的压油窗口排到泵外，这就是压油过程。在吸油腔和压油腔之间有一段封油区，将吸油腔和压油腔隔开。

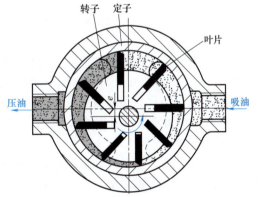

图 2-16 单作用叶片泵工作原理

转子每转一周，相邻两个叶片和两侧配流盘之间构成的每个密封工作腔可以完成一次吸油、一次压油，故称之为单作用叶片泵。转子不停地旋转，泵就不断地吸油和排油。

> 『重要提示』
> 改变定子与转子之间的偏心量 e，便可改变单作用叶片泵的流量 Q，所以单作用叶片泵往往做成变量泵。泵内的叶片数越多，流量脉动率就越小。

（2）实际应用

单作用叶片泵易于实现流量调节，常用于快慢速运动的液压系统，可降低功率损耗，减少油液发热，简化油路，节省液压元件。

叶片泵的优点是：运转平稳、压力脉动小、噪声小；结构紧凑、尺寸小、流量大。其缺点是：对油液要求高，如油液中有杂质，则叶片容易卡死；与齿轮泵相比结构较复杂。它广泛应用于机械制造中的专用机床，以及自动化生产线等中、低压液压系统中。

2.3.3 限压式变量叶片泵

限压式变量叶片泵由转子、定子、叶片、配流盘、弹簧、柱塞、滑块和调节螺钉等组成，与普通单作用叶片泵的不同之处在于，其定子左侧有弹簧，右侧柱塞在泵出口压力的推动下可以向左移动，弹簧可以通过调压螺钉调节其预压力，柱塞通过最大流量调节螺钉限制定子的最右端位置，即调节定子和转子的最大偏心量 $e_{\max}$。

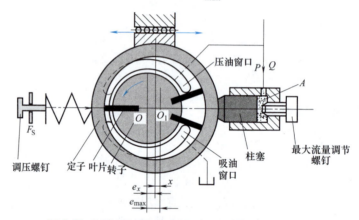

图 2-17　外反馈限压式变量叶片泵的结构原理

限压式变量叶片泵的流量随负载压力的大小自动调节。图 2-17 为外反馈限压式变量叶片泵的结构原理图。

当柱塞腔的液压力小于弹簧的预调压力时，定子在限压弹簧的作用下被推向最右端，使定子和转子的中心保持一个偏心量 e，此时偏心量为最大值 $e_{\max}$，流量最大。

随着泵的出口压力逐渐增大，液压力大于弹簧力 F_S 时，定子被柱塞向左推移，偏心量 e 减小，泵的输出流量也减小；泵的工作压力越大，定子越向左移，偏心量 e 就越小，泵的输出流量也就越小。

当泵的工作压力到某一极限值时，偏心量 e 也几乎减小为零，使泵内偏心距所产生的流量全部用于补偿泄漏，流量也几乎同时减小为零。此时不管外负载如何加大，泵的输出压力都不会再升高，所以这种泵被称为限压式变量叶片泵。图 2-18 为 YBx 型外反馈限压式变量叶片泵的实际结构图。

> 『重要提示』
>
> 限压式变量叶片泵转子的中心 O 是固定的，定子中心 O_1 可以水平左右移动。泵出口压力升高时，柱塞推动定子向左移动，使得偏心量 e 减小，泵的输出流量也随之减小。泵的出口压力被引入柱塞底腔，这是定子移动的动力来源。

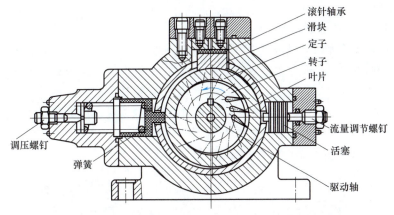

图 2-18　YBx 型外反馈限压式变量叶片泵的结构图

限压式变量叶片泵在中、低压液压系统中用得较多，液压系统采用这种变量泵，可以省略溢流阀，并可减少油液发热，从而减小油箱的尺寸，使液压系统比较紧凑。同时其在功率利用上比较合理，效率较高，在机床液压系统中被广泛采用。

2.4　齿轮泵

2.4.1　外啮合齿轮泵

（1）基本特征

在密封的泵体内有一对互相啮合的齿轮，两齿轮的模数相同、齿数相等。两齿轮外齿廓、泵体内表面以及齿轮前后端盖间形成了相互密封的工作腔。

（2）工作原理

外啮合齿轮泵的工作原理如图 2-19 所示。

当齿轮按图示方向旋转时，泵右侧吸油腔的轮齿脱离啮合，使密封容积逐渐增大，形成局部真空，油箱中的油液在大气压力作用下被吸入吸油腔内，并充满齿间槽。随着齿轮的回转，吸入到轮齿间的油液便被带到左侧压油腔。当左侧压油腔的轮齿与轮齿进入啮合时，使密封容积不断减小，油液从齿间槽被挤出而输送到系统。

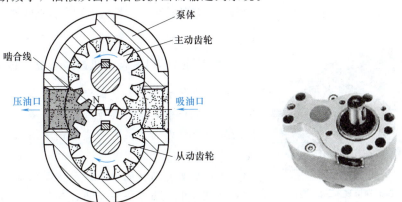

图 2-19　外啮合齿轮泵工作原理与实物图

『重要提示』

啮合点 N 沿齿宽方向的啮合线,将泵体分隔为两个互不相通的吸油腔和压油腔,其中左侧为压油腔,右侧为吸油腔。啮合线在此处起着配油作用,轮齿进入啮合时压油,脱离啮合时吸油。

(3) 典型结构图

图 2-20 为 CB-B 型齿轮泵的实际结构图。

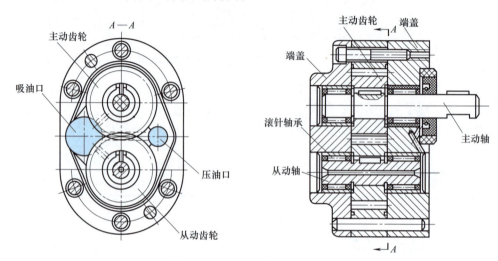

图 2-20　CB-B 型齿轮泵的实际结构

(4) 实际应用

外啮合齿轮泵具有结构简单、制造方便、重量轻、自吸性能好、价格低廉、对油液污染不敏感等特点;但由于径向力不平衡及泄漏的影响,一般使用的工作压力较低,另外其流量脉动也较大,噪声也大,因而常用于负载小、功率小的机床设备及机床辅助装置,如送料、夹紧等场合,在工作环境较差的工程机械上也广泛应用。

外啮合齿轮泵主要用于低压液压系统,而高压齿轮泵则针对一般齿轮泵的泄漏大、存在径向不平衡力等限制压力提高的问题作了改进,如尽量减小径向不平衡力,提高轴与轴承的刚度,对泄漏量最大处的端面间隙采用自动补偿装置等。

齿轮泵广泛地应用于采矿设备、冶金设备、建筑机械、工程机械和农林机械等。

『情境链接』

图 2-21　保时捷卡宴 V8 发动机润滑系统上的齿轮泵

保时捷卡宴 V8 发动机润滑系统上的齿轮泵

汽车发动机润滑系统的功用就是在发动机工作时连续不断地把数量足够、温度适当的洁净机油输送到全部传动件的摩擦表面,并在摩擦表面之间形成油膜,实现液体摩擦。

机油泵是发动机润滑系统的主要组成部件,它将一定量的润滑油从油底壳中抽出,经机油泵加压后,源源不断地送至各零件表面进行润滑,维持润滑油在润滑系统中的循环。机油泵大多装于曲轴箱内,也有些柴油机将机油泵装于曲轴箱外面。机油泵都采用齿轮驱动方式,通过凸轮轴、曲轴或正时齿轮来驱动。

为提高发动机效率,保时捷卡宴V8发动机润滑系统使用了可控式机油泵(图2-21),为外啮合齿轮泵,带有增压吸油油道。发动机控制单元根据发动机转速、机油温度和扭矩(转矩)来控制机油压力。图2-22为保时捷卡宴V8发动机润滑系统构成示意图。

图 2-22　保时捷卡宴 V8 发动机润滑系统构成示意图

2.4.2　内啮合齿轮泵

内啮合齿轮泵分为摆线内啮合齿轮泵(转子泵)和渐开线内啮合齿轮泵。

（1）摆线内啮合齿轮泵

① 基本特征　摆线内啮合齿轮泵(见图2-23)是由配流盘(前、后盖)、外齿圈(从动轮)和偏心安装在泵体内的内转子(主动小齿轮)等组成。

摆线内啮合齿轮泵的外转子齿形是圆弧,内转子齿形为短幅外摆线的等距线,故称为摆线内啮合齿轮泵,也叫转子泵。

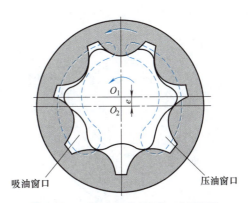

图 2-23　摆线内啮合齿轮泵的工作原理图

> 『重要提示』
>
> 在摆线内啮合齿轮泵中,由于小齿轮的外圆和外齿圈的内圆正好相切,将泵体分隔为吸油腔和压油腔,吸油腔和压油腔之间不需要加隔板。摆线齿轮泵的内、外转子相差一齿,该图中内转子为六齿,外齿圈为七齿。

② 工作原理　摆线内啮合齿轮泵也是利用齿间密封容积的周期性变化来实现吸油压油的。图2-23为摆线内啮合齿轮泵的工作原理图。

当传动轴带动小齿轮按图示方向围绕中心 O_1 旋转时,带动外齿圈绕中心 O_2 进行同向旋转。随着转子的转动,左侧轮齿逐渐脱开啮合,密闭油腔容积增大,形成真空吸油,油液从吸油窗口被吸入密封腔。当转子继续旋转时,右侧轮齿逐渐进入啮合,密闭油腔容积减小,通过压油窗口将油排出。内转子每转一周,由内转子齿顶和外转子齿谷所构成的每个密封容积,都会完成吸油、压油各一次,当内转子连续不断地转动时,液压泵就连续不断地吸油和压油。

图 2-24 为发动机润滑油泵的实物结构图，该油泵为摆线内啮合齿轮泵。图中内转子为七齿，外齿圈为八齿。

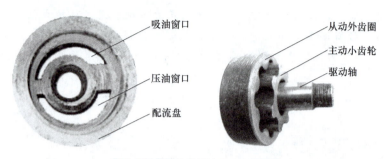

图 2-24 发动机润滑油泵的实物结构

③ 结构特点　摆线内啮合齿轮泵结构紧凑，尺寸小，重量轻。因为内外齿轮转向相同，相对滑动速度小，磨损小，使用寿命长，流量脉动远小于外啮合齿轮泵，所以压力脉动和噪声较小。摆线内啮合齿轮泵允许使用高转速（高转速下的离心力能使油液更好充入密封工作腔），可获得较高的容积效率。摆线内啮合齿轮泵排量大，结构更简单，而且由于啮合的重叠系数大，传动平稳，吸油条件更好。

内啮合齿轮泵也存在一些缺点：它的齿形复杂，加工精度要求高，需要专门的制造设备，造价较高。

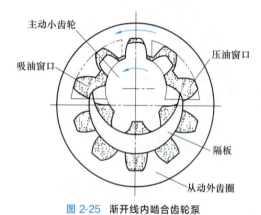

图 2-25 渐开线内啮合齿轮泵

（2）渐开线内啮合齿轮泵

在摆线内啮合齿轮泵中，由于小齿轮的外圆正好和外齿圈的内圆相切，泵的吸油腔和压油腔之间不需要隔板隔开；但在渐开线齿轮泵中，大齿圈与小齿轮间需要有一块月牙板将泵的吸油腔和压油腔隔开，如图 2-25 所示。

渐开线齿轮泵的工作原理与摆线齿轮泵完全相同，结构特点也基本相同。

内啮合齿轮泵可以正反转，同时可作液压马达使用。随着工业技术的发展，内啮合齿轮泵广泛应用于压力小于 2.5MPa 的低压系统中，如机床液压传动系统及各种补油、润滑、冷却等装置中。

『情境链接』

汽车自动变速器液压油泵

汽车自动变速器的液压操纵系统由动力源、执行机构和控制机构三部分组成。

液压油泵是自动变速器液压控制系统的压力来源。液压油泵除了向控制机构、执行机构供给压力油以实现换挡外，还给液力变矩器提供冷却补偿油，向行星齿轮变速器供给润滑油。

自动变速器液压系统利用管路把诸多的液压元件（阀类）、换挡执行机构合理地连接起来形成油路，控制液流的流向来实现自动换挡的目的。一般汽车自动变速器都把诸多液压元件、液压油的各个通路，集中设置在一个总的集中组合阀体（简称阀体）内。

自动变速器上液压油泵很多为内啮合齿轮泵，汽车内啮合齿轮泵的结构如图 2-26 所示，当发动机运转时，小齿轮和内齿圈同向旋转，下腔容积不断增加，形成真空而吸油，上腔容积不断减小，将液压油泵入液压系统。

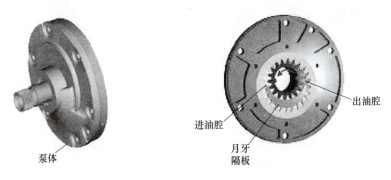

图 2-26　汽车自动变速器内啮合齿轮泵

自动变速器液压泵通常安装在自动变速器前方，由液力变矩器泵轮驱动；也有部分汽车液压油泵安装在自动变速器的后方，如马自达 626。目前自动变速器中常用的液压油泵通常有外啮合齿轮泵、内啮合齿轮泵、转子泵和叶片泵。

2.5　液压泵类型与电动机参数的选择

液压泵向液压系统提供一定流量和压力的油液，液压泵是每个液压系统不可缺少的核心元件，合理地选择液压泵对于降低液压系统的能耗、提高系统的效率、降低噪声、改善工作性能和保证系统的可靠工作都十分重要。

选择液压泵的原则是：根据主机工况、功率大小和对工作性能的要求，首先确定液压泵的类型，然后按系统所要求的压力、流量大小确定其规格型号。表 2-1 列出了液压系统中常用液压泵的主要性能。

表 2-1　液压系统中常用液压泵的性能比较

性　能	齿轮泵（外啮合）	类　　型		柱　塞　泵	
		叶　片　泵			
		限压式变量液片泵	双作用叶片泵	径向	轴向
压力范围/MPa	低压<2.5 中高压 16~21	<6.3	6.3~21	10~20	<40
排量调节	不能	能	不能	能	能
容积效率/%	63~87	58~92	80~94	80~90	88~93
总效率/%	63~87	54~81	65~82	81~83	81~88
流量脉动	较大	一般	很小	一般	一般
噪声	大	中等	小	中等	中等
价格	最低	中	中低	高	高
污染敏感度	不敏感	较敏感	较敏感	很敏感	很敏感

一般来说，由于各类液压泵各自具有其特点，其结构、功能和运转方式各不相同，因此应根据不同的使用场合选择合适的液压泵。在机床液压系统中，往往选用双作用叶片泵和限

压式变量叶片泵；在筑路机械、港口机械以及小型工程机械中，往往选择抗污染能力较强的齿轮泵；在负载大、功率大的场合，往往选择柱塞泵。

习题与思考题

2-1 液压泵完成吸油和压油必须具备什么条件？

2-2 什么是液压泵的工作压力及额定压力？两者有何关系？

2-3 液压泵的排量和流量各决定于什么参数？流量的理论值与实际值有何区别？

2-4 某液压系统中液压泵的输出工作压力 $p_P=20\mathrm{MPa}$，实际输出流量 $q_P=60\mathrm{L/min}$，容积效率 $\eta_{VP}=0.9$，机械效率 $\eta_{PM}=0.9$，试求驱动液压泵的电动机功率。

2-5 图2-27为凸轮转子泵的结构原理图，凸轮转子泵主要由凸轮转子、叶片、驱动轴和泵体组成。其定子内曲线为完整的圆弧，壳体上有两片不旋转但可以伸缩（靠弹簧压紧）的叶片。转子外形与一般双作用叶片泵的定子曲线相似。说明凸轮转子泵的工作原理，在图上标出其进油口、出油口，并指出凸轮转一圈泵吸排油几次。

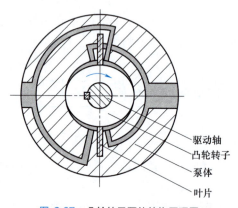

图 2-27 凸轮转子泵的结构原理图

教学情境三
液压执行元件及辅助元件

 教学目标

知识目标：
✓ 理解活塞式液压缸的结构组成及工作原理。
✓ 理解液压马达的结构组成及工作原理。
✓ 了解液压马达的分类及应用。
✓ 掌握各类液压辅助元件的作用。
✓ 掌握各类液压辅助元件的结构原理。

技能目标：
✓ 掌握活塞式液压缸的正确拆卸、装配及安装连接方法。
✓ 了解活塞式液压缸的常见故障及基本维修方法。
✓ 熟悉各类液压辅助元件的使用方法及适用场合。

素质目标：
✓ 落实党的二十大精神和社会主义核心价值观教育，树立高尚的职业道德，促进学生德技并修。

　　液压执行元件可以将液压系统中的液压能转化为机械能，以驱动外部工作部件。常用的液压执行元件有液压缸和液压马达。它们的区别是：液压缸将液压能转换成直线运动的机械能，而液压马达则是将液压能转换成旋转运动的机械能。

『情境链接』

国之重器：我国研制的超大直径盾构机在长沙下线

　　中国铁建重工集团、中铁十四局集团联合研制的最大开挖直径达16.07m的超大直径盾构机"京华号"在中国铁建重工集团长沙第一产业园下线。如图3-1所示，这台盾构机整机长150m，总重量4300t，这是我国迄今研制的最大直径盾构机，出厂后参与了北京东六环改造工程建设。"京华号"盾构机现场犹如一条钢铁巨龙横卧，高度超过5层楼，刀盘涂装从京剧脸谱中提取视觉元素，外观鲜明夺目，凸显北京地域文化特色。

　　超大直径盾构机集机械、电气、液压、传感等尖端技术于一体，对设备的可靠性要求高。在设备研制过程中，研发团队依托以往应用成熟的常规直径、大直径盾构机自主设计与系统集成技术，以及系统关键零部件设计和加工制造技术，最终研制成功。

　　"京华号"盾构机应用了液压管片拼装、常压换刀、伸缩主驱动、高效大功率泥水环流系统、高精度开挖面气液独立平衡控制等多项核心技术，同时创新搭载了管环收敛测量、管环平整度检测、同步双液注浆等系统装置，使高强度、高风险、高污染的隧道掘进作业转变

 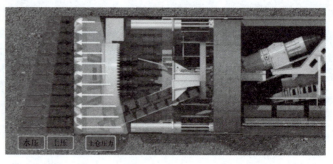

图 3-1 "京华号"超大直径盾构机

成相对安全、高效的绿色施工模式。

3.1 液压缸

液压缸是液压系统的执行元件,它将液体的压力能转换成工作机构的机械能,用来实现直线往复运动,输出力和速度。液压缸结构简单、配制灵活,设计、制造比较容易,使用维护方便,所以得到了广泛的应用。

3.1.1 单活塞杆式液压缸

(1) 典型结构图

图 3-2 为单活塞杆式液压缸的典型结构。单活塞杆式液压缸由缸筒、活塞和活塞杆、端盖等主要部件组成。活塞用卡环、套环、弹簧挡圈与活塞杆连接。为防止活塞运动到行程终端时撞击缸盖,活塞杆左端带有缓冲柱塞等,有时还需设置排气装置。

为防止泄漏,需设置密封装置;活塞和缸筒之间有密封圈,活塞杆和活塞内孔之间也有密封圈,用以防止泄漏。导向套用以保证活塞杆不偏离中心,它的外径和内孔配合处也都有密封圈。

分析图 3-2 所示结构可知:无缝钢管制成的缸筒和缸底焊接在一起,另一端缸盖与缸筒则采用螺纹连接,以便拆装检修。两端进出油口 A 和 B 都可通压力油或回油,以实现双向运动。

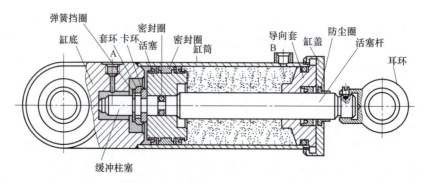

图 3-2 单活塞杆式液压缸结构图

(2) 单活塞杆式液压缸油路连接方式

单活塞杆式液压缸的活塞仅一端带有活塞杆，活塞双向运动可以获得不同的速度和输出力，其简图及油路连接方式如图 3-3 所示。

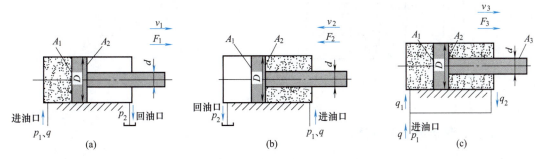

图 3-3 单活塞杆式液压缸油路连接方式

① 无杆腔进油时，如图 3-3（a）所示

$$v_1 = \frac{q}{A_1} = \frac{4q}{\pi D^2}$$

$$F_1 = p_1 A_1 - p_2 A_2 = \frac{\pi}{4}[D^2 p_1 - (D^2 - d^2)p_2]$$

式中　q——输入流量；
　A_1，A_2——活塞有效工作面积；
　D，d——分别为活塞、活塞杆直径；
　p_1，p_2——分别为液压缸进、出口压力。

② 有杆腔进油时，如图 3-3（b）所示

$$v_2 = \frac{q}{A_2} = \frac{4q}{\pi(D^2 - d^2)}$$

$$F_2 = p_1 A_2 - p_2 A_1 = \frac{\pi}{4}[(D^2 - d^2)p_1 - D^2 p_2]$$

③ 液压缸差动连接时，如图 3-3（c）所示

$$v_3 = \frac{4q}{\pi d^2}$$

$$F_3 = p_1(A_1 - A_2) = \frac{\pi}{4}d^2 p_1$$

差动连接时的工作台运动速度 v_3 比无杆腔进油时的速度 v_1 大，而输出力 F_3 要比 F_1 小。

单活塞杆式液压缸是广泛应用的一种执行元件，适用于推出时承受工作载荷、退回时为空载或载荷较小的液压装置。

（3）缓冲结构的设置

液压缸的缓冲结构是为了防止活塞在行程终了时，由于惯性力的作用与端盖发生撞击，影响设备的使用寿命。特别是当液压缸驱动负荷重或运动速度较大时，液压缸的缓冲就显得更为重要。

常用的缓冲结构如图 3-4 所示，它由活塞顶端的凸台和缸底上的凹槽构成。当活塞移近缸底时，凸台逐渐进入凹槽，将凹槽内的油液经凸台和凹槽之间的缝隙挤出，增大了回油阻力，降低了活塞的运动速度，从而减小或避免活塞对端盖的撞击，实现缓冲。

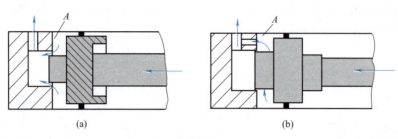

图 3-4 液压缸的缓冲结构

3.1.2 双活塞杆式液压缸

如图 3-5 所示为双活塞杆式液压缸的结构,活塞两侧都有活塞杆伸出。当缸体内径为 D,且两活塞杆直径 d 相等,液压缸的供油压力为 p、流量为 q 时,活塞(或缸体)两个方向的运动速度和推力相等。

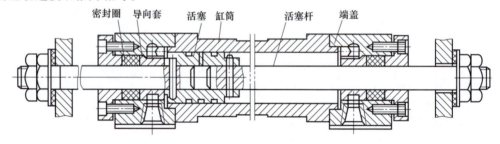

图 3-5 双活塞杆式液压缸的结构图

因为双活塞杆式液压缸的两活塞杆直径相等,所以当输入流量和油液压力不变时,其往返运动速度和推力相等。缸的运动速度 v 和推力 F 分别为

$$v = \frac{q}{A} = \frac{4q}{\pi(D^2 - d^2)}$$

$$F = \frac{\pi}{4}(D^2 - d^2)(p_1 - p_2)$$

3.1.3 柱塞式液压缸

柱塞式液压缸(见图 3-6)由缸筒、柱塞、导向套、密封圈等零件组成。柱塞式液压缸只有一个油口,进油和回油都要经过这个油口。

柱塞式液压缸在压力油推动下,只能实现单向运动,属于单作用缸,它的回程借助于运动件的自重或外力的作用(垂直放置或借助弹簧力等)。为了得到双向运动,柱塞式液压缸常成对使用,如图 3-7 所示。

为减轻重量,防止柱塞水平放置时因自重而下垂,常把柱塞做成空心的。

柱塞式液压缸的内壁不需要精加工,只需要对柱塞杆进行精加工,结构简单,制造方便,成本低,因此在行程较长时多采用柱塞式液压

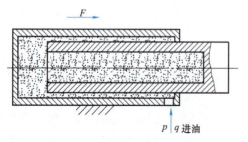

图 3-6 柱塞式液压缸

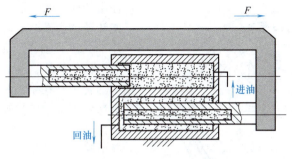

图 3-7 柱塞式液压缸的成对使用

缸。运动时由缸盖上的导向套来导向,它特别适用于龙门刨床、导轨磨床、大型拉床等大行程设备的液压系统。

3.1.4 伸缩式液压缸

如图 3-8 所示为伸缩式液压缸的结构,它是由两套活塞缸套装而成。图中前一级的活塞与后一级的缸筒连为一体。当压力油从 a 口通入,一级活塞先伸出,然后二级活塞伸出。当压力油从 d 口通入,进入 c 口,二级活塞先缩入,然后一级活塞缩入。总之,其按活塞的有效工作面积大小依次动作,有效面积大的先动,小的后动。

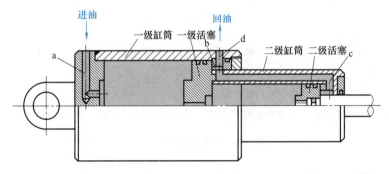

图 3-8 伸缩式液压缸

伸缩式液压缸活塞杆伸出时行程大,而缩回后结构尺寸小,因而它适用于起重运输车辆等占空间小且可实现长行程工作的机械,如起重机伸缩臂缸、自卸汽车举升缸等。

3.2 液压马达

液压马达也是液压系统的执行元件,它可以将系统的液压能转换成工作机构的机械能,用来实现旋转运动,输出转速和转矩。

3.2.1 叶片马达

叶片马达和叶片泵的结构相似,主要由转子、定子、叶片等组成。

叶片马达的工作原理如图 3-9 所示,当压力油经过配油窗口进入叶片 1 和叶片 7(或叶片 3 和叶片 5)之间时,叶片 1 和叶片 7 一侧作用高压油,另一侧作用低压油,由于叶片 1

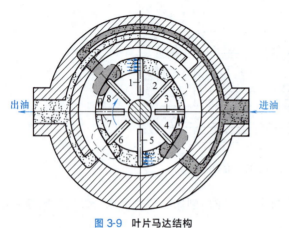

图 3-9 叶片马达结构

伸出的面积大于叶片 7 伸出的面积，因此使转子产生顺时针转矩。同时叶片 3 和叶片 5 的压力油作用面积之差也使转子产生顺时针的转矩。两者之和即为液压马达产生的转矩。在供油量一定的情况下，液压马达将以确定的转速旋转。位于压油腔的叶片 8 和叶片 4 两面同时受压力油作用，受力平衡对转子不产生转矩。

叶片马达的转子惯性小，动作灵敏，可以频繁换向，但泄漏量大，不宜在低速下工作。因此叶片马达一般用于转速高、转矩小、动作要求灵敏的场合。

『知识链接』

叶片马达需要正反转，因此叶片沿转子径向放置，叶片的倾角为零。而叶片泵的转子叶片却存在倾角，这是它们结构之间的差别。

液压马达职能符号如图 3-10 所示。

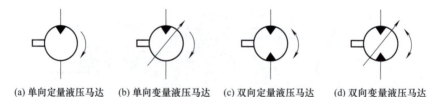

(a) 单向定量液压马达　　(b) 单向变量液压马达　　(c) 双向定量液压马达　　(d) 双向变量液压马达

图 3-10　液压马达职能符号图

3.2.2　齿轮式液压马达

如图 3-11 所示，图中 p 为两齿轮的啮合点。当压力油作用在齿面上时（如图 3-11 中箭头所示，凡齿面两边受力平衡的部分都未用箭头表示），在两个齿轮上都受到一个使它们产生转矩的作用力，因而两齿轮按图示方向旋转，并将油液带入低压腔排出。

齿轮式液压马达由于密封性较差，容积效率较低，所以输入的油压不能过高，转矩一般不大，并且它的转速和转矩都是随着齿轮的啮合情况而脉动的。因此，齿轮式液压马达一般多用于高转速、低转矩的情况。齿轮式液压马达进出油道对称，孔径相等，这使得齿轮式液压马达能够实现正反转。

齿轮式液压马达的结构特点：

① 采用外泄漏油孔，因为马达回油腔压力往往

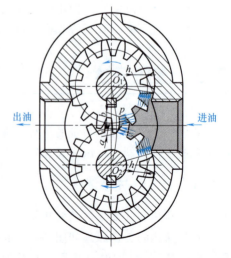

图 3-11　齿轮马达的结构原理图

高于大气压力，采用内部泄油会把轴端油封冲坏。特别是当齿轮式液压马达反转时，原来的回油腔变成了压油腔，情况将更严重。

② 多数齿轮式液压马达采用滚动轴承支撑，以减小摩擦力而便于马达启动。
③ 不采用端面间隙补偿装置，以免增大摩擦力矩。
④ 齿轮式液压马达的卸荷槽对称分布。

3.2.3　轴向柱塞式液压马达

如图 3-12 所示为斜盘式轴向柱塞式液压马达工作原理。图中斜盘和配油盘固定不动，柱塞轴向安置在缸体中，缸体和马达轴相连一起旋转，斜盘倾角为 γ。

当液压泵高压油进入马达的压油腔之后，滑履在液压力的作用下压向斜盘，其反作用力为 F。F 分解成两个分力，轴向分力 F_x 沿柱塞轴线向右，与柱塞所受液压力平衡；径向分力 F_y 与柱塞轴线垂直向下，使得压油区的柱塞都对转子中心产生一个转矩，驱动液压马达旋转做功。瞬时驱动力的大小随柱塞所在位置的变化而变化。

压油区的所有柱塞产生的转矩和，构成了液压马达的总转矩。需要指出的是，液压马达的转矩是随外负载而变化的。

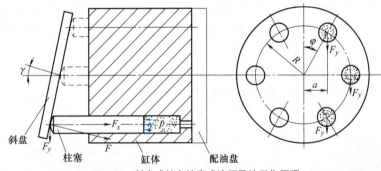

图 3-12　斜盘式轴向柱塞式液压马达工作原理

『重要提示』
　　当液压马达的进、回油口互换时，液压马达将反向转动，当改变斜盘倾角 γ 时，液压马达的排量便随之改变，从而可以调节输出转矩或转速。

3.2.4　摆动式液压马达

摆动式液压马达输出转矩，并实现往复摆动，也称为摆动式液压缸或回转液压缸，在结构上有单叶片和双叶片两种形式。它主要由叶片、摆动轴、定子块、缸体等零件组成。

如图 3-13 所示为摆动式液压马达的工作原理，当两油口相继通以压力油时，叶片即带动摆动轴进行往复摆动。它把油液的压力能转变为摆动运动的机械能。当按图示方向输入压力油时，叶片和摆动轴进行顺时针转动；反之，叶片和摆动轴进行逆时针转动。单叶片摆动式液压马达的摆动范围一般不超过 280°，双叶片摆动式液压马达的摆动范围一般不超过 150°。

定子块固定在缸体上，而叶片和摆动轴连接在一起，同时摆动。

此类液压马达常应用于机床的送料装置、间歇进给机构、回转夹具、工业机器人手臂和手腕的回转机构等液压系统。

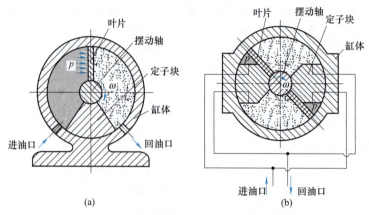

图 3-13 摆动式液压马达的工作原理

『情境链接』

汽车起重机上的液压执行机构

汽车起重机是将起重机安装在汽车底盘上的一种起重运输设备。汽车起重机液压系统包含支腿收放机构、起升机构、吊臂伸缩机构、吊臂变幅机构、回转机构等五个部分,如图3-14 所示。

汽车起重机上的执行元件(包括液压缸和液压马达),承受的负载较大,因此液压起重机一般采用中、高压手动控制系统,系统对安全性要求较高。

图 3-14 汽车起重机上的液压执行机构

机构动作的完成由液压系统来实现。图示汽车起重机最大起重量为 80kN(幅度 3m 时),最大起重高度为 11.5m,起重装置连续回转。该机具有较高的行走速度,可与装运工具的车编队行驶,机动性好。当装上附加吊臂后,可用于建筑工地吊装预制件,吊装的最大高度为 6m。液压起重机承载能力大,可在有冲击、振动、温度变化大和环境较差的条件下工作。

3.3 蓄能器

蓄能器是用来储存和释放液体压力能的装置,它的功用主要有:
① 当执行元件需快速运动时,可以短期大量供油。

② 当执行元件停止运动的时间较长，并且需要保压时，为降低能耗、使泵卸荷，可以利用蓄能器储存的液压油来补偿油路的泄漏损失，维持系统压力。

③ 作为应急油源。

④ 缓和冲击，吸收脉动压力。

(1) 气瓶式蓄能器

图 3-15 所示为气瓶式蓄能器，油液和气体在蓄能器中直接接触，故又称气液直接接触式（非隔离式）蓄能器。这种蓄能器容量大、惯性小、反应灵敏、外形尺寸小，没有摩擦损失；但气体易混入（高压时溶于）油液中，影响系统工作平稳性，而且耗气量大，必须经常补充。所以气瓶式蓄能器适用于中、低压大流量系统。

(2) 活塞式蓄能器

图 3-16 所示为活塞式蓄能器。这种蓄能器利用活塞将气体和油液隔开，属于隔离式蓄能器。其特点是气液隔离、油液不易氧化、结构简单、工作可靠、寿命长、安装和维护方便；但由于活塞惯性和摩擦阻力的影响，导致其反应不灵敏，容量较小，对缸筒加工和活塞密封性能要求较高。所以活塞式蓄能器一般用来储能或供高、中压系统做吸收脉动之用。

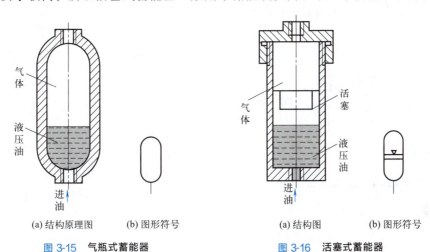

图 3-15　气瓶式蓄能器　　　图 3-16　活塞式蓄能器

(3) 气囊式蓄能器

图 3-17 所示为气囊式蓄能器。这种蓄能器主要由壳体、气囊、进油阀和充气阀等组成，气体和液体由气囊隔开。壳体是一个无缝耐高压的外壳，气囊用特殊耐油橡胶作原料与充气阀一起压制而成。进油阀是一个由弹簧加载的菌形提升阀，它的作用是防止油液全部排出时气囊被挤出壳体之外。充气阀只在蓄能器工作前用来为气囊充气，蓄能器工作时则始终关闭。这种蓄能器允许承受的最高工作压力可达 32MPa，具有惯性小、反应灵敏、尺寸小、质量轻、安装容易、维护方便等优点。缺点是气囊和壳体制造工艺要求较高，而气囊强度不够高，压力的允许波动值受到限制，只能在 -20~70℃ 的温度范围内工作。蓄能器所用气囊有折合形和波纹形两种。

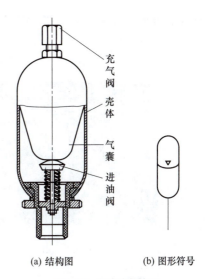

图 3-17　气囊式蓄能器

『知识拓展』

蓄能器安装时的注意事项

① 气囊式蓄能器应垂直安装,使油口向下,充气阀朝上。
② 用于吸收冲击压力和脉动压力的蓄能器应尽可能安装在靠近振源处。
③ 装在管路上的蓄能器必须用支撑板或支持架固定。
④ 蓄能器与管路系统之间应安装截止阀,以便于充气、检修;蓄能器与液压泵之间应安装单向阀,防止液压泵停转或卸荷时蓄能器储存的压力油倒流。

3.4 液压油箱

(1) 功能及分类

油箱的主要功能是储存油液,此外,还有散热(以控制调节油温),阻止杂质进入,沉淀油中杂质,以及逸出渗入油液中的空气等功能。

根据油箱液面是否与大气相通,又可分为开式油箱和闭式油箱。闭式油箱内液面不与大气直接接触。图 3-18 是一种分离式开式油箱结构示意图。

注意:为了防止液压油从油箱中溢出,油箱中的油位一般不应超过液压油箱高度的 80%。

(2) 油箱的结构

① 空气滤清器　为了防止液压油被污染,液压油箱应完全密封。在注油孔上要加装滤油网,为保证液压油箱通大气并净化抽吸的空气,注油孔盖同时也是一个空气滤清器。空气滤清器的通气量应大于液压泵的流量,以便空气进入油箱,及时补充油位的下降。图 3-19 为空气滤清器的实物及结构原理图。

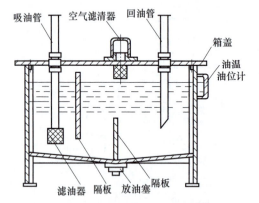

图 3-18 分离式开式油箱结构示意图

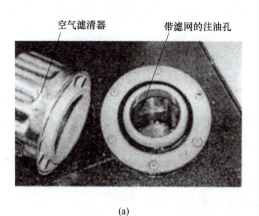

(a)

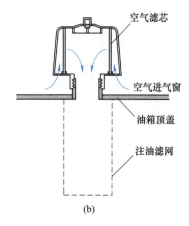

(b)

图 3-19 空气滤清器的实物及结构原理图

② 油温油位计　为观察液压油箱内的液面情况，油箱的一个侧板上装有油温油位计，以指示油位高度，同时显示油液温度。

③ 隔板　隔板的作用是使回油受隔板阻挡后再进入吸油腔一侧，这样可以增加油液在油箱中的流程，增强散热效果，并使油液有足够长的时间去分离空气泡和沉淀杂质。为了使油液流动具有方向性，要综合考虑隔板、吸油管和回油管的配置，尽量把吸油管和回油管用隔板隔开。为了不使回油管的压力波动波及吸油管，吸油管及回油管的斜口方向应一致，而不是相对着。

④ 顶盖　顶盖上装有泵、马达、阀组等，必须十分牢固。液压油箱同它们的接合面要平整光滑，将密封填料、耐油橡胶密封垫圈以及液态密封胶衬入其间，防止杂质、水和空气侵入，防止漏油。同时，不允许阀和管道泄漏在箱盖上的油液流回油箱内部。

『知识拓展』

油箱结构设计中的注意事项

① 吸油管与回油管之间的距离要尽量远些，并采用多块隔板隔开，分成吸油区和回油区，隔板高度约为油面高度的 3/4。

② 卸下侧盖和盖板便可清洗油箱内部和更换滤油器。

③ 箱底板设计成倾斜的目的是便于放油和清洗，并在最低处设置放油塞。

④ 吸油管口离油箱底面距离应大于 2 倍油管外径，离油箱箱边距离应大于 3 倍油管外径。吸油管和回油管的管端应切成 45°的斜口，回油管的斜口应朝向箱壁。

⑤ 油箱的有效容积在低压系统中取液压泵每分钟排油量的 2～4 倍，中压系统为 5～7 倍，高压系统为 6～12 倍。油箱容量如果太小，就会使油温上升。

3.5　滤油器

（1）网式滤油器

网式滤油器结构如图 3-20 所示，它由上盖、下盖和几块不同形状的金属丝编织的方孔网或金属编织的特种网组成。过滤精度与金属丝网层数及网孔大小有关。标准产品的过滤精度只有 $80\mu m$、$100\mu m$、$180\mu m$ 三种，压力损失小于 $0.01MPa$，最大流量可达 $630L/min$。

网式滤油器属于粗滤油器，一般安装在液压泵吸油油路上，用来保护液压泵。网式滤油器结构简单，通流能力大，清洗方便，但过滤精度低。

（2）线隙式滤油器

线隙式滤油器结构如图 3-21 所示，它由上方端盖、壳体、带有孔眼的筒型芯架和绕在芯架外部的金

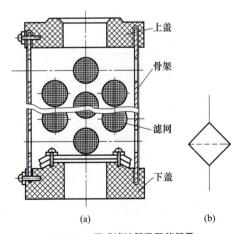

图 3-20　网式滤油器及职能符号

属线圈组成，依靠金属线间微小间隙来挡住油液中杂质的通过。这种滤油器工作时，油液从进油口进入滤油器，经线隙过滤后进入芯架内部，再由出油口流出。线隙式滤油器有 30μm、50μm、80μm 和 100μm 四种精度等级，额定流量下的压力损失约为 0.02~0.15MPa。

它的特点是结构简单，通流能力大，过滤精度高，但滤芯材料强度低，不易清洗。其一般用于低压管道中，安装在回油路或液压泵的吸油口处。

（3）纸芯式滤油器

纸芯式滤油器（图 3-22）的结构与线隙式滤油器基本相同，但滤芯为用平纹或波纹的酚醛树脂或木浆微孔滤纸制成的纸质滤芯。为了增大过滤面积，纸质滤芯常制成折叠形。压力损失约为 0.01~0.04MPa。这种滤油器过滤精度高，有 5μm、10μm、20μm 等规格，但纸质滤芯易堵塞，无法清洗，需要经常更换，一般用于需要精过滤的场合。

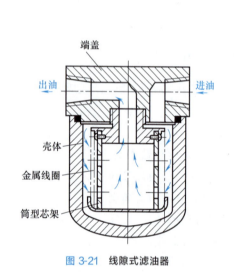

图 3-21 线隙式滤油器

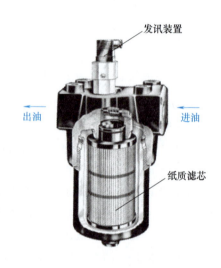

图 3-22 纸芯式滤油器

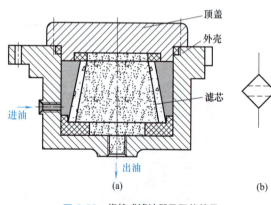

图 3-23 烧结式滤油器及职能符号

（4）烧结式滤油器

烧结式滤油器（图 3-23）的滤芯由金属粉末烧结而成，利用金属颗粒间的微孔来过滤杂质。改变金属粉末的颗粒大小，就可以制出不同过滤精度的滤芯。它的过滤精度一般在 10~100μm 之间，压力损失为 0.03~0.2MPa。

烧结式滤油器的滤芯能烧结成杯状、管状、板状等各种不同的形状，结构简单、强度大、性能稳定、抗腐蚀性好、过滤精度高，适用于精过滤。缺点是金属颗粒易脱落，堵塞后不易清洗。

『知识链接』

磁性滤油器

磁性滤油器中设置有高磁能永久磁铁，以吸附、分离油液中的铁屑、铁粉或带磁性的磨料。磁性滤油器常与其他形式的滤芯结合起来制成复合式滤油器。例如挖掘机液压系统中的滤油器，在纸质滤芯内装设了一个圆柱形的永久磁铁，进行两种方式的过滤。

(5) 滤油器的安装位置图

滤油器在液压系统中的安装位置（图 3-24）有以下几种情况：

① 安装在吸油管路中　液压泵的吸油管路中一般安装网式或线隙式粗滤油器，目的是滤除较大颗粒的杂质，以保护液压泵。要求滤油器有很大的通流能力（大于液压泵流量的 2 倍）和较小的压力损失［图 3-24（a）］。

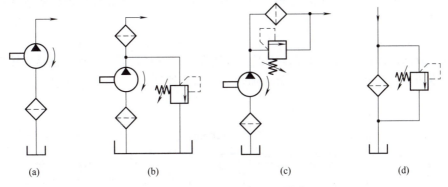

图 3-24　滤油器的几种安装位置

② 安装在压力油管路中　这种安装方式常将滤油器安装在对杂质敏感的调速阀、伺服阀等元件之前［图 3-24（b）］。由于滤油器在高压下工作，要求滤芯有足够的强度。为了防止滤油器堵塞，可并联一旁通阀或堵塞指示器［图 3-24（c）］。

③ 安装在回油管路中　安装在回油管路中的滤油器能使油液在流回油箱之前得到过滤，以控制整个液压系统的污染程度［图 3-24（d）］。

『知识拓展』

滤油器上的发信装置

多数精滤油器上都设置了堵塞发信装置，其结构原理如图 3-25 所示。当滤油器滤芯堵塞严重，油液流经滤油器产生的压力差 p_1-p_2 达到规定值时，活塞 4 和永久磁铁 3 即向右

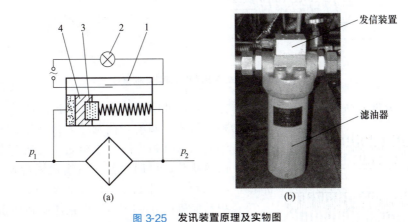

图 3-25　发讯装置原理及实物图

1—干簧管；2—指示灯；3—永久磁铁；4—活塞

移动,把干簧管1的触点吸合,接通电路,指示灯2亮,发出信号,提醒操作人员更换滤芯,或实现自动停机保护。

3.6 热交换器

为提高液压系统工作的稳定性,应使系统在适宜的温度下工作。液压油温度一般希望保持在30～50℃范围内,最高不超过65℃,最低不低于15℃。为保证系统稳定工作,这就需要使用加热器或冷却器。

(1) 加热器

在冬季或寒冷地区,因油液温度较低,液压泵启动困难,需首先加热油液。工厂中常用管状电加热器加热油液。图3-26所示为加热器及职能符号。

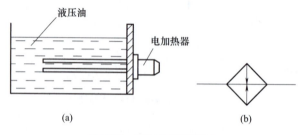

图 3-26　加热器及职能符号

(2) 冷却器

液压系统在工作时,因各种能量损失,使液压油产生大量的热量,直接影响到系统的正常工作,这些热量只凭液压油箱散发是不够的,因此,需设置冷却设备,即冷却器。液压系统中冷却器的常用冷却方式有水冷和风冷两种。

图3-27所示为水冷式冷却器及冷却器职能符号,冷却水从蛇形管中流过,带走大量的热,使液压油冷却。

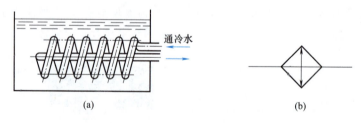

图 3-27　水冷式冷却器及冷却器职能符号

在液压油温度升高不多,或缺少水源的地方,可以用风冷式冷却器。如图3-28所示为翅片管式(圆管、椭圆管)冷却器结构(局部),油液从带有翅片的管中流过,管外壁嵌有大量的散热翅片,可同时使用风扇送风冷却。翅片一般用铜片或铝片制成,厚度0.2～0.3mm,散热面积是光管的8～10倍,而且体积和质量相对减小。这种冷却器结构简单紧凑、散热面积大、散热效率高、适应性好、运转费用较低。

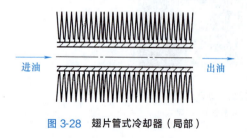

图 3-28　翅片管式冷却器(局部)

3.7 橡胶密封圈

(1) O形密封圈

O形密封圈一般用耐油橡胶制成,其横截面呈圆形,如图3-29(a)所示。它具有良好的密封性能,内外侧和端面都能起密封作用,结构紧凑,制造容易,装拆方便,成本低,且高低压均可以用,所以在液压系统中得到广泛的应用。

O形密封圈的特点是结构简单,单圈即可对两个方向起密封作用,动摩擦阻力较小,对油液种类、压力和温度的适应性好,一般适用于工作压力10MPa以下的元件。当压力过高时,可设置多道密封圈,并应该在密封槽内设置密封挡圈,以防止O形圈从密封槽的间隙中挤出。

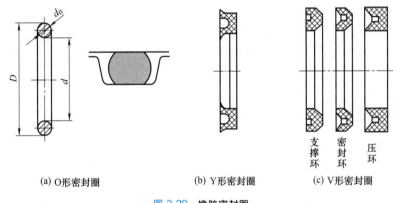

图3-29 橡胶密封圈

(a) O形密封圈　(b) Y形密封圈　(c) V形密封圈

(2) Y形密封圈

Y形密封圈一般用聚氨酯橡胶或丁腈橡胶制成,其截面呈Y形,如图3-29(b)所示。安装时唇口对着压力高的一边。油压低时,靠预压缩密封;油压高时,受油压作用两唇张开,贴紧密封面,能主动补偿磨损量,油压越高,唇边贴得越紧。双向受力时要成对使用。这种密封圈摩擦力较小,运动平稳,适用于高速、高压的动密封。

(3) V形密封圈

V形密封圈由多层涂胶织物压制而成,其形状如图3-29(c)所示,由不同截面形状的压环、密封环和支承环组成。压力小于10MPa时,使用一套三件已足够保证密封;压力更高时,可以增加中间密封环的个数。这种密封圈安装时应使密封环唇口面对压力油作用方向。

V形密封圈的接触面较大,密封性能好,耐高压(可达50MPa),寿命长,但摩擦力较大。

3.8 压力表

压力表是为测定和调整液压系统中各工作点的压力而设置的,如液压泵、减压阀出口等。压力表的种类很多,最常用的是弹簧管式压力表,如图3-30(a)所示。当压力油进入金属弯管 5 时，弯管变形而使得曲率半径加大，端部的位移通过连杆 3 使齿扇 2 摆动。与齿扇 2 啮合的小齿轮 1 就会带动指针 4 转动，此时就可以在刻度盘上读出所测定工作点的压力值。

图 3-30（b）所示为压力表的实物。

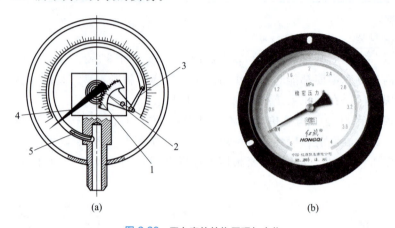

图 3-30　压力表的结构原理与实物

1—小齿轮；2—齿扇；3—连杆；4—指针；5—金属弯管

习题与思考题

3-1　汽车液压执行元件有哪些类型？用途如何？

3-2　双杆活塞式液压缸在缸筒固定和活塞杆固定时，工作台运动范围有何不同？运动方向和进油方向之间是什么关系？

3-3　什么叫液压缸的差动连接？适用于什么场合？

3-4　如图 3-31 所示三个液压缸的缸筒和活塞杆直径都是 D 和 d，当输入压力油的流量都是 q 时，试说明各缸筒的移动速度、移动方向和活塞杆的受力情况。

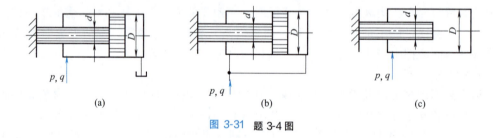

图 3-31　题 3-4 图

3-5　什么是液压马达的工作压力、额定压力、排量、理论流量和实际流量？

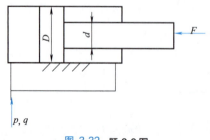

图 3-32　题 3-6 图

3-6　如图 3-32 所示差动连接液压缸，已知进油量 $q_P = 30 \text{L/min}$，进油压力 $p = 40 \times 10^5 \text{Pa}$，要求活塞快进快退速度相等，且速度均为 $v = 6 \text{m/min}$，试计算此液压缸筒内径 D 和活塞杆直径 d，并求出推力 F。

3-7　过滤器分为哪些种类？绘图说明过滤器一般安装在液压系统中的什么位置。

3-8　液压油正常工作的温度范围是多大？是否所有的油箱都要设置冷却器和加热器？

教学情境四
汽车液压控制元件

 **教学目标**

知识目标:
√ 掌握各类方向控制阀的工作原理、性能特点及应用。
√ 掌握各类压力控制阀的工作原理、性能特点及应用。
√ 掌握各类流量控制阀的工作原理、性能特点及应用。
√ 掌握插装阀、比例阀、叠加阀的结构及工作原理。
√ 了解电液数字控制阀的结构及工作原理。

技能目标:
√ 掌握方向控制阀的方向控制和调节方法。
√ 了解方向控制阀的常见故障现象。
√ 掌握压力控制阀的压力控制和调节方法。
√ 了解压力控制阀的常见故障现象。
√ 掌握流量控制阀的流量控制和调节方法。
√ 了解流量控制阀的常见故障现象。

素质目标:
√ 弘扬爱国主义精神,促进学生德技并修。

汽车液压控制阀是用来控制液压系统中油液的流动方向或调节其压力和流量的,通常分为方向控制阀、压力控制阀和流量控制阀三大类。

『情境链接』

大国建设:雄安站混凝土主体结构封顶中的液压工程机械

祖国建设一片繁荣景象,而在祖国建设中承担重任的各类工程机械都广泛使用液压泵作为动力源,如图 4-1 所示为京雄城际铁路雄安站施工现场中的液压工程机械。

2020 年 4 月 30 日,京雄城际铁路雄安站工地,24 台塔吊交叉挥舞,起重机巨臂高擎。伴随着最后一方混凝土浇筑完成,京雄城际铁路雄安站混凝土主体结构正式封顶。雄安站是雄安新区设立以来首个大型基础设施项目、河北省首个 5G+边缘计算智慧工地。

雄安站钢结构屋盖重达 3000t,提升高度、提升总重量及施工技术难度之大,在国内同类型高铁站站房施工中无出其右。建设者采用先进的计算机同步控制系统、液压泵源和吊点实时传感技术,多台设备逐级加载,24 个吊点同步提升,32 个结构变形监测点分级监控,精度控制在毫米级。不到 15 个小时,雄安站钢结构屋盖顺利完成 25m 提升。

雄安站站房外观呈水滴状椭圆造型,采用"青莲滴露"主题,如图 4-2 所示。椭圆形的屋盖轮廓如清泉源头，似一瓣青莲上的露珠；平整的建筑屋顶在中部高架候车厅处向上抬起，边缘向内层层收进，如同微风荡漾时湖泊中泛起的层层涟漪；立面形态舒展，又似传统中式大殿，展现了中华传统文化的深厚底蕴。

图 4-1　雄安站施工现场中的液压工程机械

图 4-2　雄安站水滴状椭圆造型外观图

4.1　方向控制阀

方向控制阀是液压系统中的控制元件，用来控制液压系统或某一分支油路中流体的流动方向，改变液压系统中各油路之间液流通断关系，以满足液压缸、液压马达等执行元件不同的动作要求，它是直接影响液压系统工作过程和工作特性的重要元件。

4.1.1　单向阀

4.1.1.1　普通单向阀

（1）基本功能

单向阀又称止回阀，只允许液流沿一个方向通过，而反向液流被截止。对单向阀的主要性能要求是：正向液流通过时压力损失要小；反向截止时密封性要好；动作灵敏，工作时撞击噪声小。

（2）结构分析及工作原理

图 4-3 所示为单向阀的机构与职能符号，直通式单向阀的进油口和出油口流道在同一轴线上。图 4-3（a）所示为管式连接的钢球式直通单向阀，图 4-3（b）所示为锥阀式直通单向阀。液流从进油口 P_1 流入，克服弹簧力而将阀芯顶开，再从出油口 P_2 流出。当液流反向流入时，由于阀芯被压紧在阀座密封面上，所以液流被截止。

单向阀中的弹簧，主要用来克服摩擦力、阀芯的重力和惯性力，使阀芯在反向流动时能迅速关闭，所以单向阀中的弹簧较软。单向阀的开启压力一般为 0.03～0.05MPa，并可根

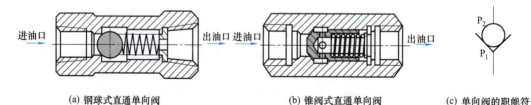

图 4-3　单向阀的机构与职能符号

据需要更换弹簧。如将单向阀中的软弹簧更换成合适的硬弹簧，就成为背压阀，这种阀通常安装在液压系统的回油路中，用以产生 0.3～0.5MPa 的背压。

4.1.1.2 液控单向阀

（1）基本功能

液控单向阀既可以像普通单向阀那样完成正向流通、反向截止，在外部液压力的作用下，还可以实现正反向都流通。

（2）结构分析及原理

图 4-4 所示为液控单向阀的结构及职能符号图。当控制口 K 无压力油时，其工作原理与普通单向阀一样，压力油只能从进油口 P_1 流向出油口 P_2，反向流动被截止。当控制口 K 有控制压力 p_c 作用时，在液压力的作用下，控制活塞向右移动，顶开阀芯，使油口 P_2 和 P_1 相通，油液既可以从 P_1 口流向 P_2 口，也可以从 P_2 口流向 P_1 口。

当控制口接通控制压力时，液控单向阀是一种可以实现双向流通的特殊单向阀。在图 4-2 所示形式的液控单向阀中，控制压力 p_c 最小须为主油路压力的 30%～50%。

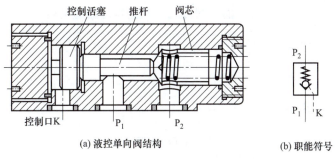

图 4-4 液控单向阀的结构及职能符号图

液控单向阀具有良好的单向密封性能，常用于执行元件需要较长时间保压、锁紧等情况，也用于防止立式液压缸停止时自动下滑及用于速度换接等回路中。

4.1.1.3 双向液压锁

如图 4-5 所示，采用两个液控单向阀即可组成双向液压锁。当压力油从 A_1 口流向 B_1 口的同时，控制活塞右移，推开右侧钢球，A_2 口与 B_2 口之间实现自由流通；反之亦然，当压力油从 A_2 流向 B_2 时，控制活塞左移，推开左侧钢球，A_1 口与 B_1 口之间实现自由流通。当 A_1 口和 A_2 口都没有压力油进入时，该阀处于自锁状态。

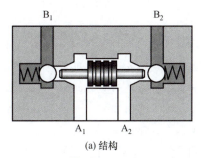
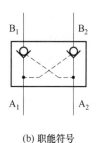

图 4-5 双向液压锁结构原理及职能符号图

4.1.2 滑阀式换向阀的工作原理

滑阀式换向阀是靠阀芯在阀体内做轴向滑动，使相应的油路接通或断开，从而改变液压系统中油液的流动方向，使执行元件的运动方向得以改变。

现以二位四通阀为例来说明滑阀式换向阀的工作原理，如图 4-6 所示。阀体上有四个通油口，其中 P 为进油口，T 为回油口，A 和 B 口通执行元件的两腔。阀芯在阀体中有左、右两个稳定的工作位置。当阀芯在左位时，通油口 P 和 B 相连，A 和 T 相连，液压缸有杆腔进油，活塞向左运动；当阀芯移到右位时，通油口 P 和 A 接通，B 和 T 接通，液压缸无杆腔进油，活塞右移。

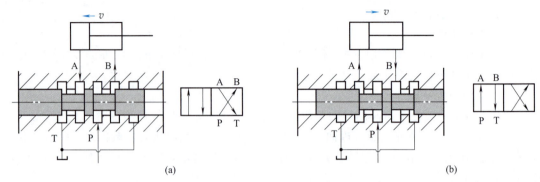

图 4-6 滑阀式换向阀的工作原理图

『知识拓展』

换向阀的控制方式与职能符号的意义

1. 换向阀的控制方式，如图 4-7 所示。

图 4-7 换向阀的控制方式

2. 换向阀职能符号的意义

为改变油液的流动方向，换向阀阀芯的工作位置要变换，换向阀阀芯有几个工作位置，就称为几位阀。换向阀阀体上与外界通油的主油口数，通常简称为"通"，有几个主通油口，就称为几通阀。

根据阀芯可变动的位置数和阀体上的通路数，可组成×位×通阀（图 4-8）。

其职能符号意义如下：

① 换向阀的工作位置用方格表示，有几个方格即表示几位阀；
② 方格内的箭头符号表示两个油口连通，"⊥"表示油路关闭；
③ 方格外的符号表示阀的控制方式，如手动、机动、电动和液动等。

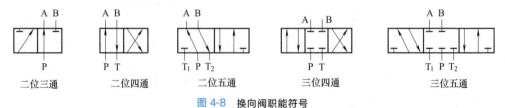

图 4-8 换向阀职能符号

4.1.3 常用的换向阀

4.1.3.1 手动换向阀

（1）驱动方式

手动换向阀是利用手动杠杆等机构来改变阀芯和阀体的相对位置，从而实现换向的阀类。阀芯靠钢球、弹簧定位，使其保持确定的位置。

（2）结构及换向过程

图 4-9 所示为弹簧自动复位式三位四通手动换向阀的结构及职能符号。向左或向右操纵手柄 1，通过杠杆使阀芯 2 在阀体内自图示位置向右或向左移动，以改变油路的连通形式或液压油流动的方向。松开操作手柄后，阀芯在弹簧 3 的作用下恢复到中位。

这种换向阀的阀芯不能在两端工作位置上定位，故称自动复位式手动换向阀。弹簧自动复位式手动换向阀操作比较安全，常用于动作频繁、工作持续时间较短的工程机械液压系统中。

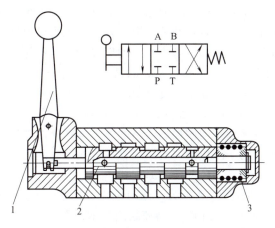

图 4-9　弹簧自动复位式三位四通手动换向阀结构及职能符号

1—手柄；2—阀芯；3—弹簧

手动换向阀的弹簧自动复位结构可以改为钢球定位结构，当阀芯向左或向右移动后，就可借助钢球使阀芯保持在左端或右端的工作位置上，称为钢球定位式手动换向阀。钢球定位式手动换向阀适用于机床、液压机、船舶等需保持工作状态时间较长的液压系统。

4.1.3.2　电磁换向阀

（1）驱动方式

电动换向阀又称为电磁换向阀，它是利用电磁铁通电吸合后产生的吸力推动阀芯动作来改变阀的工作位置。

（2）结构及工作原理

图 4-10 所示为直流三位四通电磁换向阀。当两边电磁铁都不通电时，阀芯 3 在两边对中弹簧 4 的作用下处于中位，P、T、A、B 油口都不相通；当右边电磁铁通电时，推杆 2 将阀芯 3 推向左端，P 与 B 通，T 与 A 通；当左边电磁铁通电时，P 与 A 相通，T 与 B 相通。

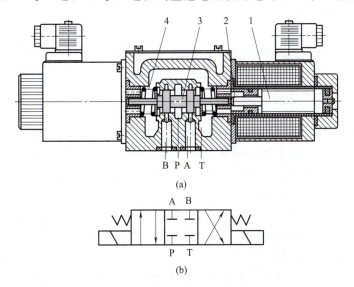

图 4-10　直流三位四通电磁换向阀及职能符号

1—电磁铁；2—推杆；3—阀芯；4—对中弹簧

电磁换向阀中的电磁铁是电气控制系统与液压系统之间的信号转换元件。电磁铁可借助按钮开关、行程开关、限位开关、压力继电器等发出的信号通过控制电路进行控制，控制布局方便、灵活，易于实现动作转换的自动化。但由于受到电磁铁吸力较小的限制，所以广泛用于流量小于 63L/min 的液压系统中。

4.1.3.3 液动换向阀

（1）驱动方式

液动换向阀控制油路的压力油在阀芯端部所产生的作用力来推动阀芯，从而改变阀芯位置。对于三位换向阀而言，按其换向时间的可调性，分为可调式和不可调式两种。

（2）结构与工作原理

图 4-11 所示为三位四通弹簧对中型液动换向阀结构及职能符号，阀芯两端分别接通控制油口 K_1 和 K_2。当控制油口 K_1 通压力油、K_2 回油时，阀芯右移，P 与 A 相通，T 与 B 相通；当 K_2 通压力油，K_1 回油时，阀芯左移，P 与 B 相通，T 与 A 相通；当 K_1、K_2 都不通压力油时（在图示位置），阀芯在两端弹簧的对中作用下处于中间位置，四个油口全部封闭。

由于液压驱动力可产生较大的推力，因此液动换向阀适用于高压、大流量的场合。

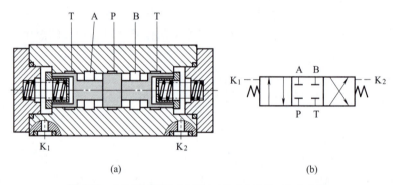

图 4-11　三位四通弹簧对中型液动换向阀结构及职能符号

4.1.3.4 电液动换向阀

（1）基本特征

电液动换向阀是由电磁换向阀和液动换向阀组成的复合阀。电磁换向阀为先导阀，它用以改变控制油路的方向；液动换向阀为主阀，它用以改变主油路的方向。图 4-12 为电液动换向阀结构图。

（2）结构及工作原理

图 4-13 为三位四通电液换向阀工作原理图。当先导阀的电磁铁 1YA 和 2YA 都断电时，电磁阀芯在两端弹簧力作用下处于中位，控制油口 P′关闭。这时主阀芯两侧的油液经两个小节流阀及电磁换向阀的中位与油箱相通，因而主阀芯也在两端弹簧力的作用下处于中位，主油路中 P、A、B、T 互不相通。

当 1YA 通电、2YA 断电时，电磁先导阀处于左位，控制压力油经过 P→A′→单向阀→主阀芯左端油腔，而回油经主阀芯右端油腔→节流阀→B′→T′→油箱。于是，主阀芯在左端液压推力的作用下换位，即主阀进入左位工作，主油路 P 通 A，B 通 T。

当 2YA 通电、1YA 断电时，电磁先导阀处于右位，主阀芯切换到右位工作，主油路 P 通 B，A 通 T。液动换向阀的换向速度可由两端节流阀调节，因而换向平稳，无冲击。

电液动换向阀综合了电磁阀和液动阀的优点，具有控制方便、流量大的特点，应用非常广泛。

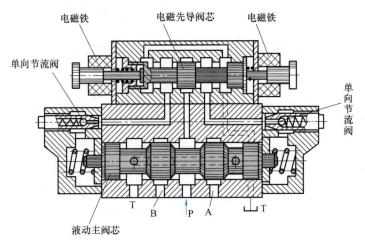

图 4-12 电液动换向阀结构

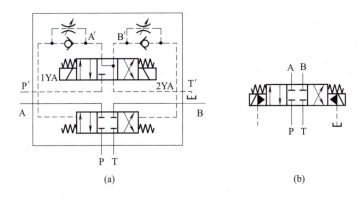

图 4-13 三位四通电液换向阀工作原理图和职能符号

4.2 压力控制阀

在液压系统中,控制油液压力高低的液压阀称为压力控制阀。这类阀的共同点是利用作用在阀芯上的液压力和弹簧力相平衡的原理工作的。

在具体的液压系统中,根据不同的工作需要,对压力控制的要求是不相同的:有的用于限制液压系统的最高压力,如安全阀;有的用于稳定液压系统中某处的压力值(或者压力差、压力比等),如溢流阀、减压阀等定压阀;还有的利用液压力作为信号控制执行元件动作,如顺序阀、压力继电器等。

4.2.1 溢流阀

溢流阀的主要作用是对液压系统定压或进行安全保护。几乎在所有的液压系统中都需要用到它,其性能好坏对整个液压系统的正常工作有很大影响。溢流阀在液压系统中的功用主要有两个方面:一是起定压溢流作用,保持液压系统的压力恒定;二是起限压保护作用,防止液压系统过载。溢流阀通常接在液压泵的出口油路中。

根据结构和工作原理不同，溢流阀可分为直动式溢流阀和先导式溢流阀两类。

4.2.1.1 直动式溢流阀

直动式溢流阀是依靠系统中的压力油直接作用在阀芯上而与弹簧力相平衡，以控制阀芯的启闭动作。

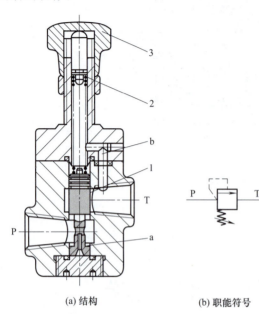

图 4-14（a）所示是一种低压直动式溢流阀，P 是进油口，T 是回油口，进口压力油经阀芯 1 中间的阻尼孔 a 作用在阀芯的底部端面上，阀芯的下端面受到压力为 p 的油液的作用，作用面积为 A，压力油作用于该端面上的力为 pA，调压弹簧 2 作用在阀芯上的预紧力为 F_s。当进油压力较小，即 $pA<F_s$ 时，阀芯处于下端（图示）位置，关闭回油口 T，P 与 T 不通，不溢流，即为常闭状态。随着进油压力的升高，当 $pA>F_s$ 时，弹簧被压缩，阀芯上移，打开回油口 T，P 与 T 接通，溢流阀开始溢流，将多余的油液排回油箱。由于 F_s 变化不大，故可以认为溢流阀进口处的压力基本保持恒定，这时溢流阀起定压溢流作用。

调节调压螺母 3 可以改变弹簧的预压缩量，这样也就调整了溢流阀进口处的油液压力 p。通道 b 使弹簧腔与回油口连通，以排

图 4-14　直动式溢流阀及职能符号
1—阀芯；2—弹簧；3—调压螺母

(a) 结构　　(b) 职能符号

掉泄入弹簧腔的油液，此泄油方式为内泄式。阀芯上阻尼孔 a 的作用是减小油压的脉动，提高阀工作的平稳性。

图 4-14（b）所示为直动式溢流阀的职能符号。

直动式溢流阀结构简单，制造容易，成本低，但油液压力直接依靠弹簧力来平衡，所以压力稳定性较差，动作时有振动和噪声。此外，系统压力较高时，要求弹簧刚度大，使阀的开启性能变坏。所以直动式溢流阀只用于低压液压系统，或作为先导阀使用，其最大调整压力为 2.5MPa。

『知识链接』

溢流阀用于过载保护时，一般称之为安全阀。在正常工作时，安全阀关闭，不溢流，只有在系统发生故障，压力升至安全阀的调整值时，阀口才打开，使液压泵排出的油液经安全阀流回油箱，以保证液压系统的安全。

4.2.1.2 先导式溢流阀

(1) 结构特征

先导式溢流阀的结构如图 4-15 所示，由先导阀和主阀两部分组成。先导阀实际上是一个小流量的直动式溢流阀，阀芯是锥阀，用来调定压力；主阀阀芯是滑阀，用来实现溢流。

(2) 工作原理描述

先导式溢流阀的压力油从 P 口进入，通过阻尼孔 a 后，进入主阀芯 1 底部油腔 A，并经节流小孔 b 进入上部油腔，再经通道 c 进入先导阀右侧油腔，给先导阀阀芯 3 以向左的作用力，调压弹簧 4 给锥阀以向右的弹簧力。当进油口压力 p 较低，先导阀上的液压作用力不

足以克服先导阀左边的弹簧 4 的作用力时，先导阀关闭，没有油液流过阻尼孔 b，所以主阀芯 1 上下两端压力相等，在较软的主阀弹簧 2 作用下，主阀芯 1 处于最下端位置，溢流阀阀口 P 和 T 隔断，没有溢流。

当油液压力 p 增大，升高到作用在先导阀上的液压力大于先导阀弹簧作用力时，先导阀打开，压力油就可通过阻尼孔，经先导阀流回油箱，由于阻尼孔的作用，使主阀芯上端的液压力 p_2 小于下端压力 p_1，当这个压力差作用在面积为 A 的主阀芯上的力等于或超过主阀弹簧力 F_s，并克服主阀芯自重和摩擦力时，主阀芯向上移动，于是油液从 P 口流入，经主阀阀口，由 T 口流回油箱，实现溢流。

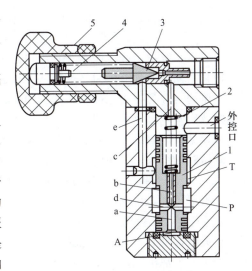

图 4-15 先导式溢流阀结构图
1—主阀芯；2—主阀弹簧；3—先导阀阀芯；
4—调压弹簧；5—调节螺母

由于主阀芯上腔有压力 p_1 存在，且它由先导阀弹簧调定，基本为定值；同时主阀芯上可用刚度较小的弹簧，且弹簧力 F_s 的变化也较小，所以先导式溢流阀的调定压力 p 在溢流量变化时变动仍较小。因此，先导式溢流阀克服了直动式溢流阀的缺点，具有压力稳定、波动小的特点，主要用于中、高压液压系统。图 4-16 所示为先导式溢流阀实物及职能符号。

 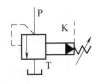

图 4-16 先导式溢流阀实物及职能符号

『情境链接』

远程调压功能

先导式溢流阀有一个远程控制口 K（外控口），如果将外控口用油管接到另一个远程调压阀（远程调压阀的结构和溢流阀的先导控制部分一样），调节远程调压阀的弹簧力，即可调节溢流阀主阀芯上端的液压力，从而对溢流阀的溢流压力实现远程调压。但是，远程调压阀所能调节的最高压力不得超过溢流阀本身先导阀的调定压力。

当远程控制口 K 通过二位二通阀接通油箱时，主阀芯上端的压力接近于零，主阀芯上移到最高位置，阀口开得很大。由于主阀弹簧较软，这时溢流阀 P 口处压力很低，系统的油液在低压下通过溢流阀流回油箱，实现卸荷。

4.2.2 减压阀

在液压系统中,减压阀是一种出口压力低于进口压力的压力控制阀。其作用是降低液压系统中某一回路的油液压力,使用一个油源能同时实现多个不同的输出压力。按调节要求不同,减压阀可分为用于保证出口压力为定值的定压输出减压阀,用于保证进出口压力差不变的定差减压阀,以及用于保证进出口压力成比例的定比减压阀。

先导型减压阀由先导阀和主阀两部分组成,图 4-17 所示为液压系统广泛采用的先导式定值减压阀的结构。该阀由先导阀调压,主阀减压。来自泵(或其他油路)的压力为 p_1 的油液从 P_1 口进入减压阀,经减压阀口降低为 p_2,从出口 P_2 流出。同时压力为 p_2 的控制油液通过阻尼孔 b 与主阀弹簧腔相通,作用在主阀芯 1 的上端面;经过管道 c 进入先导阀阀芯 5 的阀座右腔,作用在先导阀阀芯 5 上。当出口压力 p_2 小于先导阀的调定压力时,先导阀阀芯 5 关闭,阻尼孔 b 中无油液流动,主阀芯 1 两端液压力相等,主阀芯在主阀弹簧 2 的作用下处于最下端位置,减压阀口全开,不起减压作用。

当出口压力 p_2 大于先导阀的调定压力时,先导阀阀芯 5 打开,油液经阻尼孔 b、管道 c、先导阀弹簧腔、泄油管道 e、泄油口 L 流回油箱。由于阻尼孔 b 有油液通过,造成主阀芯 1 两端的压力不平衡,当此压差所产生的作用力大于主阀弹簧力时,主阀芯上移,因而减压阀口减小,使压力油液通过阀口时压降加大,减压作用增强,直至出口压力 p_2 稳定在先导阀所调定的压力值。

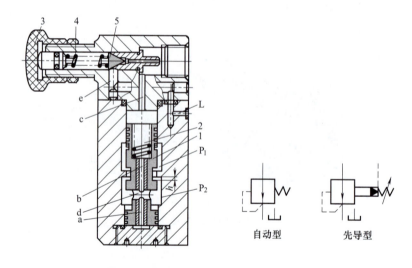

图 4-17 先导式定值减压阀结构及职能符号
1—主阀芯;2—主阀弹簧;3—调节螺母;4—调压弹簧;5—先导阀阀芯

如果减压阀的出口压力 p_2 突然升高(或降低),破坏了主阀的平衡状态,将使主阀芯上移(或下移)至一新的平衡位置,阀口开度减小(或增大),减压作用增大(或减小),以保持 p_2 的稳定。反之,如果某种原因使进口压力 p_1 发生变化,当减压阀口还没有来得及变化时,p_2 则相应发生变化,造成主阀芯 1 两端的受力状况发生变化,破坏了原来的平衡状态,使主阀芯上移(或下降)至一新平衡位置,阀口开度减小(或增大),减压作用增大(或减小),以保持 p_2 的稳定。通常为使减压阀稳定地工作,减压阀的进、出口压力差必须大于 0.5MPa。

减压阀在各种液压设备的夹紧系统、润滑系统和控制系统中应用较多。此外,当油液压力不稳定时,在回路中串入一个减压阀可得到一个稳定的较低的压力。

> 先导式减压阀与先导式溢流阀的主要差别:
> ① 减压阀保持出口压力基本不变,而溢流阀保持进口压力基本不变(减压阀的先导阀控制出口油液压力,而溢流阀的先导阀控制进口油液压力)。
> ② 减压阀常开,溢流阀常闭。
> ③ 减压阀的泄漏油液单独接油箱,为外泄,而溢流阀的泄漏油液与主阀的出口相通,为内泄。

4.2.3 顺序阀

顺序阀是利用油液压力作为控制信号来实现油路的通断,以控制执行元件顺序动作的压力阀。依控制压力的不同,顺序阀又可分为内控式和外控式两种。前者用阀的进口压力控制阀芯的启闭,后者用外部压力油控制阀芯的启闭(即液控顺序阀)。

4.2.3.1 直动式顺序阀

图 4-18 所示为直动式内腔顺序阀的结构和职能符号。阀芯为滑阀结构,其进油腔与下端控制活塞腔相通,外泄油口 L 单独接回油箱。压力油自进油口 P_1 进入阀体,经阀芯中间小孔流入阀芯底部油腔,对阀芯产生一个向上的液压作用力。

当油液的压力较低时,液压作用力小于阀芯上部的弹簧力,在弹簧力作用下,阀芯处于下端位置,P_1 和 P_2 两油口被隔断,处于闭合状态。当作用在阀芯下端的油液压力大于弹簧的预紧力时,阀芯向上移动,阀口打开,进油口 P_1 与出油口 P_2 相通,压力油液自 P_2 口流出,从而推动另一执行元件或其他元件动作。

由图 4-18 可见,直动式顺序阀和直动式溢流阀的结构基本相似,不同的只是顺序阀的出油口通向系统的另一压力油路,而溢流阀的出油口直接通油箱。

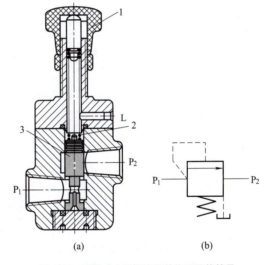

图 4-18 直动式内腔顺序阀结构及职能符号
1—调节螺钉;2—调压弹簧;3—阀芯

直动式顺序阀多应用于低压系统,用以实现多个执行元件的顺序动作。

4.2.3.2 先导式顺序阀

先导式顺序阀的结构及职能符号如图 4-19 所示,也是由先导阀和主阀两部分组成。

图 4-19(a)所示为先导式顺序阀的结构,P_1 为进油口,P_2 为出油口,其工作原理与先导式溢流阀相似,所不同的是顺序阀的出油口不接回油箱,而通向某一压力油路,因而其泄油口 L 必须单独接回油箱。

图 4-19(a)中压力油从 P_1 口进入,通过阻尼孔进入主阀芯 5 的底部油腔,同时经节流小孔进入上部油腔,再经通道作用在先导阀阀心(锥阀)上,给锥阀 3 以向上的作用力,调压弹簧 2 给锥阀以向下的弹簧力。当进油口 P_1 压力较低,先导阀下边的液压作用力不足以

克服先导阀上边的调压弹簧 2 的作用力时，先导阀关闭，没有油液流过节流小孔，所以主阀芯 5 上下两端压力相等，在较软的主阀弹簧 4 的作用下，主阀芯 5 处于最下端位置，阀口 P_1 和 P_2 隔断。

当油液压力 p 增大，升高到作用在先导阀上的液压力大于先导阀弹簧作用力时，先导阀打开，压力油就可通过节流小孔、经先导阀流回油箱，由于节流小孔的作用，使主阀芯下端压力大于上端的液压力，当这个压力超过主阀弹簧力时，就会克服主阀芯自重和摩擦力，使主阀芯向上移动，油液从 P_1 口流入，P_2 口流出，先导式顺序阀导通。

先导式顺序阀的启闭特性要好于直动式顺序阀，所以直动式顺序阀多应用于低压系统，而先导式顺序阀多应用于中、高压系统。

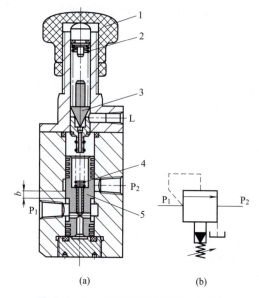

图 4-19　先导式顺序阀的结构及职能符号
1—调节螺母；2—调压弹簧；3—先导阀阀芯；
4—主阀弹簧；5—主阀芯

将先导式顺序阀和先导式溢流阀进行比较，它们之间有以下不同之处：
① 溢流阀的进口压力在通流状态下基本不变。而顺序阀在通流状态下其进口压力由出口压力而定。
② 溢流阀为内泄漏，而顺序阀需单独引出泄漏通道，为外泄漏。
③ 溢流阀的出口必须回油箱，顺序阀出口可接负载。

4.2.3.3　液控顺序阀

液控顺序阀和直动式顺序阀的差别仅仅在于其下部有一控制油口 K，阀芯的启闭是利用通入控制油口 K 的外部控制油压来控制的。图 4-20 所示为液控顺序阀结构及职能符号。

当控制油口 K 输入的控制压力油产生的作用力大于阀芯上端的弹簧力时，阀芯上移，阀口打开，P_1 与 P_2 相通，压力油液自 P_2 口流出，推动另一执行元件动作。

4.2.4　压力继电器

压力继电器是利用液体的压力信号来启闭电气触点的液压电气转换元件。它在油液压力达到其设定压力时，发出电信号，以控制相关电气元件的动作。

图 4-21 所示为常用的柱塞式压力继电器。如图 4-21 所示，当从压力继电器

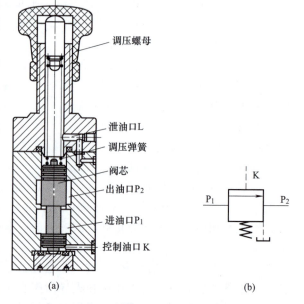

图 4-20　液控顺序阀结构及职能符号

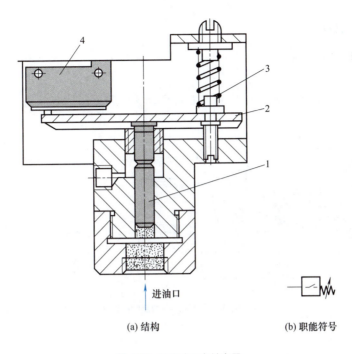

图 4-21 柱塞式压力继电器
1—柱塞；2—杠杆；3—弹簧；4—微动开关

下端进油口通入的油液压力达到调定压力值时，推动柱塞 1 向上移动，此位移通过杠杆 2 放大后推动微动开关 4 动作，发出电信号，控制相关电气元件动作。调节弹簧 3 的压缩量，即可调节压力继电器的发信压力。

压力继电器可以将油液的压力信号转换成电信号，自动接通或断开有关电路，以控制电磁铁、电磁离合器、继电器等元件动作，使油路卸压、换向，实现执行元件顺序动作，关闭电动机使系统停止工作，起安全保护及连锁控制等作用。

『知识链接』

在具体的液压系统中，不同的工作条件，系统对压力控制阀的要求是不相同的：

① 需要限制液压系统的最高压力时，就需设置安全阀；

② 需要稳定液压系统中某处的压力值（或者压力差、压力比等）时，就需设置溢流阀、减压阀等定压阀；

③ 利用液压力作为信号控制阀类或执行元件的动作时，就需要设置顺序阀、压力继电器等。

4.3 流量控制阀

液压系统中执行元件运动速度的大小，由输入执行元件的油液流量的大小来确定。流量控制阀就是依靠改变阀口（节流口）的通流面积大小，或节流通道的长短，来达到控制流量大小的目的。常用的流量控制阀有普通节流阀、压力补偿和温度补偿调速阀、溢流节流阀和分流集流阀等。

4.3.1 节流阀

4.3.1.1 普通节流阀

(1) 结构特征

图 4-22 所示为普通节流阀的结构和职能符号。这种节流阀的节流通道呈轴向三角槽式。

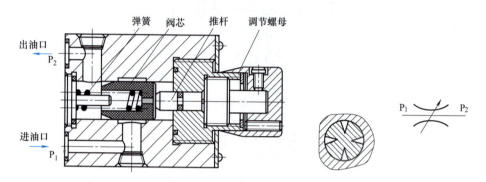

图 4-22 节流阀的结构及职能符号

(2) 工作原理描述

压力油从进油口 P_1 流入，经阀芯左端的节流沟槽，从出油口 P_2 流出。转动调节螺母，通过推杆使阀芯做横向移动，则可改变节流口的通流面积，实现流量的调节。阀芯在弹簧的作用下始终贴紧在推杆上，节流阀的进出油口可互换。

这种节流阀结构简单，制造容易，体积小，但负载和温度的变化对流量的稳定性影响较大，因此只适用于负载和温度变化不大或执行机构速度稳定性要求较低的液压系统。

节流口的形式多种多样，原理都是相同的。

4.3.1.2 单向节流阀

图 4-23 所示为单向节流阀的结构及职能符号。从功能上来理解，单向节流阀是节流阀和单向阀的组合，在结构上是利用一个阀芯同时起节流阀和单向阀两种作用。

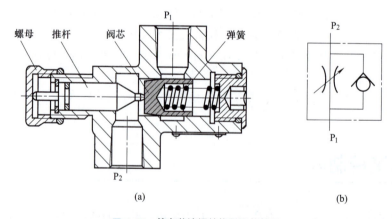

图 4-23 单向节流阀结构及职能符号

当压力油从油口 P_1 流入时，油液经阀芯上的轴向三角槽节流口从油口 P_2 流出。旋转手柄可改变节流口通流面积大小而调节流量。当压力油从油口 P_2 流入时，在油压力作用下，阀芯右移，压力油从油口 P_1 流出，起单向阀作用。

单向节流阀通常应用于运动元件（如液压缸、液压马达、电液换向阀等）的单向调速回路中。

4.3.2 调速阀

（1）结构特征

调速阀是由定差减压阀和节流阀串联组合而成。节流阀用来调节通过阀的流量，定差减压阀用来保证节流阀进、出口的压力差 Δp 不受负载变化的影响，从而使通过节流阀的流量保持恒定。图 4-24 所示为调速阀结构原理图及职能符号。

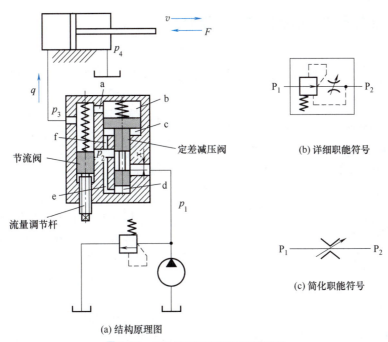

图 4-24　调速阀结构原理图及职能符号

（2）工作原理描述

图 4-24 中定差减压阀与节流阀串联，减压阀进口压力为 p_1，出口压力为 p_2，节流阀出口压力为 p_3，则减压阀 b 腔的油压为 p_3，c 腔、d 腔的油压为 p_2；若 b 腔、c 腔、d 腔的有效工作面积分别为 A_1、A_2、A_3，则有 $A_1 = A_2 + A_3$。因为减压阀阀芯弹簧很软（刚度很低），当阀芯上下移动时，其弹簧作用力 F_s 变化不大，所以节流阀前后的压力差（$\Delta p = p_2 - p_3$）基本上不变而为一常量。也就是说当负载变化时，通过调速阀的油液流量基本不变，液压系统执行元件的运动速度保持稳定。

若负载增加，使 p_3 增大的瞬间，减压阀向下推力增大，使阀芯下移，阀口开大，阀口液阻减小，使 p_2 也增大，其差值（$\Delta p = p_2 - p_3$）基本保持不变。当负载减小，p_3 减小时，减压阀阀芯上移，p_2 也减小，其差值亦不变。因此调速阀适用于负载变化较大，速度平稳性要求较高的液压系统。

（3）流量特性

调速阀的流量特性如图 4-25 所示。当调速阀进、出口压力差大于一定数值（Δp_{min}）后，通过调速阀的流量不随

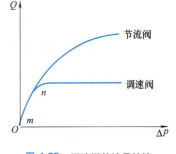

图 4-25　调速阀的流量特性

压力差的改变而变化。而当其压力差小于 $\Delta p_{\min}$ 时，由于压力差对阀芯产生的作用力不足以克服阀芯上的弹簧力，此时阀芯仍处于左端，阀口完全打开，减压阀不起减压作用，故其特性曲线与节流阀特性曲线重合。因此，欲使调速阀正常工作，就必须保证其有一最小压差（一般为 0.5MPa）。

4.4 插装阀

4.4.1 插装阀的基本结构与工作原理

（1）基本组成

插装阀也称插装式锥阀或逻辑阀。插装阀的结构如图 4-26 所示，它由控制盖板和锥阀组件组成。锥阀组件包括阀套 1、阀芯 2、弹簧 3 及若干密封件。

（2）工作原理描述

插装阀在工作原理上相当于一个液控单向阀。

图中 A 和 B 为主油路的两个工作油口，K 为控制油口（与先导阀相接）。当 K 口无油液压力作用时，阀芯受到的向上的油液压力大于弹簧力，阀芯开启，A 与 B 相通，至于液流的方向，视 A、B 口的压力大小而定。反之，当 K 口有液压力作用时，而且只有 K 口的油液压力大于 A 和 B 口的油液压力，才能保证 A 与 B 口之间的关闭。

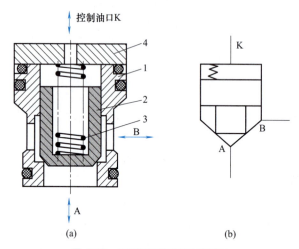

图 4-26 插装阀的结构及职能符号
1—阀套；2—阀芯；3—弹簧；4—控制盖板

（3）性能特点

① 插装式元件一阀多机能，易于实现元件和系统的标准化、系列化和集成化。将几个插装式锥阀单元组合到一起便可构成复合阀。

② 通油能力大，特别适用于大流量的场合。

③ 动作速度快，因为它靠锥面密封而切断油路，阀芯稍一抬起，油路立即接通。此外，阀芯行程较短，且比滑阀阀芯轻，因此动作灵敏，特别适合高速开启的场合。

④ 密封性好，泄漏少。

⑤ 结构简单，制造容易，工作可靠，不易堵塞。

4.4.2 方向控制插装阀

（1）基本组成

方向控制插装阀的结构如图 4-27 所示，它由插装阀体、锥阀组件（阀套、阀芯、弹簧及密封件）、控制盖板和先导控制阀组成。

（2）工作原理描述

当电磁铁断电时，二位三通电磁换向阀处于左位，控制油口 K 有油液压力作用，A 口

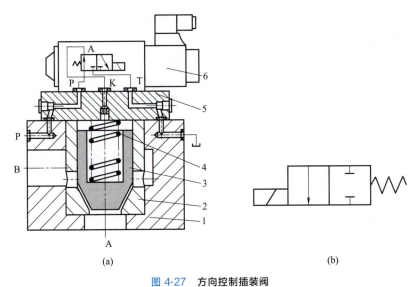

图 4-27　方向控制插装阀

1—阀体；2—阀套；3—阀芯；4—弹簧；5—控制盖板；6—先导控制阀

与 B 口之间关闭。

当电磁铁通电时，二位三通电磁换向阀切换至右位，此时，K 口和 T 口（即油箱）接通，K 口没有液压力作用，此时，若压力油液从 A 口或 B 口流入，则阀芯受到的向上的液压力将大于弹簧力，阀芯开启，A 口与 B 口相通。

该插装阀在功能上相当于一个二位二通电磁换向阀。

4.4.3　流量控制插装阀

二通插装节流阀的结构及职能符号如图 4-28 所示。在插装阀的控制盖板上有阀芯行程调节器，用来调节阀芯开度，从而可以调节阀的流量，起到流量控制阀的作用。若在二通插装节流阀前串联一个定差减压阀，则可组成二通插装调速阀；若用比例电磁铁取代二通插装节流阀的手调装置，则可以组成二通插装比例节流阀。

图中阀芯上带有三角槽，以便调节其开口的大小。

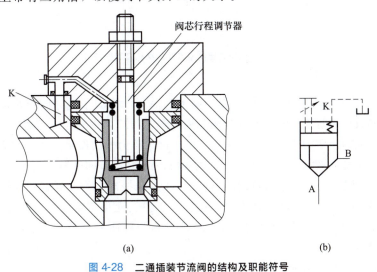

图 4-28　二通插装节流阀的结构及职能符号

4.5 比例阀

电液比例阀简称比例阀,它可以把输入的电信号按比例地转换成力或位移,从而对方向、压力、流量等参数进行连续控制。

比例阀的构成,相当于在普通液压阀上安装了一个比例电磁铁,以代替原有的控制部分。比例阀由直流比例电磁铁与液压阀两部分组成。其液压阀部分与一般液压阀差别不大,而直流比例电磁铁和一般电磁阀所用的电磁铁不同,比例电磁铁要求吸力(或位移)与输入电流成比例。

比例阀按用途和结构不同可分为比例压力阀、比例流量阀、比例方向阀三大类。

图4-29(a)所示为先导式比例溢流阀的结构原理。当线圈2输入电信号时,比例电磁铁1便产生一个相应的电磁力,它通过推杆3和弹簧作用于先导阀芯4,从而使先导阀的控制压力与电磁力成比例,即与输入电流信号成比例。

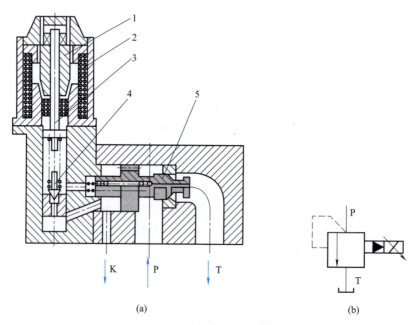

图4-29 先导式比例溢流阀的结构及职能符号
1—比例电磁铁;2—线圈;3—推杆;4—先导阀芯;5—溢流阀主阀芯

当油液压力 p 增大,升高到作用在先导阀上的油液压力大于先导阀弹簧电磁力时,先导阀打开,压力油就可通过阻尼孔,经先导阀和溢流阀主阀芯5中间孔流回油箱,由于阻尼孔的作用,主阀芯左端的液压力小于右端压力 p,由于这个压力差的作用,主阀芯克服弹簧力和摩擦力向左移动,于是油液从P口流入,经主阀阀口,由T口流回油箱,实现溢流。

由溢流阀主阀芯5上受力分析可知,进油口压力和控制压力、弹簧力等相平衡(其受力情况与普通溢流阀相似),因此比例溢流阀进油口压力的变化与输入信号电流的大小成比例。若输入信号电流是连续、按比例地进行变化,则比例溢流阀所调节的系统压力也是连续、按比例地进行变化。

图4-29(b)所示为比例溢流阀的职能符号。

利用比例溢流阀的调压回路，比普通溢流阀的多级调压回路所用液压元件少，回路简单，且能对系统压力进行连续控制。

利用比例调速阀的调速回路，改变比例调速阀的输入电流即可改变输入液压缸的流量，便于实现远距离的速度控制，使液压缸获得所需要的运动速度。比例调速阀可在多级调速回路中代替多个调速阀。

『情境链接』

电子变量泵中的传感器与比例控制阀

高端液压泵的电液一体化依赖于比例控制阀和传感器技术的发展，电子变量柱塞泵的变量原理、控制原理与结构原理如图 4-30 所示。从普通变量泵发展到数字控制液压变量泵，在比例阀控制中必须采用数字电-液转换器，目前采用的比例控制阀型式较多，主要是用来控制泵的变量活塞。

电子变量泵的传感器作为反馈，可以提高频响。然而，随着数字控制的发展，在控制部分的驱动放大之前加入了微处理器控制，这时传感器就不仅仅是作为反馈提高频响了，还有作为元件本身状态的认知功能，对判断元件的故障起到新的作用。这些传感器有压力传感器、流量传感器、电功率传感器、转速传感器、温度传感器、位移传感器等。

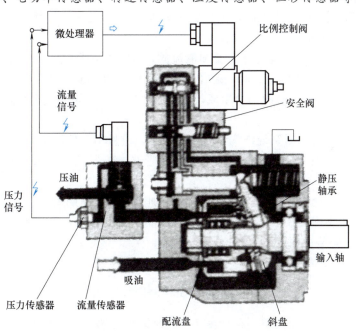

图 4-30　电子变量柱塞泵变量原理、控制原理与结构原理

4.6 叠加阀

（1）基本特征

叠加阀是在板式阀集成化基础上发展起来的新型液压元件。叠加阀阀体本身既是元件又是具有油路通道的连接体，从而能用其上、下安装面呈叠加式无管连接。选择同一通径系列

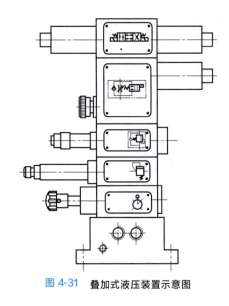

图 4-31 叠加式液压装置示意图

的叠加阀，叠合在一起用螺栓紧固，即可组成所需的液压传动系统。

(2) 叠加阀的组装

叠加阀自成体系，每一种通径系列的叠加阀，其主油路通道和螺钉孔的大小、位置、数量都与相应通径的板式换向阀相同。因此，将同一通径系列的叠加阀互相叠加，可直接连接而组成集成化液压系统。

图 4-31 为叠加式液压装置示意图。最下面的是底板，底板上有进油孔、回油孔和通向液压执行元件的油孔，底板上面第一个元件一般是压力表开关，然后依次向上叠加压力控制阀和流量控制阀，最上层为换向阀，用螺栓将它们紧固成一个阀组。一般一个叠加阀组控制一个执行元件。如果液压系统有几个需要集中控制的液压元件，则用多联底板，并排在上面组成相应的几个叠加阀组。

(3) 型号和规格

叠加阀现有五个通径系列（mm）：$\phi 6$、$\phi 10$、$\phi 16$、$\phi 20$、$\phi 32$。额定压力为 20MPa，额定流量为 10~200L/min。

例如 Y_1-F10D-P/T 为一种先导式叠加溢流阀，其型号含义是：Y 表示溢流阀，F 表示压力等级（20MPa），10 表示 $\phi 10$mm 通径系列，D 表示叠加阀，P/T 表示进油口为 P、回油口为 T。它由先导阀和主阀两部分组成，先导阀为锥阀，主阀相当于锥阀式的单向阀。

(4) 性能特点

① 用叠加阀组成的液压系统结构紧凑，体积小，质量小，外形整齐美观。

② 元件之间可实现无管连接，不仅省掉大量管件，减少了产生压力损失、泄漏和振动的环节。

③ 标准化、通用化、集成化程度高，设计、加工、装配周期短。

④ 叠加阀可集中配置在液压站上，也可分散安装在设备上，配置形式灵活。系统变化时，元件重新组合叠装方便、迅速。

『情境链接』

电液数字控制阀

计算机对电液系统进行控制是今后技术发展的必然趋势。数字阀的出现为计算机在液压领域的应用开拓了一个新的途径。

计算机具有运算速度快、记忆功能强大、逻辑运算速度准确等明显的优势。但是，由于电液比例阀接收的信号须进行"数-模"转换才能实现控制，这样就导致设备复杂、成本提高、可靠性降低等一系列问题。

为了解决这些问题，20 世纪 80 年代初期出现了电液数字控制阀，它具有与计算机接口容易、可靠性高、重复性好、价格低等优点，在多变量控制以及自适应控制等系统中得到了推广应用。

电液数字控制阀是用数字信息直接控制阀口的启闭，从而控制液流压力、流量、方向的液压控制阀。图 4-32 所示为数字式流量控制阀。

计算机发出信号后，步进电动机 1 的转动通过滚珠丝杠 2 转化为轴向位移，带动节流阀阀芯 3 移动，开启阀口。步进电动机转过一定步数，可控制阀口的一定开度，从而实现流量控制。如图 4-32 所示，该阀有两个节流口，其中，右节流口为非圆周通流，阀口较小；继续移动则打开左边的全周节流口，阀口较大。这种节流口开口大小分两段调节的形式，可改善小流量时的调节性能。该阀无反馈功能，但装有零位传感器 6，在每个控制周期终了，阀芯可在它控制下回到零位，以保证每个周期都在相同的位置开始，使阀的重复精度比较高。

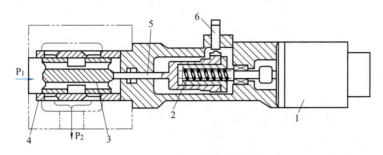

图 4-32 数字式流量控制阀

1—步进电动机；2—滚珠丝杠；3—阀芯；4—阀套；5—连杆；6—零位传感器

习题与思考题

4-1 什么是换向阀的"位"和"通"？换向阀有几种控制方式？

4-2 能否用两个二位三通换向阀代替一个二位四通换向阀实现液压缸左、右换向？绘图予以说明。

4-3 在如图 4-33 所示的回路中，任一电磁铁通电，液压缸都不动作，试分析原因。如何解决？

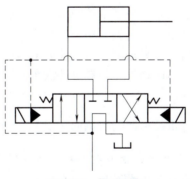

图 4-33 题 4-3 图

4-4 若将先导式溢流阀的遥控口误当成泄漏口接回油箱，系统会出现什么问题？

4-5 减压阀的出口压力取决于什么？其出口压力为定值的条件是什么？

4-6 当减压阀的进、出口接反了会出现什么问题？

4-7 顺序阀的调定压力与进出口压力之间有何关系？

4-8 压力继电器的功用是什么？压力继电器在液压系统中应安装在什么位置？

教学情境五
液压基本回路

 教学目标

知识目标:
- √ 掌握调压回路的调压原理及其分类。
- √ 掌握减压回路和增压回路的工作原理。
- √ 掌握常见卸荷回路的卸荷方式。
- √ 了解平衡回路和保压回路的工作原理。
- √ 掌握换向回路和锁紧回路的工作原理。
- √ 掌握调速回路的调速原理及其分类。

技能目标:
- √ 了解调速回路的选择依据。
- √ 熟练组装液压基本回路。
- √ 掌握设计和仿真液压回路的方法。

素质目标:
- √ 弘扬精益求精的专业精神、职业精神、工匠精神和劳模精神,促进学生德技并修。

液压基本回路是构成汽车液压系统最基本的结构和功能单元。汽车液压系统有时会很复杂,但都是由一些液压基本回路组成的。例如用来改变执行元件运动方向的换向回路,用来控制系统中液体压力的调压回路,用来调节执行元件运动速度的调速回路等,这些都是液压系统中常用的基本回路。熟悉基本回路是分析和设计汽车液压传动系统的重要基础。

 『情境链接』

复杂液压系统都是由简单回路组成的(以 WLY60 挖掘机为例)

WLY60 挖掘机为单斗全回转轮胎式液压挖掘机,挖斗容量为 $0.6m^3$。除行走机构为机械传动、气压制动外,全部挖掘作业均由液压传动来完成。

近些年该产品液压系统的元件有不少改进,改进后的挖掘机采用 F6L912 柴油机作动力,其型号定为 WLY60C。

图 5-1 为 WLY60 挖掘机液压传动系统组成及管道布置图。挖掘机采用 4120F 型柴油机作动力,额定功率为 66.15kW。工作装置包括动臂、挖斗、斗杆、回转工作台和左、右支腿。回转工作台由液压马达驱动,其余工作装置均由液压缸驱动。该机液压传动系统为开式双泵供油定量系统。工作主泵为 CB-H70C-FL 型齿轮泵。

主要执行元件有:回转液压马达、悬挂液压缸、支腿液压缸、斗杆液压缸、动臂液压缸、挖斗液压缸。

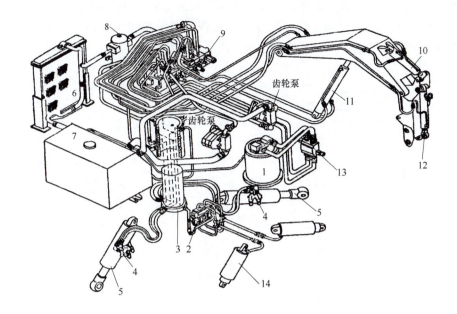

图 5-1　WLY60 挖掘机液压传动系统组成及管道布置图
1—回转液压马达；2—悬挂液压缸分配阀；3—中央回转接头；4—液压锁；5—支腿液压缸；
6—散热器；7—油箱；8—滤油器；9—多路阀；10—斗杆液压缸；11—动臂液压缸；
12—挖斗液压缸；13—回转马达安全阀；14—悬挂液压缸

其他组成元件还有：油箱、散热器、滤油器、悬挂液压缸分配阀、多路阀、液压锁、回转马达安全阀、中央回转接头等。

5.1　压力控制回路

压力控制回路是用压力阀来控制和调节液压系统主油路或某一支路的压力，以满足执行元件所需力的要求。利用压力控制回路可以实现对系统进行调压、减压、增压、卸荷、保压与平衡等各种控制。

5.1.1　调压回路

（1）单级调压回路

如图 5-2（a）所示的进油口节流调速回路中，溢流阀并联在定量泵的出口，与节流阀和单活塞杆液压缸组合构成单级调压回路。调节溢流阀可以改变泵的输出压力。当溢流阀的调定压力确定后，液压泵就在溢流阀的调定压力下工作。节流阀调节进入液压缸的流量，定量泵提供的多余的油经溢流阀流回油箱，溢流阀起定压溢流作用，以保持系统压力稳定，且不受负载变化的影响，从而实现了对液压系统进行调压和稳压控制。

如果将液压泵改换为变量泵，这时溢流阀将作为安全阀来使用，液压泵的工作压力低于溢流阀的调定压力，这时溢流阀不工作；当系统出现故障，液压泵的工作压力上升时，一旦压力达到溢流阀的调定压力，溢流阀将开启，并将液压泵的工作压力限制在溢流阀的调定压力下，使液压系统不至于因压力过高而受到破坏，从而保护了液压系统。

图 5-2（b）所示为远程调压阀和先导式溢流阀组成的单级调压回路。远程调压阀的进油口接先导式溢流阀的遥控口，泵的出口压力由远程调压阀调定。

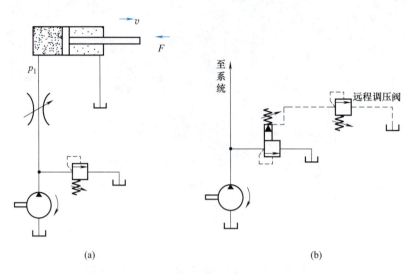

图 5-2　单级调压回路

『重要提示』

溢流阀的调定压力是根据系统最大负载和管路总的压力损失来确定的，调定压力太高，会增加功率消耗及油液发热，经验推荐，溢流阀调定压力一般为系统最高压力的 1.05～1.10 倍。

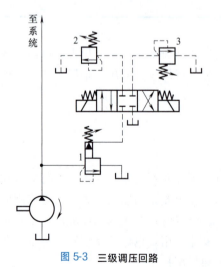

图 5-3　三级调压回路

（2）三级调压回路

如图 5-3 所示为三级调压回路，三级压力分别由阀 1、2、3 调定，先导式溢流阀 1 的远程控制口通过换向阀分别接远程调压阀 2 和 3。图示状态时，泵的出口压力由先导式溢流阀调定为最高压力 p_1，电磁换向阀的左位和右位电磁铁通电时，由于两个溢流阀的调定压力不同，又可以分别获得 p_2 和 p_3 两种压力。这样，通过换向阀的切换可以得到三种不同压力值。但是远程调压阀 2 和 3 的调定压力值必须低于先导式溢流阀 1 的调定压力值。阀 2 和阀 3 的调定压力之间没有什么一定的关系。当阀 2 或阀 3 工作时，阀 2 或阀 3 相当于阀 1 上的另一个先导阀。

多级调压回路适用场合：当液压系统工作时，为了降低功率消耗，合理利用能源，减少油液发热，提高执行元件运动的平稳性，当系统在不同的工作阶段需要有不同的工作压力时，可采用多级调压回路。

『情境链接』

无级调压回路

无级调压回路如图 5-4 所示，改变比例溢流阀的输入电流，即可实现无级调压。这种调压方式容易实现远距离控制和计算机控制，而且压力切换平稳。

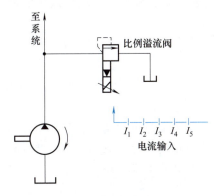

图 5-4　无级调压回路

5.1.2　减压回路

『适用场合』

当系统压力较高，而局部回路或支路要求较低压力时，可以采用减压回路，如机床液压系统中的定位、夹紧回路，以及液压元件的控制油路等，它们往往要求比主油路低的压力。减压回路较为简单，一般是在所需低压的支路上串接减压阀。采用减压回路虽能方便地获得某支路稳定的低压，但压力油经减压阀口时会产生压力损失，这是它的缺点。

最常见的减压回路为通过定值减压阀与主油路相连，如图 5-5 所示，压力油经减压阀出口可获得一较低的压力值。

当减压支路上的执行元件需要调速时，流量控制阀应装在减压阀的下游。

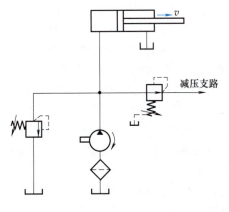

图 5-5　单级减压回路

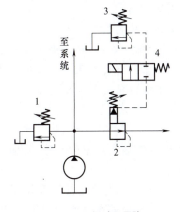

图 5-6　二级减压回路

减压回路中也可以采用类似二级或多级调压的方法获得两级或多级减压。图 5-6 所示为利用先导型减压阀 2 的外控口接一远程调压阀 3，则可由阀 2、阀 3 各调得一种低压数值。要注意，阀 3 的调定压力值一定要低于阀 2 的调定减压值。

为了使减压回路工作可靠，减压阀的最低调整压力不应小于 0.5MPa，最高调整压力至少应比系统压力小 0.5MPa。当减压回路中的执行元件需要调速时，调速元件应放在减压阀的后面，以避免减压阀泄漏（指由减压阀泄油口流回油箱的油液）对执行元件的速度产生影响。

5.1.3 增压回路

『适用场合』
如果系统或系统的某一支路需要压力较高但流量又不大的压力油，而采用高压泵又不经济，或者根本就没有必要增设高压力的液压泵时，就常采用增压回路，这样不仅易于选择液压泵，而且系统工作较可靠，噪声小。

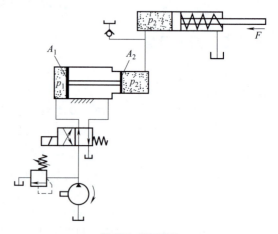

增压回路中提高压力的主要元件是增压缸或增压器。如图 5-7 所示为利用增压缸的单作用增压回路。当系统在图示位置工作时，系统的供油压力 p_1 进入增压缸的大活塞腔，由于增压缸两个活塞腔的面积不相等，此时在小活塞腔即可得到所需的较高压力 p_2。

当二位四通电磁换向阀左位接入系统时，增压缸返回，辅助油箱中的油液经单向阀补入增压缸小活塞，液压缸在弹簧力的作用下返回。

图 5-7 增压回路

5.1.4 卸荷回路

『适用场合』
液压系统工作时，有时执行元件短时间停止工作，有时执行元件在某段工作时间内保持一定的力，而运动速度极慢，甚至停止运动。在这些情况下，不需要消耗液压系统功率，为此，需要采用卸荷回路，即在液压泵驱动电动机不频繁启闭的情况下，使液压泵在功率输出接近零的情况下运转，以减少功率损耗，减少系统发热，延长泵和电动机的寿命。

液压泵的输出功率为其流量和压力的乘积，因而两者任一数值近似为零，功率损耗即近似为零。因此液压泵的卸荷有流量卸荷和压力卸荷两种方式：

① 流量卸荷主要是使用变量泵，使变量泵仅为补偿泄漏而以最小流量运转，此方法比较简单，但泵仍处在高压状态下运行，磨损比较严重。

② 压力卸荷的方法是使泵在接近零压下运转，即液压泵在功率输出接近零的情况下运转。

(1) 换向阀卸荷回路

中位机能为 M、H 和 K 型的三位换向阀,处于中位机能时,泵即卸荷。

图 5-8 所示分别为采用 M、H 型中位机能的电磁换向阀的卸荷回路,这种回路切换时压力冲击小。

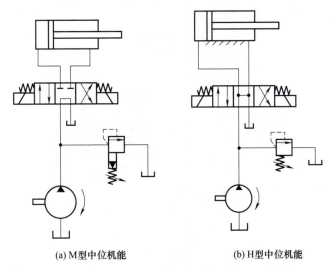

图 5-8 采用 M、H 型中位机能电磁换向阀的卸荷回路

(2) 先导式溢流阀卸荷回路

使先导式溢流阀的远程控制口直接与二位二通电磁阀相连,便构成先导式溢流阀卸荷回路(图 5-9)。当电磁阀通电时,溢流阀的外控口与油箱相通,即先导式溢流阀主阀上腔直通油箱,液压泵输出的液压油将以很低的压力开启溢流阀的溢流口而流回油箱,实现卸荷,此时溢流阀处于全开状态。卸荷压力的高低取决于溢流阀主阀弹簧刚度的大小。

当停止卸荷使系统重新开始工作时,这种卸荷回路卸荷压力小,切换时冲击也小。所以,这种卸荷方式特别适用于高压大流量系统。

通过二位二通电磁换向阀的流量只是溢流阀控制油路中的流量,所以只需采用小流量的换向阀来进行控制即可。

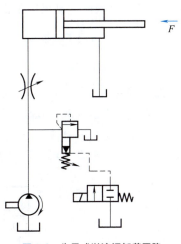

图 5-9 先导式溢流阀卸荷回路

5.1.5 保压回路

『适用场合』

在液压系统中,常要求液压执行元件在一定的位置上停止运动时,稳定地保持规定的压力,这就要采用保压回路。

图 5-10 所示为利用蓄能器的保压回路。当系统工作时,电磁阀 1YA 通电,主换向阀左位接入系统,液压泵向蓄能器和液压缸左腔供油,并推动活塞右移,压紧(或夹紧)工件

后，进油路压力升高，当升至压力继电器调定值时，压力继电器发出信号使二通阀 3YA 通电，通过先导式溢流阀使泵卸荷，单向阀自动关闭，液压缸则由蓄能器保压。

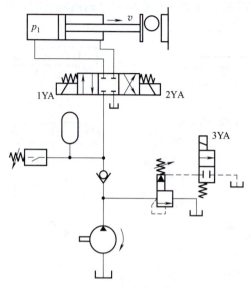

图 5-10 利用蓄能器的保压回路

当蓄能器的压力不足时，压力继电器复位使泵启动。保压时间的长短取决于蓄能器的容量。这种回路既能满足保压工作需要，又能节省功率，减少系统发热。

5.1.6 平衡回路

『适用场合』
为了防止垂直放置或倾斜放置的液压缸和与之相连的工作部件因自重而自行下落，或在下行运动中因自重造成失控失速，可设计使用平衡回路。平衡回路通常用单向顺序阀或液控单向阀来实现平衡控制。

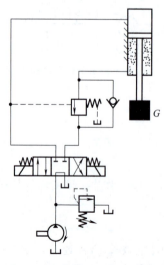

图 5-11 采用液控顺序阀的平衡回路

图 5-11 所示为采用液控顺序阀的平衡回路。当活塞下行时，控制压力油打开液控顺序阀，背压消失，因而回路效率较高；当停止工作时，液控顺序阀关闭以防止活塞和工作部件因自重而下降。

这种平衡回路的优点是只有上腔进油时活塞才下行，比较安全可靠；缺点是，活塞下行时平稳性较差。这是因为活塞下行时，液压缸上腔油压降低，将使液控顺序阀关闭。当顺序阀关闭时，因活塞停止下行，使液压缸上腔油压升高，又打开液控顺序阀。因此液控顺序阀始终工作于启闭的过渡状态，因而影响工作的平稳性。这种回路适用于运动部件重量不很大、停留时间较短的液压系统中。

『重要提示』
若在此控制油路（虚线部分）加一节流阀（阻尼小孔），则液控顺序阀的开启和关闭状态变得不再频繁，活塞下行的平稳性大大改善。

5.2 方向控制回路

在液压系统中，方向控制回路的作用是实现执行元件的启动、停止或改变运动方向，即利用各种方向控制阀来控制系统中各油路油液的接通、断开及变向。方向控制回路主要有换向回路和锁紧回路两类。

5.2.1 换向回路

图 5-12 所示的是采用三位四通电磁换向阀的换向回路。当阀处于中位时，M 型滑阀机能使泵卸荷，液压缸两腔油路封闭，活塞停止。

当 1YA 通电时，换向阀切换至左位，液压缸左腔进油，活塞向右移动；当滑块触动行程开关 ST2 时，2YA 通电，换向阀切换至右位工作，液压缸右腔进油，活塞向左移动；当滑块触动行程开关 ST1 时，1YA 又通电，换向阀切换至左位工作，液压缸左腔进油，活塞向右移动。

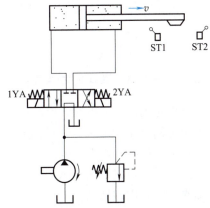

图 5-12 采用三位四通电磁换向阀的换向回路

由于两个行程开关的作用，此回路可以使执行元件完成连续的自动往复运动。

5.2.2 锁紧回路

『适用场合』
为了使液压执行元件能在任意位置上停留，或者在停止工作时，切断其进、出油路，使之不因外力的作用而发生移动或窜动，准确地停留在原定位置上，可以采用锁紧回路。

(1) 用换向阀中位机能锁紧

如图 5-13 所示采用 O 型或 M 型机能的三位四通换向阀，当阀芯处于中位时，液压缸的进、出口都被封闭，可以将活塞锁紧。这种锁紧回路结构简单，但由于滑阀的环形间隙泄漏较大，故一般只用于锁紧要求不太高或只需短暂锁紧的场合。受到滑阀泄漏的影响，锁紧效果较差。

(2) 采用液控单向阀的锁紧回路

图 5-14 所示为采用液控单向阀的锁紧回路。在液压缸的进、回油路中都串接液控单向阀（又称液压锁），换向阀处于中间位置时，液压泵卸荷，输出油液经换向阀回油箱，由于

系统无压力，液控单向阀 A 和 B 关闭，液压缸左右两腔的油液均不能流动，活塞被双向闭锁。

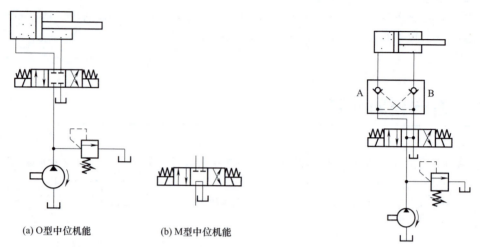

(a) O 型中位机能　　(b) M 型中位机能

图 5-13　采用三位四通 O 型、M 型滑阀机能换向阀的锁紧回路

图 5-14　采用液控单向阀的锁紧回路

当左边电磁铁通电时，换向阀切换至左位，压力油经单向阀 A 进入液压缸左腔，同时进入单向阀 B 的控制油口，单向阀 B 导通，液压缸右腔的油液可经单向阀 B 回油箱，活塞向右运动。同样，当右边电磁铁通电时，换向阀切换至右位，压力油经单向阀 B 进入液压缸右腔，同时进入单向阀 A 的控制油口，单向阀 A 导通，液压缸左腔的油液可经单向阀 A 回油箱，活塞向左运动。

液压缸活塞可以在任何位置锁紧，由于液控单向阀有良好的密封性，闭锁效果较好。这种回路广泛应用于工程机械、运输机械等有较高锁紧要求的场合。

采用液控单向阀（液压锁）的锁紧回路，换向阀的中位机能应使液控单向阀的控制油液卸压，即换向阀只宜采用 H 型或 Y 型中位机能。

5.3　调速回路

在液压传动系统中，调速回路主要是用来调节执行元件的工作速度。调速回路对系统的工作性能有着决定性的影响。

（1）调速原理

液压马达的转速 n_M 由输入流量 Q 和液压马达的排量 V_M 决定，即 $n_M = Q/V_M$；液压缸的运动速度 v 由输入流量 Q 和液压缸的有效作用面积 A 决定，即 $v = Q/A$。

所以，要想调节液压马达的转速 n_M，可通过改变输入流量 Q、液压马达的排量 V_M 等方法来实现。由于液压缸的有效面积 A 是定值，只有改变输入流量 Q 的大小来实现液压缸的调速。

（2）调速方式

① 节流调速回路：采用定量泵供油，调节流量阀改变进入执行元件的流量以实现调速。

② 容积调速回路：采用调节变量泵或变量马达的排量来实现调速。

③ 容积节流调速回路：采用变量泵和流量阀联合调速。

5.3.1 节流调速回路

(1) 进油路节流调速回路

进油路节流调速回路如图 5-15 所示,将流量控制阀(节流阀或调速阀)串联在液压缸的进油路上,用定量泵供油,且并联一个溢流阀。

该回路结构简单,成本低,使用维修方便,但它的能量损失大,效率低,发热量大。进油路节流调速回路适用于轻载、低速、负载变化不大和对速度稳定性要求不高的小功率场合。

(2) 回油路节流调速回路

如图 5-16 所示,这种调速回路是将节流阀串接在液压缸的回油路上,定量泵的供油压力由溢流阀调定并基本上保持恒定不变。回油路节流调速回路广泛应用于功率不大、负载变化较大或运动平稳性要求较高的液压系统中。

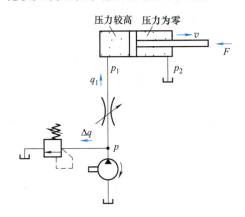

图 5-15 进油路节流调速回路

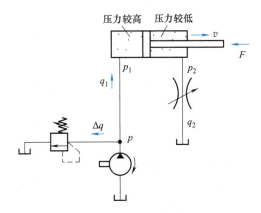

图 5-16 回油路节流调速回路

回油路节流调速回路的优点:

① 节流阀装在回油路上,回油路上有较大的背压,因此在外界负载变化时可起缓冲作用,运动的平稳性比进油路节流调速回路要好。

② 回油路节流调速回路中,油液经节流阀后因压力损耗而发热,温度升高的油液直接流回油箱,容易散热。

(3) 旁油路节流调速回路

回路由定量泵、安全阀、液压缸和节流阀组成,节流阀接在与执行元件并联的旁油路上,如图 5-17 所示。

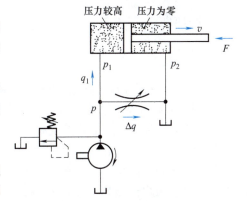

图 5-17 旁油路节流调速回路

通过调节节流阀的通流面积 A,控制了定量泵流回油箱的流量,即可调节进入液压缸的流量,实现调速。溢流阀作安全阀用,正常工作时关闭,过载时才打开,其调定压力为最大工作压力的 1.1~1.2 倍。在工作过程中,定量泵的压力随负载而变化。

实际上,节流阀控制了定量泵正常工作时流回油箱的溢流量,溢流阀作安全阀用,只有过载时才溢流。

这种回路只有节流损失而无溢流损失。泵的压力随负载的变化而变化,节流损失和输入功率也随负载变化而变化。因此，本回路比前两种回路效率高。

本回路低速承载能力差，应用比前两种回路少，只适用于高速、重载、对速度平稳性要求不高的较大功率系统，如牛头刨床主运动系统、输送机械液压系统等。

5.3.2 容积调速回路

『适用场合』
　　容积调速回路是通过改变回路中液压泵或液压马达的排量来实现调速的。其主要优点是没有溢流损失和节流损失，所以功率损失小，且其工作压力随负载变化，所以效率高，系统温升小，适用于高速、大功率系统。

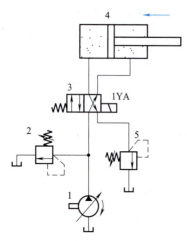

图 5-18　变量泵和液压缸组成的容积调速回路（开式）

（1）变量泵与液压缸组成的容积调速回路

液压缸为定量执行元件，图 5-18 所示为变量泵和液压缸组成的容积调速回路（开式）。当 1YA 通电时，换向阀 3 切换至右位，液压缸右腔进油，活塞向左移动。改变变量泵 1 的排量即可调节液压缸的运动速度；图中的溢流阀 2 起安全阀作用，用于防止系统过载；溢流阀 5 起背压阀作用。

当安全阀 2 的调定压力不变时，在调速范围内，液压缸 4 的最大输出推力是不变的。即液压缸的最大推力与泵的排量无关，不会因调速而发生变化。故此回路又称为恒推力调速回路。而其最大输出功率是随速度的增加而增加的。

根据油液的循环方式不同，此回路属于开式回路，即变量泵从油箱吸油，执行机构的回油直接回到油箱，油箱容积大，油液能得到较充分冷却，而且便于沉淀杂质和析出气体。

（2）变量泵和定量马达组成的容积调速回路

图 5-19 所示为变量泵和定量马达组成的容积调速回路（闭式）。改变变量泵的排量即可调节液压马达的转速。图中的溢流阀 5 起安全阀作用，用于防止系统过载；单向阀 2 用来防止停机时油液倒流入油箱和空气进入系统。

为了补偿泵 4 和马达 6 的泄漏，增加了补油泵 1。补油泵 1 将冷却后的油液送入回路，而从溢流阀 3 溢出回路中多余的热油，进入油箱冷却。补油泵的工作压力由溢流阀 3 来调节。补油泵的流量为主泵的 10%～15%，工作压力为 0.5～1.4MPa。此回路结构紧凑，只需很小的补油箱，但冷却条件差。

当安全阀 5 的调定压力不变时，在调速范围内，执行元件（定量马达 6）的最大输出转矩是不变的。即马达的最大输出转矩与泵的排量无关，不会因调速而发生变化。故此回路又称为恒转矩调速回路。而最大输出功率是随速度的增加而增加的。

变量泵 4 将油输入定量马达 6 的进油腔，马达 6 回油腔的油液随后又被液压泵 4 吸入，所以，此回路属于闭式回路。为了补偿回路中的泄漏并进行换油和冷却，需附设补油泵 1。

（3）变量泵和变量液压马达组成的容积调速回路

图 5-20 所示为采用双向变量泵和双向变量马达的容积调速回路。这种调速回路实际上是上述两种容积调速回路的组合，属于闭式回路。

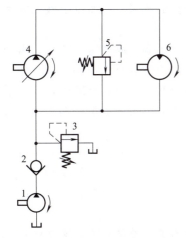

图 5-19　变量泵和定量马达组成的容积调速回路（闭式）

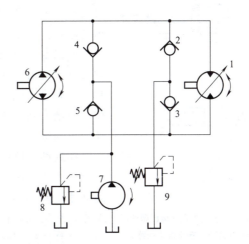

图 5-20　采用双向变量泵和双向变量马达的容积调速回路

图中单向阀 4 和 5 用于使辅助补油泵 7 能双向补油，而单向阀 2 和 3 使安全阀 9 在两个方向都能起过载保护作用。

由于泵和马达的排量均可改变，故增大了调速范围，所以此回路既可以调节变量马达（1，6）的排量 V_m 来实现调速，也可以调节变量泵的排量 V_p 来实现调速。

『情境链接』

汽车液压无级变速器工作原理

液压泵、液压马达与控制阀构成一体化的液压无级变速器，其机构紧凑，体积小，质量小，布局灵活，操作使用方便，简化了传动装置的结构，改善了各种装备的质量，因此得到了广泛的认可和应用，国外已广泛应用于汽车、农业机械等领域。图 5-21 所示为意大利 AVR-SPE 公司生产的液压式无级变速器实物图。

液压无级变速器工作原理为液压传动的容积调速，通过下列方式进行液压传动的功率、速度和扭矩调节：变量泵-定量液压马达；定量泵-变量液压马达；变量泵-变量液压马达。根据不同的场合选择不同的调节方式。液压无级变速器工作原理如图 5-22 所示。

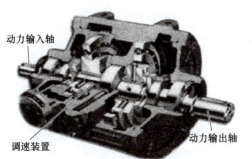

图 5-21　液压式无级变速器实物图

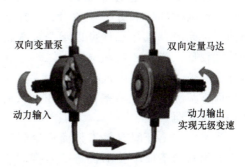

图 5-22　液压无级变速器的工作原理图

5.3.3 容积节流调速回路

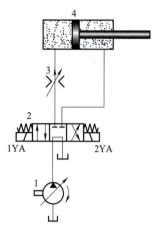

图 5-23 限压式变量泵和调速阀组成的容积节流调速回路
1—变量液压泵；2—电磁换向阀；
3—调速阀；4—液压缸

容积节流调速回路如图 5-23 所示，调节调速阀节流口的开口大小，就改变了进入液压缸的流量，从而改变液压缸活塞的运动速度。

如果变量液压泵的流量大于调速阀调定的流量，由于系统中没有设置溢流阀，多余的油液没有排油通路，势必使液压泵和调速阀之间油路的油液压力升高，但是当限压式变量泵的工作压力增大到预先调定的数值后，泵的流量会随工作压力的升高而自动减小。

在这种回路中，泵的输出流量与通过调速阀的流量是相适应的，因此效率高，发热量小。同时，采用调速阀，液压缸的运动速度基本不受负载变化的影响，即使在较低的运动速度下工作，运动也较稳定。

这种调速回路没有溢流损失，效率较高，速度稳定性也比单纯的容积调速回路好。限压式变量泵与调速阀组成的容积节流调速回路，具有效率较高、调速较稳定、结构较简单等优点，目前已广泛应用于负载变化不大的中、小功率组合机床的液压系统中。

5.4 快速运动回路

『适用场合』
一个工作循环的不同阶段，要求执行元件有不同的运动速度，承受不同的负载。执行元件在工作进给阶段输出的作用力较大，一般速度较低，但在空程阶段负载很小，为了提高生产效率，需要其有较高的运动速度，这就需要采用快速回路。

(1) 差动连接快速运动回路

图 5-24 所示的差动连接的快速运动回路是利用差动液压缸的差动连接来实现的。当电磁铁吸合，二位三通电磁换向阀处于左位时，液压缸回油直接回油箱，此时，执行元件可以承受较大的负载，运动速度较低。当电磁铁断电时，二位三通电磁换向阀处于右位，液压缸形成差动连接，液压缸的有效工作面积实际上等于活塞杆的面积，从而实现了活塞的快速运动。

当液压缸无杆腔有效工作面积等于有杆腔有效工作面积的两倍时，差动快进的速度等于非差动快退的速度。这种回路比较简单、经济，可以选择流量规格小一些的泵，这样效率便得到提高，因此应

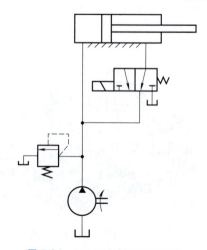

图 5-24 差动连接的快速运动回路

用较多。

(2) 双泵供油的快速运动回路

回路利用低压大流量泵和高压小流量泵并联为系统供油,如图 5-25 所示。图中 1 为高压小流量泵,用以实现工作进给运动。2 为低压大流量泵,用以实现快速运动。在快速运动时,液压泵 2 输出的油经单向阀 4 和液压泵 1 输出的油共同向系统供油。在工作进给时,系统压力升高,打开液控顺序阀(卸荷阀)3 使液压泵 2 卸荷,此时单向阀 4 关闭,由液压泵 1 单独向系统供油。

溢流阀 5 控制液压泵 1 的供油压力。卸荷阀 3 使液压泵 2 在快速运动时供油,在工作进给时则卸荷,因此它的调整压力应比快速运动时系统所需的压力高,但比溢流阀 5 的调整压力低。

双泵供油的快速运动回路功率利用合理、效率高,并且速度换接较平稳,在快、慢速度相差较大的机床中应用很广泛。缺点是要用一个双联泵,油路系统也稍复杂。

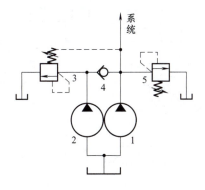

图 5-25　双泵供油的快速运动回路

5.5　顺序动作回路

『适用场合』

在多缸液压系统中,往往需要按照一定的要求顺序动作。例如,自动车床中刀架的纵横向运动,夹紧机构的定位和夹紧等。顺序动作回路的功用是使多个执行元件按预计顺序依次动作。顺序动作回路按控制方式可分为行程控制、压力控制和时间控制三种。

5.5.1　行程开关控制的顺序动作回路

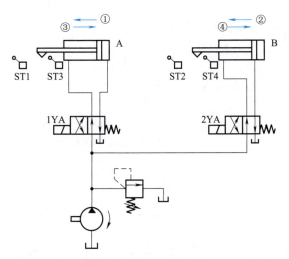

图 5-26　行程开关控制的顺序动作回路

如图 5-26 所示,在图示状态下,A、B 两液压缸的活塞均在右端。当电磁换向阀 1YA 通电换向时,液压缸 A 左行完成动作①;到达预定位置时,液压缸 A 的挡块触动行程开关 ST1,使 2YA 通电换向,液压缸 B 左行完成动作②。

当液压缸 B 左行到达预定位置时,触动行程开关 ST2,使 1YA 断电,液压缸 A 返回,实现动作③;当液压缸 A 右行到达预定位置时,液压缸 A 触动行程开关 ST3,使 2YA 断电换向,液压缸 B 完成动作④;液压缸 B 右行触动行程开关 ST4 时,行程开关 ST4 发出信号,使泵卸荷或引起其他动作,完成一个工作循环。

5.5.2 压力控制的顺序动作回路

压力控制就是利用管道本身压力的变化来控制阀口的启闭，使执行元件实现顺序动作。其主要控制元件是顺序阀和压力继电器。

(1) 采用顺序阀控制的顺序动作回路

图 5-27 所示为采用顺序阀控制的顺序动作回路。系统中有两个执行元件：夹紧液压缸 A 和加工液压缸 B，阀 1 和阀 2 是单向顺序阀。两液压缸按夹紧→工作进给→快退→松开的顺序动作。

工作过程如下：

① 二位四通电磁阀通电，阀切换到左位，压力油进入 A 缸左腔，由于系统压力低于单向顺序阀 1 的调定压力，顺序阀未开启，A 缸活塞向右运动实现夹紧，完成动作①，回油经阀 2 的单向阀流回油箱。

② 当缸 A 的活塞右移到达终点，工件被夹紧，系统压力升高。此时，顺序阀 1 开启，压力油进入加工液压缸 B 左腔，活塞向右运动进行加工，回油经换向阀回油箱，完成动作②。

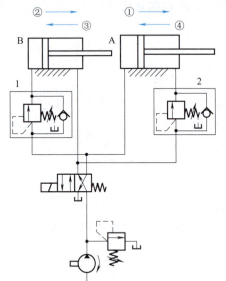

图 5-27 采用顺序阀控制的顺序动作回路

③ 加工完毕后，二位四通电磁阀断电，右位接入系统，压力油液进入 B 缸右腔，回油经阀 1 的单向阀流回油箱，活塞向左快速运动实现快退，完成动作③。

④ 动作③到达终点后，油压升高，使阀 2 的顺序阀开启，压力油液进入 A 缸右腔，回油经换向阀回油箱，活塞向左运动松开工件，完成动作④。

这种顺序动作回路适用于液压缸数量不多、负载阻力变化不大的液压系统。

(2) 采用压力继电器控制的顺序动作回路

图 5-28 所示是采用压力继电器控制的顺序动作回路。当 2YA 通电时，换向阀切换至左位，液压缸 A 左腔进油，活塞向右运动，回油经换向阀流回油箱，完成动作①；当活塞碰上定位挡铁时，系统压力升高，使安装在液压缸 A 进油路上的压力继电器动作，发出电信号，使 1YA 通电，压力油液进入液压缸 B 左腔，推动活塞向右运动，完成动作②。这样就实现了液压缸 A、B 的先后顺序动作。

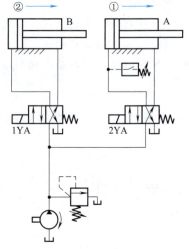

图 5-28 采用压力继电器控制的顺序动作回路

5.6 速度切换回路

图 5-29 所示为采用行程阀实现的速度切换回路。这一回路可使执行元件完成"快进→工进→快退→停止"这一自动工作循环。在图示位置，手动换向阀 2 处在右位，液压缸 1 快

进。此时，溢流阀 4 处于关闭状态。当活塞杆所连接的挡块压下行程阀 7 时，行程阀 7 关闭，液压缸右腔的油液必须通过调速阀 5 才能流回油箱，活塞运动速度转变为慢速工进。此时，溢流阀 4 处于溢流稳压状态。当换向阀 2 处于左位时，压力油经单向阀 6 进入液压缸右腔，液压缸左腔的油液直接流回油箱，活塞快速退回。油液由定量泵 3 供应。

这种回路的快速与慢速的切换过程比较平稳，切换点的位置比较准确。缺点是行程阀必须安装在装备上，管路连接较复杂。

回路的改进措施：该回路中若将行程阀 7 改为行程开关，手动换向阀 2 改为电磁换向阀，由行程开关发出信号控制电磁换向阀的换向，这种安装比较方便，除行程开关需装在机械设备上，其他液压元件可集中安装在液压站中，但速度切换时平稳性以及换向精度较差，当快进速度与工进速度相差很大时，回路效率很低。

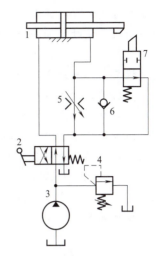

图 5-29　采用行程阀的速度切换回路

『情境链接』

风力发电机液压调速系统

风力发电机是祖国秀美山川上的一道亮丽风景线……

近年来中国的风电产业特别是风电设备制造业迅速崛起，已经成为全球最大市场。

风力发电机是将风能转换为机械能，机械能带动转子旋转，最终输出交流电的电力设备。风力发电机一般包括风机叶片、塔架、发电装置、风力风向测量及偏航控制装置、变桨机构和储能装置等构件。风力发电机及其结构如图 5-30 所示。

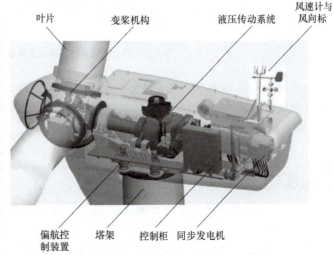

图 5-30　风力发电机及其结构图

风机叶片：将风能转换为机械能，将风力传送到叶片转子轴。现代 600kW 风机转子叶片的测量长度约为 20m，大型风机叶片长度可达 100m 以上，而且被设计得很像飞机的机翼。

偏航控制装置：通常在风向改变时，风速计可以通过风向标来感知风向，偏航控制装置就会转动机舱使叶片和转子正对着风向。风力发电机可自动实现偏转。

变桨机构：变桨机构用来控制叶片相对于旋转平面的位置角度。变桨距控制是随着风速的变化调节桨叶节距角，稳定叶片转速以及发电机的输出功率。液压传动系统通过执行机构驱动桨叶转动，改变桨叶节距角。

风力发电机的液压系统属于风力发电机的一种动力系统，它的主要功能是为变桨机构、安全桨距控制装置、偏航驱动和制动装置提供液压驱动力。风机液压系统可以为风力发电机上一切使用液压作为驱动力的装置提供动力，实现风力发电机组的转速、功率和制动控制。

风力发电机叶片通过驱动液压泵将机械能转变为液压能，再通过液压马达将液压能转变为机械能，液压马达驱动同步发电机发电。液压系统可以实现无级变速。风力发电机液压系统工作原理如图 5-31 所示。

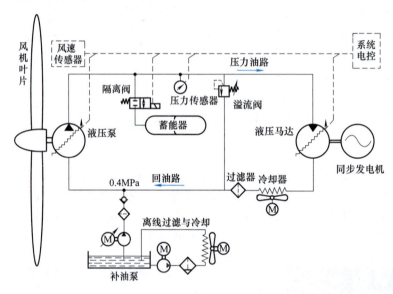

图 5-31 风力发电机液压系统工作原理

风力发电机的工作原理比较简单，风机叶片在风力的作用下旋转，把风的动能转变为风轮轴的机械能，发电机在风轮轴的带动下旋转发电。依据目前的风力发电机技术，大约在 3m/s 的微风速度（微风的程度）下便可以发电。

习题与思考题

5-1 三个溢流阀的调定压力如图 5-32 所示，试问泵的供油压力有几级？其压力值各为多少？

5-2 图 5-33 所示回路，若溢流阀的调整压力为 5MPa，判断在 YA 断电，负载无穷大或负载压力为 3MPa 时，系统的压力分别是多少？当 YA 通电，负载压力为 3MPa，系统的压力又是多少？

5-3 在图 5-34 所示回路中，溢流阀的调整压力 $p_y = 5$MPa，顺序阀的调整压力 $p_x = 3$MPa，问 A、B 点的压力各为多少？

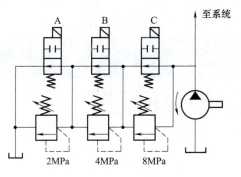

图 5-32 题 5-1 图

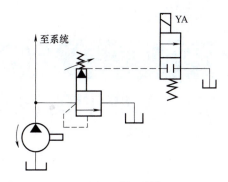

图 5-33 题 5-2 图

5-4 在图 5-35 所示回路中,溢流阀的调整压力为 5MPa,减压阀的调整压力为 2.5MPa,试分析下列各情况,并说明减压阀阀口处于什么状态?

(1) 当泵压力等于溢流阀调定压力时,夹紧缸使工件夹紧后,A、C 点的压力各为多少?

(2) 当泵压力由于工作缸快进降到 1.5MPa 时,(工件原先处于夹紧状态)A、C 点的压力各为多少?

(3) 夹紧缸在夹紧工件前做空载运动时,A、B、C 三点的压力各为多少?

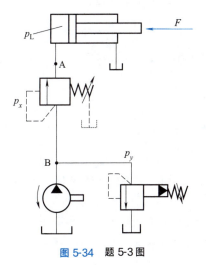

图 5-34 题 5-3 图

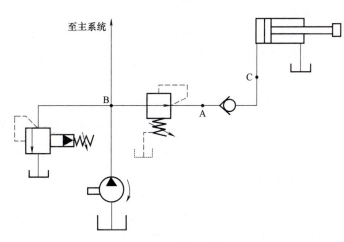

图 5-35 题 5-4 图

教学情境六
典型的汽车液压传动系统

 教学目标

知识目标：
- ✓ 认识汽车常见设备中液压传动系统的分析方法。
- ✓ 掌握组成汽车液压系统的基本回路及各液压元件在系统中的作用。
- ✓ 了解液压传动系统安装连接的方法和注意事项。

技能目标：
- ✓ 能正确选择液压元件，具有组装、调试和维护完整液压系统的能力。
- ✓ 能正确分析、判断液压传动系统中的常见故障，具有动手排出常见故障的能力。

素质目标：
- ✓ 弘扬劳动光荣、技能宝贵、创造伟大的时代风尚。
- ✓ 树立高尚的职业道德，具有一丝不苟的工作态度，弘扬爱国主义和工匠精神。

『情境链接』

大国崛起：国产大飞机 C919 横空出世

航空航天装备是"中国制造 2025"重点领域技术创新装备。国产大飞机 C919 的横空出世，填补了国产大飞机的历史空白，圆了中国人自己的航空梦。图 6-1 所示为国产大飞机 C919。

国产大飞机 C919 上有很多机构由液压驱动。比如襟翼的收放可以增加机翼接受风力的面积，达到在飞行中增加升力的目的；副翼、升降舵和方向舵的偏转，可以实现飞行姿态的控制和改变。国产大飞机结构如图 6-2 所示。

升降舵位于平尾末端，可以上下偏转，用来控制飞机上升和下降。当升降舵向下偏转时，机尾升力增大，如同跷跷板一样，飞机会向下飞行；升降舵向上偏转时，飞机就会抬头

图 6-1　飞行中的国产大飞机 C919

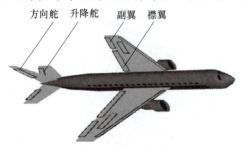

图 6-2　国产大飞机结构

向上飞行。方向舵位于飞机垂尾的末端，可以左右偏转，用来控制飞机的小角度向左向右转向，和升降舵的控制原理基本相同。

飞机转弯还需要副翼来进行协调。副翼位于机翼翼梢后缘，左右两块副翼可以独立地上下偏转。以飞机向右转弯为例，转弯时右副翼向上偏转，左副翼向下偏转，这时右机翼受到一个向下的力，左机翼受到一个向上的力，飞机向右滚转，整机的升力向右倾斜，使飞机向右转弯，与此同时需要协调地控制方向舵偏转使飞机不发生侧滑。

液压工业已经成为我国装备制造业的重要基石和基础产业，为国家重大工程和重点项目配套，取得了显著成就。液压工业产品已经成功应用在我国航空航天领域的"神舟"飞船、"嫦娥工程"等重大装备中。此外，还应用于各类军用飞机、海军舰船、陆军主战坦克和装甲车等装备。

液压系统与机械传动系统、电子控制系统相结合，广泛地应用于汽车的许多机构中。本部分通过几个汽车典型液压系统实例，介绍液压技术在汽车装置中的应用，进而使读者掌握分析汽车液压系统的基本步骤和方法。

『知识拓展』

分析复杂的汽车液压系统的方法

汽车液压系统的分析须以执行元件为核心，分析各执行元件能够实现的动作循环，各种工况下系统的油液流动状况，以及各组成回路之间的相互联系、元件的作用和系统的组成。一般地，分析复杂的汽车液压系统有以下几个步骤：

① 充分了解汽车液压装置能够实现的功能，以及对液压系统的动作要求。
② 以各执行元件为核心将系统分为若干分支系统。
③ 分析分支系统含有哪些基本回路，根据执行元件的动作循环读懂分支系统。
④ 分析各执行元件之间是否有顺序、互锁、同步、抗干扰等动作要求，从而全面清晰地理解汽车液压系统工作原理和性能特点。

6.1　Q2-8型汽车起重机液压系统

（1）概述

液压系统已经广泛应用于工程机械行业，如今几乎所有的汽车起重机都采用液压系统。汽车起重机的液压系统对起重机工作控制有非常重要的作用。

汽车起重机是将起重机安装在汽车底盘上的一种起重运输设备。图6-3所示为Q2-8型汽车起重机外形简图，它主要由起升、回转、变幅、伸缩和支腿等工作机构组成，这些工作机构动作的完成由液压系统来实现。最大起重量为80kN（幅度3m时），最大起重高度为11.5m，起重装置连续回转。该机具有较高的行走速度，可与装运工具的车编队行驶，机动性好。当装上附加吊臂后，可用于建筑工地吊装预制件，吊装的最大高度为6m。液压起重机承载能力大，可在有冲击、振动、

图6-3　Q2-8型汽车起重机外形简图

温度变化大和环境较差的条件下工作。其执行元件要求完成的动作比较简单，位置精度较低，因此一般采用中、高压手动控制系统，系统对安全性要求较高。

(2) Q2-8 型汽车起重机液压系统原理

图 6-4 为 Q2-8 型汽车起重机液压系统原理图。系统液压泵通过中心回转接头从油箱吸油。液压泵工作压力为 21MPa，排量为 40mL，转速为 1500r/min。泵由汽车发动机通过装在汽车底盘变速箱上的取力箱传动。输出的压力油经手动阀组输送到各执行元件。溢流阀 12 是安全阀，用以防止系统过载，调整压力为 19MPa，其实际工作压力可由压力表读取。这是一个单泵、开式、串联（串联式多路阀）的液压系统。

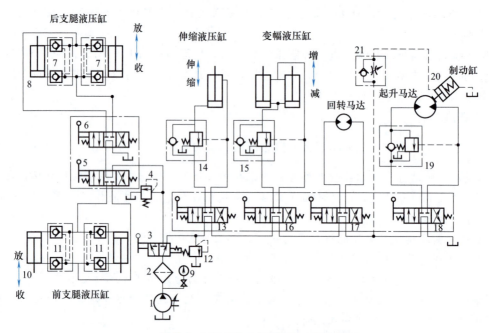

图 6-4　Q2-8 型汽车起重机液压系统原理图

1—液压泵；2—滤油器；3—二位三通手动换向阀；4,12—溢流阀；5,6,13,16,17,18—三位四通手动换向阀；7,11—液压锁；8—后支腿液压缸；9—压力表；10—前支腿液压缸；14,15,19—平衡阀；20—制动缸；21—单向节流阀

汽车起重机液压系统包含支腿收放、回转机构、起升机构、吊臂伸缩、吊臂变幅五个回路。各回路都有相对的独立性。汽车起重机液压系统的组成如图 6-5 所示。

① 支腿收放回路　橡胶轮胎的支承力有限，所以在起重作业时必须放下支腿，使汽车轮胎架空，形成一个固定的工作基础平台。汽车行驶时则必须收起支腿。前后各有两条支腿，每一条支腿配有一个液压缸。两前支腿用三位四通手动换向阀 5 控制收放，两后支腿用三位四通手动换向阀 6 控制收放。换向阀都采用 M 型中位机能，油路上是串联的。每一个液压缸上都配有一个双向液压锁，以保证支腿被可靠地锁住。

② 回转机构回路　该回转机构采用柱塞液压马达作为执行元件，回转速度较低，一般每分钟 1~3 转，由于惯性小，一般不设缓冲装置。起重机要求大臂能在任意方位起吊，操作换向阀 17 可使马达正转、反转或停止。

③ 起升机构回路　起升机构是起重机的主要执行机构，它是一个大转矩液压马达带动的卷扬机。要求所吊重物可升降或在空中停留，速度要平稳、变速要方便、冲击要小、启动转矩和制动力要大。变速和换向是通过改变手动换向阀 18 的开口大小来实现的，用液控单

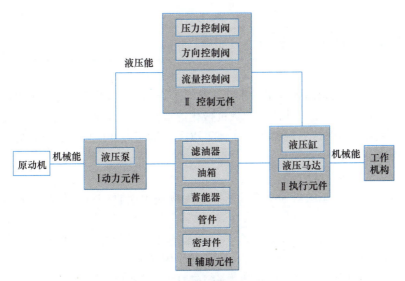

图 6-5 汽车起重机液压系统的组成

向顺序阀 19（平衡阀）来限制重物超速下降。单作用液压缸 20 是制动缸。单向节流阀 21，一是保证液压油先进入马达，使马达产生一定的转矩，再解除制动，以防止重物带动马达旋转而向下滑；二是保证吊物升降停止时，制动缸中的油马上与油箱相通，使马达迅速制动。

起升重物时，手动换向阀 18 切换至左位工作，液压泵 1 输出的油液经滤油器 2、换向阀 3 右位、换向阀 13 中位、换向阀 16 中位、换向阀 17 中位、换向阀 18 左位、平衡阀 19 中的单向阀进入马达左腔；液压油同时经单向节流阀 21 到制动缸 20，解除制动，使马达旋转，重物起升。

重物下降时，手动换向阀 18 切换至右位工作，液压马达反转，回油经阀 19 的液控顺序阀和换向阀 18 右位回油箱。当停止作业时，换向阀 18 处于中位，泵卸荷。制动缸 20 上的制动瓦在弹簧作用下使液压马达制动。

④ 吊臂伸缩回路 吊臂伸缩采用单级长液压缸驱动。在工作中，改变手动换向阀 13 的开口大小和方向，即可调节大臂运动速度和使大臂伸缩。在行走时，应将大臂缩回。大臂缩回时，因液压力与负载力方向一致，为防止吊臂在重力作用下自行收缩，在收缩液压缸的下回油腔安置了平衡阀 14。

⑤ 吊臂变幅回路 吊臂变幅机构用于改变起重臂的角度，本机采用两个液压缸并联，提高了变幅机构的承载能力。为防止吊臂变幅液压缸在重力作用下下降，因而在吊臂变幅回路上安置了平衡阀 15。

(3) 汽车起重机液压系统的特点

① 各执行元件相互独立，任一执行元件可以单独动作，也可以在不满载时让执行元件任意组合同时动作。

② 起升机构回路、吊臂伸缩回路和吊臂变幅回路在其回油路上均设置有平衡阀，以防止机构在重力作用下自行下降。

③ 因作业工况的随机性较大，且动作频繁，所以大多采用手动弹簧复位的多路换向阀来控制各动作。换向阀常用 M 型中位机能。当换向阀处于中位时，各执行元件的进油路均被切断，液压泵出口通油箱使泵卸荷，减少了功率损失。

6.2 自卸汽车液压系统

自卸汽车自 20 世纪初出现以来，不断发展，日趋完善，已成为当今货物运输的主要车辆之一。自卸汽车具有高度机动性和卸货机械化等优点，通常与铲式装载机、挖掘机或皮带运输机等配套使用，实现装卸机械化，从而可以大大缩短装卸时间，提高运输效率并可节省劳动力，减轻劳动强度。

（1）自卸汽车液压系统组成

以 QD351 型自卸汽车的货厢举升液压系统为例来说明自卸汽车货厢举升液压系统的组成和工作过程。

图 6-6（a）所示为 QD351 型自卸汽车。该车的卸料是依靠液压缸驱动汽车货厢倾翻来实现卸料的。货箱举升液压系统的主要元件及其作用如下：

① 液压泵　外啮合齿轮泵，额定压力为 10MPa，是系统的动力元件。

② 执行元件　两个规格相同的双作用伸缩套筒式液压缸，控制车厢升降。

③ 控制元件　四位四通手动换向阀，控制油路通、断、换向等，使液压缸完成空位、举升、中停、下降等动作（两液压缸动作应同步）；溢流阀（限压阀）起限压保护作用。

④ 辅助元件　粗过滤器，清洁油液，保护液压泵；精过滤器，清洁油液，保护元件；油箱，储油、散热。

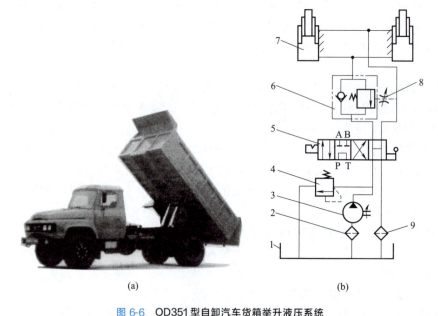

图 6-6　QD351 型自卸汽车货箱举升液压系统
1—油箱；2—粗过滤器；3—液压泵；4—限压阀；5—手动换向阀；
6—平衡阀；7—伸缩套筒式液压缸；8—节流阀；9—精过滤器

（2）自卸汽车液压系统工作过程

QD351 型自卸汽车货厢举升液压系统如图 6-6（b）所示，该系统的动力装置为齿轮液压泵 3。由四位四通手动换向阀 5 来控制油路的通断状态的变化，使液压缸完成停止、举升、中停、下降 4 个动作，同时限压阀 4 调定系统的最高工作压力。

QD351型自卸车货厢举升液压系统工作过程如下：

① 停止　当手动换向阀5处于右位，换向阀使油路的通断状态为H型，这样液压泵3处于卸荷状态，液压油直接回油箱，不供给液压缸，而液压缸7处于浮动状态，没有液压油驱动，货箱处于未举升状态，即货箱为水平状态。

② 举升　当换向阀处于左位时，液压泵输出的液压油进入伸缩套筒式液压缸下腔，推动液压缸伸出，带动货箱举升。

工作油路：油箱1→粗过滤器2→液压泵3→换向阀5左位→平衡阀6中的单向阀→液压缸7下腔→液压缸7上腔→换向阀5左位→精过滤器9→油箱1。

③ 中停　当换向阀处于左二位时，液压泵输出的液压油直接回油箱，处于卸荷状态，液压缸得不到液压油，同时，液压缸的两腔都处于锁止状态，故液压缸被锁紧在任意位置上。

④ 下降　当换向阀处于右二位时，液压泵输出的液压油经换向阀进入液压缸的上腔，推动液压缸缩回，带动货箱下降。此时，平衡阀6（液控顺序阀和单向阀组成）对液压缸下腔的回油起到背压的作用，保证液压缸只有在液压油的驱动下才能下降，防止液压缸在货物自重的作用下自动下降。同时，为控制货箱下降的速度，用节流阀8来控制平衡阀中顺序阀的开启状态，进而控制液压缸的回油速度，达到控制货箱下降速度的目的。

工作油路：油箱1→粗过滤器2→液压泵3→换向阀5右二位→液压缸7上腔→液压缸7下腔→平衡阀6中的溢流阀→换向阀5右二位→精过滤器9→油箱1。

由以上分析可知，该系统油路中包含以下几个基本回路：换向阀5控制的换向回路、换向阀5滑阀右位和左二位控制的卸荷回路、限压阀4控制的限压回路以及两个液压缸组成的同步回路。

6.3　汽车液压动力转向系统

汽车转向系统的动力转向装置均采用液压来驱动，利用液压泵来建立驱动力，再经过控制阀来调节液压油的流量，根据汽车的行驶状态控制方向。

动力转向系统是兼用驾驶员体力和发动机的动力为转向能源的转向系统，它是在机械转向系统的基础上加设一套转向加力装置而形成的。其中属于转向加力装置的部件是：转向油泵、油管、转向油罐以及位于整体式转向器内部的转向控制阀及转向动力缸等。当驾驶员转动转向盘时，转向摇臂摆动，通过转向直拉杆、转向横拉杆、转向节臂，使转向轮偏转，从而改变汽车的行驶方向。汽车液压动力转向系统的组成如图6-7所示。

与此同时，转向器输入轴还带动转向器内部的转向控制阀转动，使转向动力缸产生液压力，帮助驾驶员进行转向操纵。这样，为了克服地面作用于转向轮上的转向阻力矩，驾驶员需要加于转向盘上的转向力矩比用机械转向系统时所需的转向力矩小得多。

转向油泵是助力转向系统的动力源，转向油泵经转向控制阀向转向动力缸提供一定压力和流量的工作油液。

（1）汽车液压动力转向系统的组成

汽车液压动力转向装置的组成如图6-8所示。转向液压泵安装在发动机上，由曲轴通过皮带驱动输出油压，转向油罐通过油管分别和转向液压泵、转向控制阀3连接。

转向动力缸活塞将转向动力缸分成左右两腔。R腔为右转向动力腔，L腔为左转向动力

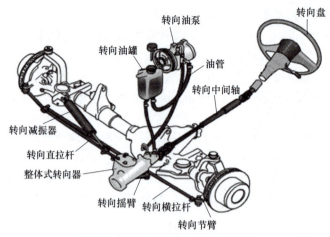

图 6-7 汽车液压动力转向系统的组成

腔,它们分别通过油道和转向控制阀连接。转向控制阀装在动力转向器的下端。

动力转向器为整体式转向器,转向控制阀用以改变油路。转向螺杆 4 和齿条-活塞、齿条-活塞和扇齿 6 组成了两对啮合传动副。转向摇臂 7 一端固接在与扇齿连在一起的转向摇臂轴上,另一端铰接在转向直拉杆 8 上。转向横拉杆 10、转向梯形臂 11 及前轴组成转向梯形。

(2) 汽车液压动力转向系统的工作过程

汽车液压动力转向系统的液压系统如图 6-9 所示。汽车液压动力转向系统工作过程如下:

① 汽车直行 转向盘 7 不动,转向控制阀 5 处于中位。液压缸 6 的两腔油路闭锁,液压缸活塞处于平衡状态,对转向节臂不施加作用力,不起助力转向作用。

工作油路:油箱→液压泵 2→节流阀 3→换向控制阀 5 的中位→油箱。

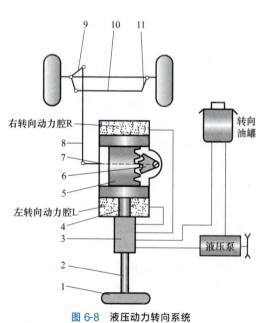

图 6-8 液压动力转向系统

1—转向盘;2—转向轴;3—转向控制阀;4—螺杆;
5—齿条-活塞;6—扇齿;7—转向摇臂;8—转向直拉杆;
9—转向节臂;10—转向横拉杆;11—转向梯形臂

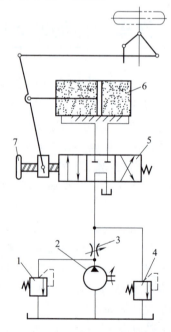

图 6-9 汽车液压动力转向系统的液压系统

1—溢流阀;2—液压泵;3—节流阀;4—安全阀;
5—转向控制阀;6—液压缸;7—转向盘

② 汽车左转　转向盘7左转，换向控制阀5处于左位。液压泵2的液压油经转向控制阀5进入液压缸6的左腔，推动活塞向右移动，通过转向摇臂、直拉杆、转向节臂、梯形臂、横拉杆使车轮左转，实现助力转向。

工作油路：油箱→液压泵2→节流阀3→换向控制阀5的左位→液压缸6的左腔→液压缸6的右腔→换向控制阀5的左位→油箱。活塞向右移动。

③ 汽车右转　转向盘7右转，换向控制阀5处于右位。液压泵2的液压油经转向控制阀5进入液压缸6的右腔，活塞左移，通过机械装置作用使车轮右转，实现助力转向。

工作油路：油箱→液压泵2→节流阀3→换向控制阀5的右位→液压缸6的右腔→液压缸6的左腔→换向控制阀5的右位→油箱。活塞向左移动。

④ 放松转向盘　滑阀在中位弹簧的作用下恢复到中间位置，助力作用消失。泵由发动机带动，若泵转速增高时，流过节流阀3的阻力增加，节流阀进口压力增加，可使溢流阀1打开，泵出口的油可经溢流阀1回油箱。若因负载加大，节流阀3出口压力增加时，安全阀4打开，限制系统压力的进一步升高。

6.4　汽车ABS液压制动系统

汽车ABS液压制动系统是在普通制动系统的液压装置基础上加装ABS制动压力调节器而形成的。实质上ABS系统就是通过电磁控制阀控制制动油压迅速变大或变小，从而实现防抱死制动功能。

（1）汽车ABS液压制动装置的组成

汽车ABS液压制动装置一般由传感器、电子控制器和执行器三大部分组成。其中传感器主要指车轮转速传感器，执行器主要指制动压力调节器，如图6-10所示。

① 车轮转速传感器　车轮转速传感器是ABS中最主要的传感器。车轮转速传感器常简称为轮速传感器，其作用是对车轮的运动速度进行检测，获得车轮转速信号。

② 电子控制器　电子控制器常用ECU表示，简称ABS电脑。它的主要作用是接收轮

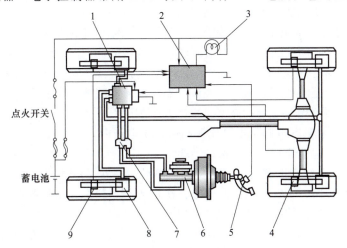

图6-10　汽车ABS组成示意

1—制动压力调节器；2—ABS电控单元；3—ABS警示灯；4—后轮转速传感器；5—停车灯开关；
6—制动主缸；7—比例分配阀；8—制动轮缸；9—前轮转速传感器

速传感器等输入信号并进行判断,输出控制指令,控制制动压力调节器等进行工作。另外,ABS 电脑还有监测等功能,如有故障时会使 ABS 停止工作并将 ABS 警示灯点亮。

③ 制动压力调节器　制动压力调节器是 ABS 中的主要执行器。其作用是接收 ABS 电脑的指令,驱动调节器中的电磁阀动作,调节制动系统的压力增大、保持或减小,对车轮进行防抱死控制。

(2) 汽车 ABS 液压制动系统的工作过程

汽车 ABS 液压制动系统的工作过程实际就是制动压力调节器的工作过程。制动压力调节器根据 ABS 电脑的指令,通过电磁阀的动作来自动调节车轮制动器的制动压力。

目前多数汽车的 ABS 液压制动系统均采用循环式制动压力调节器。调节器主要由电磁比例阀、电动液压泵和储液器等组成。循环式制动压力调节器工作原理基本相同,都是通过串联在制动主缸与制动轮缸之间的电磁比例阀直接控制制动轮缸的制动压力,以实现汽车制动。其液压系统如图 6-11 所示。

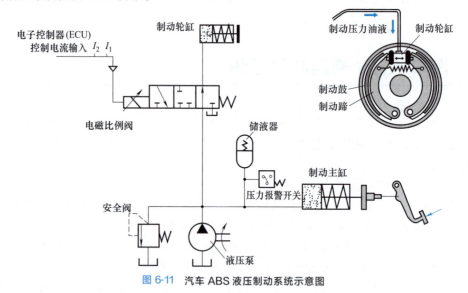

图 6-11　汽车 ABS 液压制动系统示意图

循环式制动压力调节器具体的工作过程如下:

① 常规制动过程　常规制动过程如图 6-12 所示,电磁阀不通电,衔铁在图示位置,主缸和轮缸管路相通,制动主缸可随时控制制动压力的增减。此时的电动液压泵不工作。

② 减压过程　当电脑给电磁比例阀提供较大电流时,柱塞移至上端,制动主缸和制动轮缸的通路被断开,制动轮缸和储液器接通,轮缸的制动液流入储液器,制动压力下降。与此同时,电动机带动电动液压泵工作,把流回储液器的制动液加压后送回制动主缸,如图 6-13 所示。

③ 保压过程　当 ABS 电脑给电磁比例阀通较小电流时,柱塞移至图 6-14 所示位置,所有的通路都被断开,制动器制动压力保持不变。

④ 增压过程　当 ABS 电脑对电磁比例阀断电后,柱塞又回到图 6-15 所示位置。制动主缸和制动轮缸再次相通,主缸的高压制动液再次进入制动轮缸,增加制动压力。增压和减压的速度可直接通过电磁比例阀的进出油口来控制。

电动液压泵是一个高压泵,它可在短时间内将制动液加压(在储能器中)到 15～18MPa,并给整个液压系统提供高压制动液。电动液压泵能在汽车启动 1min 内完成上述工作。电动液压泵的工作独立于 ABS 电脑,如果 ABS 电脑出现故障或接线有问题,电动液压泵仍能正常工作。

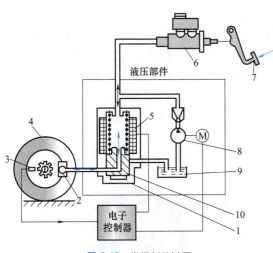

图 6-12 常规制动过程

1—电磁比例阀；2—轮缸；3—传感器；4—车轮；5—线圈；
6—主缸；7—踏板；8—电动液压泵；9—储液器；10—柱塞

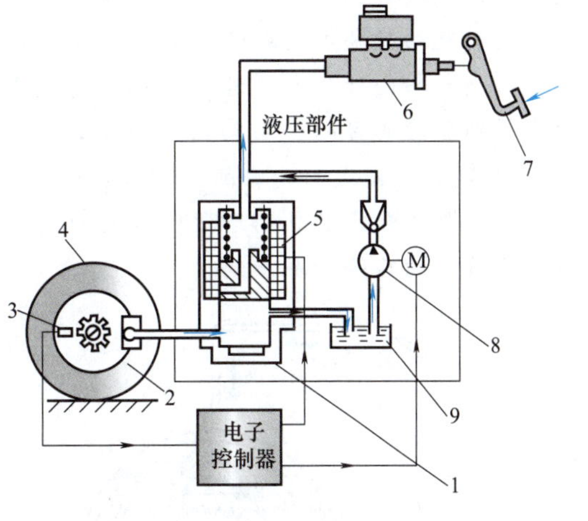

图 6-13 减压过程

1—电磁比例阀；2—轮缸；3—传感器；4—车轮；5—线圈；
6—主缸；7—踏板；8—电动液压泵；9—储液器

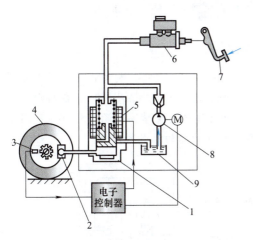

图 6-14 保压过程

1—电磁比例阀；2—轮缸；3—传感器；4—车轮；5—线圈；
6—主缸；7—踏板；8—电动液压泵；9—储液器

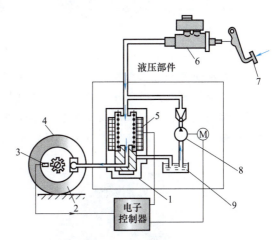

图 6-15 增压过程

1—电磁比例阀；2—轮缸；3—传感器；4—车轮；5—线圈；
6—主缸；7—踏板；8—电动液压泵；9—储液器

通常，ABS 只有在汽车速度达到一定程度（如 5km/h 或 8km/h）时，才会对制动过程中趋于抱死的车轮的制动压力进行调节。当汽车速度降到一定程度时，因为车速很低，车轮制动抱死对汽车制动性能的不利影响很小，为了使汽车尽快制动停车，ABS 就会自动终止防抱死制动压力调节，其车轮可能被制动抱死。

在制动过程中，如果常规制动系统发生故障，ABS 会随之失去控制作用。若只是 ABS 发生故障、常规制动系统正常，汽车制动过程仍像常规制动过程一样照常进行，只是失去防抱死控制作用。

『情境链接』

鼓式制动器与盘式制动器

典型的鼓式制动器主要由制动鼓、制动蹄、制动轮缸、回位弹簧等零部件组成。制动鼓是随车轮一起旋转的部件，形状似圆鼓。

鼓式制动器是内张式的，旋转元件是制动鼓，固定元件是制动蹄。在制动轮缸液压力作用下，制动蹄向外张开，外表面的摩擦片压靠到制动鼓的内圆柱面上，对制动鼓产生制动力，达到制动的目的。制动器松开时，必须使制动蹄脱离鼓。弹簧力有助于制动蹄返回到位。图6-16为鼓式制动器的结构原理图。

鼓式制动器比盘式制动器所需要的液压力更小。鼓式制动器成本比较低，主要用于制动负荷比较小的后轮和驻车制动。

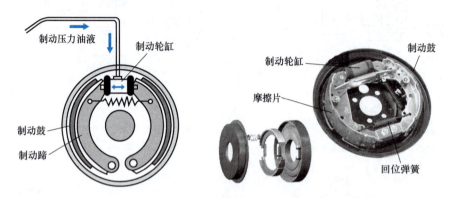

图6-16 鼓式制动器结构原理图

盘式制动器由液压力控制，主要零部件有制动钳、活塞、摩擦片、制动盘、油管等。制动盘用合金钢制造并固定在车轮上，随车轮转动。制动钳上的两个摩擦片分别装在制动盘的两侧，活塞受油管输送来的液压作用，推动摩擦片压向制动盘发生摩擦制动，就好像用钳子钳住旋转中的盘子，迫使它停下来一样。图6-17为盘式制动器的结构原理图。

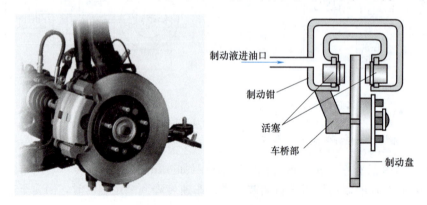

图6-17 盘式制动器结构原理图

盘式制动器散热快、重量轻、构造简单、调整方便。特别是高负载时，其耐高温性能好，制动效果稳定，而且不怕泥水侵袭，在冬季和恶劣路况下行车，盘式制动器比鼓式制动器更容易在短时间内制动。有些盘式制动器的制动盘上还开了许多小孔，以加速通风散热和提高制动效率。

6.5 汽车自动变速器液压控制系统

汽车自动变速器能根据车速与发动机负荷的变化情况及时自动地换挡，从而使操作简单、省力，有利于行车安全，可使发动机经常处于经济转速区域内运转，降低油耗，减少排气污染。汽车自动变速器在汽车上的布置位置如图 6-18 所示。

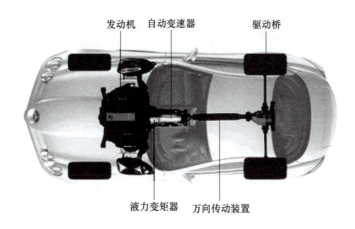

图 6-18　汽车自动变速器在汽车上的位置

目前，汽车自动变速器可分为三种类型：电控液力机械自动变速器、电控机械自动变速器和连续可变传动比自动变速器。电控液力机械自动变速器（AT）是目前使用最普遍的一种自动变速器，它主要由液力变矩器、行星齿轮变速机构和电液换挡控制系统三大部分组成，如图 6-19 所示。

（1）自动变速器液压控制系统

自动变速器液压控制系统由动力源、执行机构和控制机构三部分组成，如图 6-20 所示。

动力源是被液力变矩器泵轮驱动的液压泵，它除了向控制机构、执行机构供给液压油以实现换挡外，还给液力变矩器提供冷却补偿油，向行星齿轮变速机构供给润滑油。

图 6-19　自动变速器的结构组成

执行机构包括各离合器、制动器等。

控制机构大体包括主油路系统、换挡信号系统、换挡阀系统和缓冲安全系统。

自动变速器液压控制系统就是把诸多的液压元件、换挡执行机构合理地连接起来，通过控制油液流向来实现自动换挡。

（2）自动变速器换挡控制原理

液压泵输出的油液进入液压系统中，根据车速和发动机负荷率的变化，主调压阀将液压泵的压力精确调节至规定值，形成稳定的工作油压输入主油路中。

通过主油路中的换挡阀组来控制执行机构的工作，使自动变速器实现换挡。而换挡阀的换挡，受手控阀的位置、节气门阀和调速阀所输入的油压的大小以及电磁阀的通断状态所控制。

换挡控制原理：节气门阀和调速阀油压作用在换挡阀两端。换挡时，两端油压发生变化，使换挡阀芯产生位移，改变油路状态，从而实现换挡。

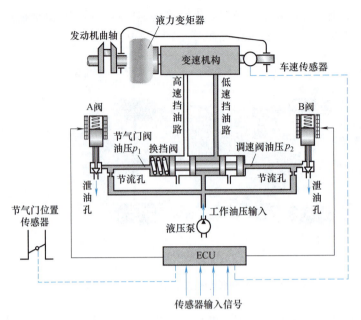

图 6-20 自动变速器液压控制系统组成

B 阀通电，B 阀下的锥阀芯提起，调速阀油压 p_2 连通了泄油孔，压力降低。换挡阀芯在节气门阀油压 p_1 和弹簧力的作用下处于右位，此时，液压泵输入的油液进入低速挡油路，自动变速器工作在低速挡。

A 阀通电，A 阀下的锥阀芯提起，节气门阀油压 p_1 连通了泄油孔，压力降低。换挡阀芯在调速阀油压 p_2 的作用下处于左位，此时，液压泵输入的油液进入高速挡油路，自动变速器工作在高速挡。

图 6-21（a）和图 6-21（b）分别表示自动变速器在低挡位和高挡位时液压系统的工作状态。

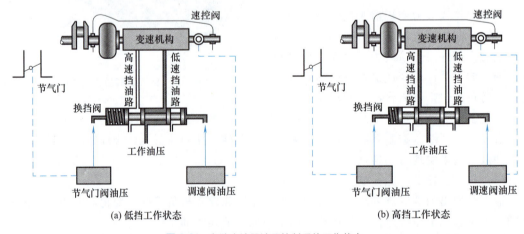

(a) 低挡工作状态　　　　　　　　(b) 高挡工作状态

图 6-21 自动变速器液压控制系统工作状态

换挡阀实际是电磁阀控制的液动换向阀，换挡阀的工作完全由换挡电磁阀控制。

为提高自动变速器的换挡品质，保证汽车的乘车舒适度，在液压系统中设置了缓冲安全系统，以保证换挡的可靠性和平顺性。为防止自动变速器在换挡时出现冲击，装有许多起缓冲和安全作用的缓冲阀、蓄压减振器。这类装置统称为缓冲安全系统。

『情境链接』

自动变速器液压泵的拆装与检修

液压控制系统是自动变速器的重要组成部分，若其出现故障，则自动变速器就不能正常工作。自动变速器液压控制系统的故障可由随车的自诊断系统诊断出，以故障码的形式存储在车载电脑中，维修时可通过一定的方法来提取故障码以进行故障维修。

自动变速器液压控制系统的检修主要包括液压泵和控制阀板的检修。下面以齿轮泵的检修过程为例来说明液压泵的检修过程和方法。

（1）齿轮泵的拆卸

如图6-22所示，拆下齿轮泵后端轴颈上的密封环；按照对称交叉的顺序依次松开齿轮泵的连接螺栓，打开齿轮泵；用油漆在主动齿轮和内齿圈上做装配标记，取出主动齿轮及内齿轮；拆下齿轮泵前盖上的密封圈。分解齿轮泵时不要损伤齿轮泵前盖，不可用冲子在齿轮泵齿轮和油泵壳体上做标记。

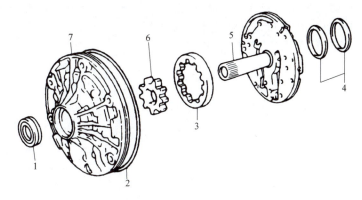

图6-22　齿轮泵拆卸图

1—油封；2—密封圈；3—内齿轮；4—密封环；5—驱动轴及后盖；6—主动齿轮；7—齿轮泵前盖

（2）齿轮泵的检验

检查齿轮泵主动齿轮、内齿轮、泵壳端面有无肉眼可见的磨损痕迹，如有，应更换新件；如图6-23所示，用塞尺分别测量齿轮泵外圆与齿轮泵壳体的间隙、主动齿轮及内齿轮的齿顶与月牙板的间隙、主动齿轮及内齿轮的端面与泵壳平面的端隙。将测量结果和标准值

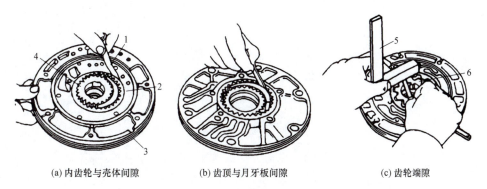

(a) 内齿轮与壳体间隙　　(b) 齿顶与月牙板间隙　　(c) 齿轮端隙

图6-23　齿轮泵间隙检测

1—塞尺；2—内齿轮；3—壳体；4,6—主动齿轮；5—角尺

比较，如不符合标准，应更换齿轮、泵壳或齿轮泵总成。

(3) 齿轮泵的组装

用干净的煤油清洗齿轮泵的所有零件，并用压缩空气吹干，再在清洁的零件上涂少许自动变速器油（ATF），然后按照下列步骤组装：

① 更换所有的 O 形密封圈、油封和密封环，并在新的密封件上涂 ATF 油；

② 按分解时相反的顺序组装齿轮泵各零件；

③ 按照对称交叉的顺序，依次拧紧齿轮泵盖紧固螺栓，拧紧力矩为 $10\text{N}\cdot\text{m}$；

④ 检查齿轮泵运转性能，将组装后的油泵插入液力变矩器中，转动齿轮泵，应平顺无异常。

习题与思考题

6-1 观察一例汽车液压系统的结构与组成，试分析其工作过程和工作原理。

6-2 用所学过的液压元件组成一个能完成"快进→一工进→二工进→快退"动作循环的液压系统，并画出电磁铁动作表，指出该系统的特点。

教学情境七
气源装置与气动元件

 教学目标

知识目标:
- √ 理解气压传动的基本原理。
- √ 掌握气压传动系统的组成及工作特点。
- √ 掌握气源装置的作用和工作原理。
- √ 掌握气动控制元件、执行元件及辅助元件的结构和工作原理。
- √ 掌握气动控制元件、执行元件及辅助元件的作用和使用位置。

技能目标:
- √ 了解气压传动在现代机械装备上的应用。
- √ 熟知空压机铭牌类型的选用方法。
- √ 具有一定的动手能力,能够对气动元件进行拆装和故障诊断。

素质目标:
- √ 培养认真细致的工作精神,弘扬精益求精的专业精神、职业精神、工匠精神和劳模精神。

气动是"气压传动与控制"的简称。气动技术是以空气压缩机(空压机)为动力源,以压缩空气为工作介质,进行能量传递或信号传递的工程技术,是实现各种生产控制、自动控制的重要手段之一。

『情境链接』

工业自动化生产线上的气动机械手

人们利用压缩空气完成各种工作的历史可以追溯到远古,但作为气动技术的应用,大约开始于 1776 年 John Wikinson 发明的能产生 1 个大气压左右的空气压缩机。20 世纪 30 年代初,气动技术成功地应用于自动门的开闭及各种机械的辅助动作上。进入到 20 世纪 60 年代尤其是 70 年代初,随着工业机械化和自动化的发展,气动技术才广泛应用在生产自动化的各个领域,形成了现代气动技术。

气动自动化控制技术是利用压缩空气作为传递动力或信号的工作介质,通过各类气动元件,与机械、液压、电气、PLC 和微机等综合构成气动系统,使气动执行元件自动按设定的程序运行。图 7-1 所示为工业自动化生产线上的气动机械手。用气动自动化控制技术实现生产过程自动化,是现代工业自动化的一种重要技术手段。

图 7-1　工业自动化生产线上的气动机械手

7.1　气压传动的工作原理与系统组成

气压传动是利用空气压缩机将原动机输出的机械能转变为气体的气压能，然后在控制元件和辅助元件的配合下，通过执行元件将气压能再转变为机械能。气压传动中的工作介质是气体。

典型的气压传动系统的组成如图 7-2 所示。气压传动系统一般由以下四部分组成：

① 气压发生装置　它将原动机输出的机械能转变为空气的压力能。其主要设备是空气压缩机。

② 控制元件　用来控制压缩空气的压力、流量和流动方向，以保证执行元件具有一定的输出力和速度并按设计的程序正常工作。如压力控制阀、流量控制阀、方向控制阀和逻辑元件等。

③ 执行元件　将空气的压力能转变为机械能的能量转换装置。如气缸和气马达。

④ 辅助元件　用于辅助保证气动系统正常工作的装置。如过滤器、干燥器、空气过滤器、消声器和油雾器等。

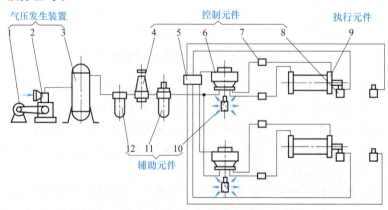

图 7-2　气压传动系统的组成示意图

1—电动机；2—空气压缩机；3—储气罐；4—压力控制阀；5—逻辑元件；6—方向控制阀；
7—流量控制阀；8—机控阀；9—气缸；10—消声器；11—油雾器；12—空气过滤器

气压传动的优点：
① 以空气为工作介质，取之不尽，又不污染环境。
② 空气流动损失小，可以集中供气，远距离输送。
③ 空气具有可压缩性，气动系统能够实现过载自动保护。
④ 气动系统反应快、维护简单、管路不易堵塞，不存在介质变质和更换等问题。
⑤ 气动装置结构简单，压力等级低，使用安全，可安全可靠地应用于易燃易爆场所。

气压传动的缺点：
① 由于空气有可压缩性，气缸的动作速度易受负载变化影响。
② 气动系统有较大的排气噪声，工作压力一般较低（一般为 0.4~0.8MPa）。

7.2 气源装置

7.2.1 气源装置的组成

气动系统对压缩空气品质有较高的要求，需要设置气源装置。气源装置的组成和布置如图 7-3 所示。

空气压缩机产生一定压力和流量的压缩空气，其吸气口装有空气过滤器。冷却器用以将压缩空气的温度从 140~170℃ 降至 40~50℃，使高温汽化的油分、水分凝结出来。除油器使降温冷凝出的油滴、水滴等从压缩空气中分离出来，从排污口排出。储气罐用来储存压缩空气并稳定气压，同时还可以除去压缩空气中的部分水分和油分。干燥器进一步吸收、排除压缩空气中的水分、油分等，使之变成干燥空气。过滤器进一步过滤压缩空气中的灰尘颗粒杂质。

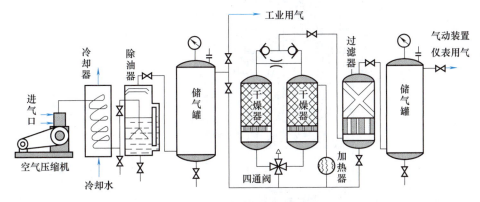

图 7-3 气源装置的组成和布置图

7.2.2 空气净化装置

在气压传动中使用的低压空气压缩机多采用油润滑，由于它排出的压缩空气温度一般在 140~170℃，使空气中水分和部分润滑油变成气态，再与吸入的灰尘混合，便形成了水气、油气和灰尘等的混合气体。如果将含有这些杂质的压缩空气直接输送给气动设备使用，就会给整个系统带来不良影响。因此，在气压传动系统中，设置除水、除油、除尘和干燥等气源净化装置对保证气动系统正常工作是十分必要的。在某些特殊场合，压缩空气还需经过多次净化后方能使用。常用净化装置有冷却器、储气罐、空气过滤器、空气干燥器、除油器和分水排水器。

① 冷却器　其作用是将空气压缩机排出的气体由140～170℃降至40～50℃，使压缩空气中的油雾和水气迅速达到饱和，大部分析出并凝结成油滴和水滴，以便经油水分离器排出。冷却器按冷却方式不同有水冷式和风冷式两种。为提高降温效果，安装时要特别注意冷却水和压缩空气的流动方向。另外，冷却器属于主管道净化装置，应符合压力容器安全规则的有关规定。

② 储气罐　储气罐的作用是储存空气压缩机排出的压缩空气，减小压力波动；调节压缩机的输出气量与用户耗气量之间的不平衡状况，保证连续、稳定的流量输出；进一步沉淀、分离压缩空气中的水分、油分和其他杂质颗粒。储气罐一般采用焊接结构，其形式有立式和卧式两种，立式结构应用较为普遍。使用时，储气罐应附有安全阀、压力表和排污阀等附件。此外，储气罐还必须符合锅炉及压力容器安全规则的有关规定，如使用前应按标准进行水压试验等。

③ 空气过滤器　空气过滤器的作用是滤除压缩空气中所含的液态水滴、油滴、固体粉尘颗粒及其他杂质。空气过滤器一般由壳体和滤芯组成，按滤芯采用的材料不同可分为纸质、织物、陶瓷、泡沫塑料和金属等形式。常用的是纸质式和金属式。

图7-4所示为空气过滤器结构原理与职能符号。空气进入过滤器后，由于旋风叶片1的导向作用而产生强烈的旋转，混在气流中的大颗粒杂质（水滴、油滴）和粉尘颗粒在离心力作用下被分离出来，沉在杯底，空气在通过滤芯2的过程中得到进一步净化。挡水板4可防止气流的漩涡卷起存水杯中的积水。

使用空气过滤器时要注意定期清洗和更换滤芯，否则将增加过滤阻力，降低过滤效果，甚至堵塞。

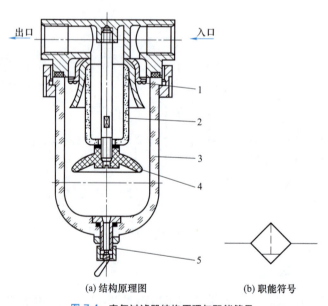

(a) 结构原理图　　(b) 职能符号

图7-4　空气过滤器结构原理与职能符号

1—旋风叶片；2—滤芯；3—存水杯；4—挡水板；5—排水阀

④ 空气干燥器　空气干燥器的作用是降低空气的湿度，为系统提供所需要的干燥压缩空气。它有冷冻式、无热再生式和加热再生式等形式。如果使用的是有油压缩机，则要在空

气干燥器入口处安装除油器，使进入空气干燥器的压缩空气中的油雾重量与空气重量之比达到规定要求。

⑤ 除油器和分水排水器　其作用是滤除压缩空气中的油分和水分，并及时排出。

7.3　气动控制元件

气动控制元件的作用是调节压缩空气的压力、流量、方向以及发送信号，以保证气动执行元件按规定的程序正常动作。按功能可分为压力控制阀、流量控制阀、方向控制阀以及能实现一定逻辑功能的逻辑元件。

7.3.1　压力控制阀

压力控制阀的作用是控制压缩空气压力和依靠空气压力来控制执行元件顺序动作。压力控制阀是利用压缩空气作用在阀芯上的力和弹簧力相平衡的原理来进行工作的，主要有减压阀、溢流阀和顺序阀。

7.3.1.1　减压阀

减压阀的作用是将出口压力调节在比进口压力低的调定值上，并能使输出压力保持稳定（又称调压阀）。减压阀分为直动式和先导式两种。

图 7-5（a）所示为常用的 QTY 型减压阀（直动式）结构原理图。当顺时针方向调整手轮 1 时，调压弹簧 2 和 3 推动膜片 5 和进气阀芯 9 向下移动，使阀口开启，气流通过阀口后压力降低。与此同时，有一部分气流由阻尼管孔 7 进入膜片室，在膜片下面产生一个向上的推力与弹簧力平衡，减压阀便有了稳定的输出压力。当输入压力升高时，输出压力也随之升高，使膜片下面的压力也升高，将膜片向上推，阀芯便在复位弹簧 10 的作用下向上移动，

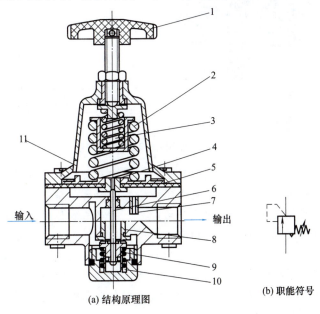

图 7-5　QTY 型直动式减压阀

1—手轮；2,3—调压弹簧；4—溢流口；5—膜片；6—阀杆；
7—阻尼管孔；8—阀座；9—进气阀芯；10—复位弹簧；11—排气口

从而使阀口开度减小，节流作用增强，使输出压力降低到调定值为止。反之，若因输入压力下降，引起输出压力下降，通过自动调节，最终也能使输出压力回升到调定压力，以维持压力稳定。调节手轮 1 即可改变调定压力的大小。图 7-5（b）所示为直动式减压阀的职能符号。

减压阀同油雾器和空气过滤器一起被称为"气动三联件"，在气动系统中有重要的作用。

『情境链接』

<h3 style="text-align:center">气动三联件</h3>

空气过滤器、减压阀和油雾器组合在一起构成的气源调节装置，通常被称为气动三联件，是气动系统中常用的气源处理装置。

气动三联件的安装次序依进气方向为空气过滤器、减压阀和油雾器，这是因为减压阀内部有阻尼小孔和喷嘴，这些小孔容易被杂质堵塞而造成减压阀失灵，所以进入减压阀的气体先要通过空气过滤器进行过滤。而油雾器中产生的油雾为避免受到阻碍或被过滤，则应安装在减压阀的后面。在采用无油润滑的回路中则不需要油雾器。

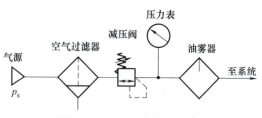

图 7-6 气动三联件的安装次序

气动系统中气动三联件的安装次序如图 7-6 所示。

三联件安装在用气设备的附近。目前，新结构的三联件插装在同一支架上，形成无管化连接，其结构紧凑，装拆及更换元件方便，应用较为普通，图 7-7 所示为气动三联件的实物与职能符号。

图 7-7 气动三联件的实物与职能符号

空气过滤器的作用是滤除压缩空气中的水分、油滴及杂质，以达到气动系统要求的净化程度。油雾器是一种特殊的注油装置，它以压缩空气为动力，将润滑油喷射成雾状并混合于压缩空气中，使压缩空气具有润滑气动元件的能力。气动三联件中所用的减压阀，起减压和稳压作用，工作原理与液压系统减压阀相同。

7.3.1.2 溢流阀

溢流阀的作用是当系统压力超过调定值时，便自动排气，使系统的压力下降，以保证系统安全，故也称其为安全阀。按控制方式分，溢流阀有直动型和先导型两种。

（1）直动型溢流阀

如图 7-8 所示，将阀 P 口与系统相连接，O 口通大气，当系统中空气压力升高，一旦大于溢流阀调定压力，气体推开阀芯，经阀口从 O 口排至大气，使系统压力稳定在调定值，保证系统安全。当系统压力低于调定值时，在弹簧的作用下阀口关闭。开启压力的大小与调整弹簧的预压缩量有关。

（2）先导型溢流阀

如图 7-9 所示，溢流阀的先导阀为减压阀，由它减压后的空气从上部 K 口进入阀内，以代替直动型的弹簧控制溢流阀。先导型溢流阀适用于管道通径较大及远距离控制的场合。

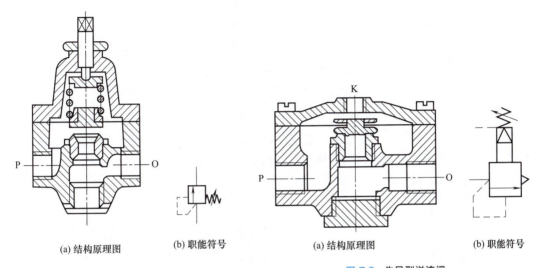

图 7-8　直动型溢流阀　　　　　　　　图 7-9　先导型溢流阀

选用溢流阀时，其最高工作压力应略高于所需控制压力。

（3）溢流阀的应用

图 7-10 所示是溢流阀在回路中的应用。气缸行程长，运动速度快，如单靠减压阀的溢流孔排气，难以保持气缸的右腔压力恒定。为此，在回路中装有溢流阀，并使减压阀的调定压力低于溢流阀的设定压力，缸的右腔在行程中由减压阀供给减压后的压力空气，左腔经换向阀排气。由溢流阀配合减压阀控制缸内压力并保持恒定。

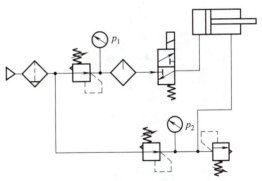

图 7-10　溢流阀应用回路

7.3.1.3　顺序阀

顺序阀的作用是依靠气路中压力的大小来控制执行机构按顺序动作。顺序阀常与单向阀并联结合成一体，称为单向顺序阀。

图 7-11 为单向顺序阀的工作原理图。当压缩空气由 P 口进入腔 4 后，作用在活塞 3 上的力小于弹簧 2 上的力时，阀处于关闭状态。而当作用于活塞上的力大于弹簧力时，活塞被顶起，压缩空气经腔 4 流入腔 5 由 A 口流出，然后进入其他控制元件或执行元件，此时单向阀关闭。当切换气源时［图 7-11（b）所示］，腔 4 压力迅速下降，顺序阀关闭，此时腔 5 压力高于腔 4 压力，在气体压力差作用下，打开单向阀，压缩空气由腔 5 经单向阀 6 流入腔 4 向外排出。

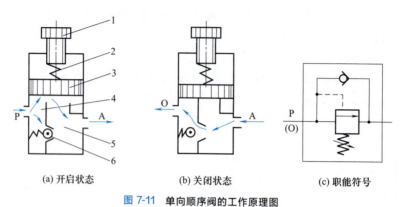

(a) 开启状态　　(b) 关闭状态　　(c) 职能符号

图 7-11　单向顺序阀的工作原理图

1—调压手柄；2—调压弹簧；3—活塞；4—阀左腔；5—阀右腔；6—单向阀

图 7-12 为单向顺序阀的结构图。图 7-13 所示为用顺序阀控制两个气缸顺序动作的原理图。压缩空气先进入气缸 1，待建立一定压力后，打开顺序阀 4，压缩空气才进入气缸 2 使其作用。切断电源，气缸 2 返回的气体经单向阀 3 和排气孔 O 排空。

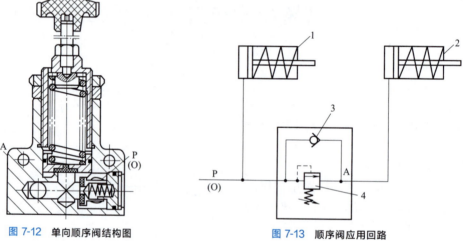

图 7-12　单向顺序阀结构图

图 7-13　顺序阀应用回路

1,2—气缸；3—单向阀；4—顺序阀

7.3.2　流量控制阀

流量控制阀主要有节流阀、单向节流阀和排气节流阀等。

（1）节流阀

节流阀的作用是通过改变阀的通流面积来调节流量。

图 7-14 为节流阀结构图。气体由输入口 P 进入阀内，经阀座与阀芯间的节流通道从输出口 A 流出，通过调节螺杆使阀芯上下移动，改变节流口通流面积，实现流量的调节。

（2）单向节流阀

单向节流阀是由单向阀和节流阀并联组

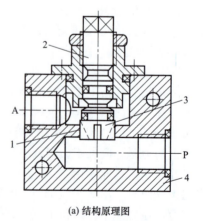

(a) 结构原理图　　(b) 职能符号

图 7-14　节流阀结构图

1—阀座；2—调节螺杆；3—阀芯；4—阀体

合而成的组合式控制阀。图 7-15（a）为单向节流阀的结构原理图，当气流由 P 至 A 正向流动时，单向阀在弹簧和气压作用下关闭，气流经节流阀节流后流出；而当气流由 A 至 P 反向流动时，单向阀打开，不节流。

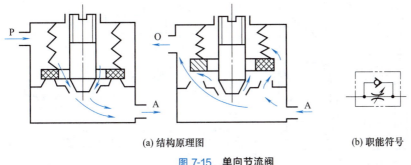

(a) 结构原理图　　　　　(b) 职能符号

图 7-15　单向节流阀

（3）带消声器的节流阀

带消声器的节流阀是安装在元件的排气口处，用来控制执行元件排入大气中气体的流量并降低排气噪声的一种控制阀。图 7-16 所示为带消声器的节流阀，图 7-17 所示为其应用实例。

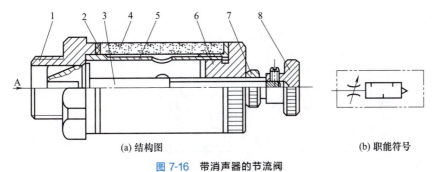

(a) 结构图　　　　　(b) 职能符号

图 7-16　带消声器的节流阀

1—阀座；2—垫圈；3—阀芯；4—消音套；5—阀套；
6—锁紧法兰；7—锁紧螺母；8—旋钮

7.3.3　方向控制阀

方向控制阀主要有单向型和换向型两种，其阀芯结构主要有截止式和滑阀式。

7.3.3.1　单向型控制阀

单向型控制阀中包括单向阀、或门型梭阀、与门型梭阀和快速排气阀。其中单向阀与液压单向阀类似，这里不再重复介绍。

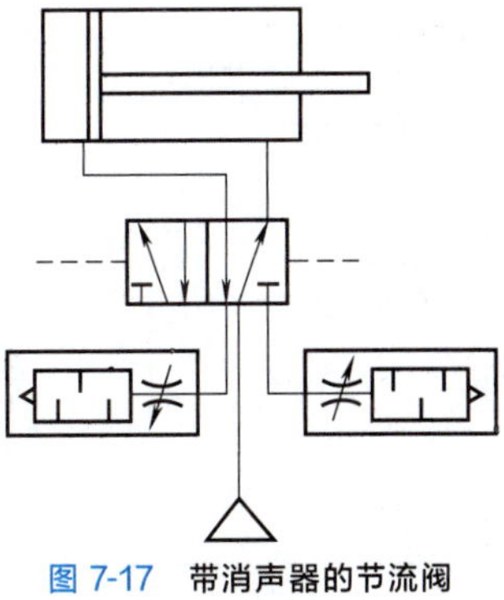

（1）或门型梭阀

或门型梭阀相当于两个单向阀的组合。图 7-18 为或门型梭阀结构图，它有两个输入口 P_1、P_2，一个输出口 A，阀芯在两个方向上起单向阀的作用。当 P_1 口进气时，阀芯将 P_2 切断，P_1 口与 A 口相通，A 口有输出。当 P_2 口进气时，阀芯将 P_1 口切断，P_2 口与 A 口相通，A 口也有输出。如 P_1 口和 P_2 口都有进气时，活塞移向低压侧，使高压侧进气口与 A 口相通。如两侧压力相等，

图 7-17　带消声器的节流阀应用回路

则先加入压力一侧与 A 口相通,后加入一侧关闭。图 7-19 所示为或门型梭阀应用实例。该回路应用或门型梭阀实现了手动和电动操作方式的转换。

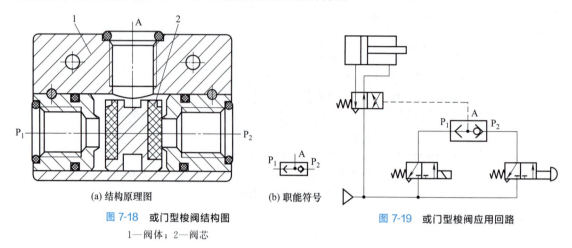

图 7-18　或门型梭阀结构图
1—阀体；2—阀芯

图 7-19　或门型梭阀应用回路

（2）与门型梭阀（双压阀）

与门型梭阀又称双压阀,它也相当于两个单向阀的组合。图 7-20（a）为与门型梭阀结构图。

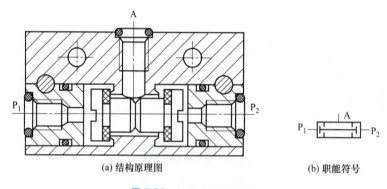

图 7-20　与门型梭阀结构图

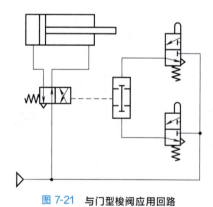

图 7-21　与门型梭阀应用回路

它有 P_1 和 P_2 两个输入口和一个输出口 A,只有当 P_1、P_2 口同时输入时,A 口才能输出,否则,A 口无输出,而当 P_1 和 P_2 口压力不等时,则关闭高压侧,低压侧与 A 口相通。图 7-21 是与门型梭阀应用实例。

（3）快速排气阀

快速排气阀的作用是使气动元件或装置快速排气。图 7-22（a）所示为膜片式快速排气阀结构图。当 P 口进气时,膜片被压下封住排气口,气流经膜片四周小孔、A 口流出。当气流反向流动时,A 口气压将膜片顶起封住 P 口,A 口气体经 O 口迅速排掉。

图 7-23 所示是快速排气阀应用实例。当按下手动定位换向阀 1 时,气体经节流阀 2、快速排气阀 3 进入单作用缸 4,使缸 4 缓慢前进。当手动定位换向阀恢复原位时,气源切断。这时,气缸中的气体经快速排气阀 3 快速排空,使气缸在弹簧作用下迅速复位,节省了气缸回程时间。

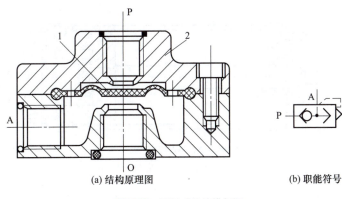

(a) 结构原理图　　　　(b) 职能符号

图 7-22　膜片式快速排气阀

1—膜片；2—阀体

7.3.3.2　换向型控制阀

换向型控制阀用来改变压缩空气的流动方向，从而改变执行元件的运动方向。根据其控制方式分为气压控制阀、电磁控制阀、机械控制阀、手动控制阀和时间控制阀。

换向型控制阀的结构与工作原理与液压阀中相对应的方向控制阀基本相似，切换位置和接口数也分几位几通，职能符号也基本相同，受篇幅所限，这里从略。

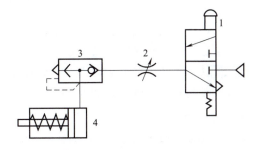

图 7-23　快速排气阀应用回路

1—手动定位换向阀；2—节流阀；3—快速排气阀；4—单作用缸

7.4　执行元件

气动系统常用的执行元件为气缸和气马达。气缸用于实现直线往复运动或摆动运动，输出力和直线位移。气马达用于实现连续回转运动，输出力矩和角位移。

7.4.1　气缸

气缸是输出往复直线运动或摆动运动的执行元件，在气动系统中应用广，品种多。常用以下方法分类：按作用方式分为单作用式和双作用式；按结构形式可分为活塞式、柱塞式、叶片式、薄膜式；按功能分为普通气缸和特殊气缸（如冲击式、回转式和气-液阻尼式）。

(1) 双作用气缸

双作用气缸主要由缸筒、活塞、活塞杆、前后端盖及密封件等组成。

以图 7-24 所示双作用气缸为例介绍。所谓双作用，是指活塞的往复运动均由压缩空气来推动。在单伸出活塞杆的动力缸中，因活塞右边面积比较大，当空气压力作用在右边时，提供一慢速的、作用力大的工作行程；返回行程时，由于活塞左边的面积较小，所以速度较快而作用力变小。此类气缸的使用最为广泛，一般应用于包装机械、食品机械、加工机械等。

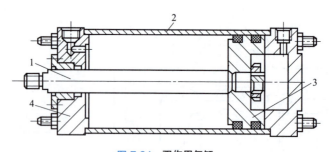

图 7-24 双作用气缸

1—活塞缸；2—缸筒；3—活塞；4—缸盖

> 『知识链接』
>
> 气缸的作用
>
> ① 根据工作任务对机构运动要求，选择气缸的结构形式及安装方式。
> ② 根据工作机构所需力的大小来确定活塞杆的推力和拉力。
> ③ 根据工作机构任务的要求，确定行程。一般不使用满行程。
> ④ 推荐气缸工作速度为 0.5～1m/s 左右，并按此原则选择管路及控制元件。

（2）单作用气缸

图 7-25 所示为单作用气缸。所谓单作用气缸，是指压缩空气仅在气缸的一端进气并推动活塞（或柱塞）运动，而活塞或柱塞的返回是借助于其他外力，如弹簧力、重力等。单作用气缸多用于短行程及对活塞杆推力、运动速度要求不高的场合。

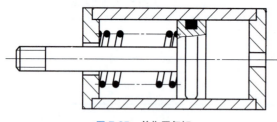

图 7-25 单作用气缸

（3）薄膜式气缸

图 7-26 所示为薄膜式气缸。薄膜式气缸是一种利用压缩空气通过膜片的变形来推动活塞杆做直线运动的气缸。它由缸体、膜片、膜盘和活塞杆等主要零件组成。薄膜式气缸的膜片可以做成盘形膜片和平膜片两种形式。膜片材料为夹织物橡胶、钢片或磷青铜片，常用厚度为 5～6mm 的夹织物橡胶，金属膜片只用于行程较小的薄膜式气缸中。

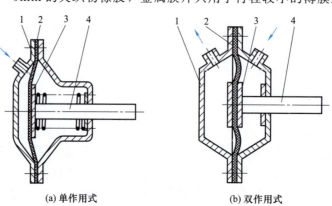

(a) 单作用式　　(b) 双作用式

图 7-26 薄膜式气缸

1—缸体；2—膜片；3—膜盘；4—活塞杆

7.4.2 气动马达

气动马达是输出旋转运动机械能的执行元件。它有多种类型，按工作原理可分为容积式和涡轮式两种，其中容积式较常用。按结构不同可分为齿轮式、叶片式、活塞式、螺杆式和膜片式。

图 7-27 所示为叶片式气动马达的工作原理。压缩空气由 A 孔输入，小部分经定子两端密封盖的槽进入叶片 1 底部（图中未表示），将叶片推出，使叶片紧贴在定子内壁上；大部分压缩空气进入相应的密封空间而作用在两个叶片上，由于两叶片长度不等，就产生了转矩差，使叶片和转子按逆时针方向旋转。做功后的气体由定子上 C 孔和 B 孔排出，若改变压缩空气的输入方向（即压缩空气由 B 孔进入，由 A 孔和 C 孔排出），则可改变转子的转向。

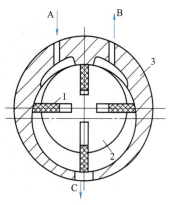

图 7-27　叶片式气动马达的工作原理
1—叶片；2—转子；3—定子

7.5　气动辅助元件

气动辅助元件的功能是转换信号、传递信号、保护元件、连接元件以及改善系统的工况等。它的种类很多，主要有油雾器、消声器、转换器、传感器、放大器、缓冲器、真空发生器和吸盘以及气路管件等。

7.5.1　油雾器

其作用是将润滑油雾化后喷入压缩空气管道的空气流中，随空气进入系统中润滑相对运动的零件的表面。它有油雾型和微雾型两种。图 7-28（a）为油雾型固定节流式油雾器结构原理图。喷嘴杆上的孔 2 面对气流，孔 3 背对气流。有气流输入时，截止阀 10 上下有压力差，被打开。油杯中的润滑油经吸油管 11、视油帽 8 上的节流阀 7 滴到喷嘴杆中，被气流从孔 3 引射出去，成为油雾从输出口输出。图 7-28（b）所示为油雾型的职能符号。

在气源压力大于 0.1MPa 时，该油雾器允许在不关闭气路的情况下加油，供油量随气流大小而变化。贮油杯和视油帽采用透明材料制成，以便于观察。油雾器要有良好的密封性、耐压性和滴油量调节性能。使用时，应参照有关标准合理调节起雾流量等参数，以达到最佳润滑效果。

7.5.2　消声器

高压气体如果直接排入大气，体积会急剧膨胀，产生刺耳的噪声。排气的速度和功率越大，噪声也越大，一般可达 100～129dB。这种噪声使工作环境恶化，危害人体健康。一般来说，噪声高至 85dB 以上都要设法降低，为此可在排气口安装消声器来降低排气噪声。

『情境链接』

阿文美驰与宝马公司共同研发的 X5 系列消声系统

汽车的废气离开引擎时压力很大，如果让它直接排出去将会产生令人难以忍受的噪声，

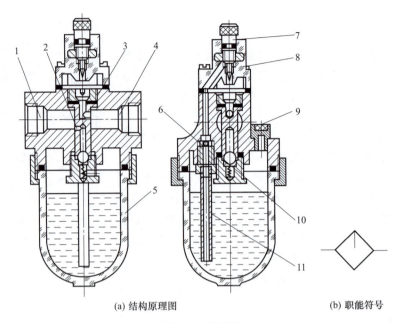

(a) 结构原理图　　　　　　(b) 职能符号

图 7-28　油雾器

1—气流入口；2,3—小孔；4—出口；5—贮油杯；6—单向阀；
7—节流阀；8—视油帽；9—旋塞；10—截止阀；11—吸油管

因此需要安装消声器。图 7-29 是汽车消声器的剖面及工作原理图。

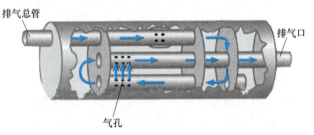

图 7-29　汽车消声器的剖面及工作原理图

汽车消声器里面排列着许多金属管道、隔音盘。当废气从排气总管进入消声器，经过多通道使气流分流，气流相互冲击，使气流流速减缓，压力降低。经过多次这样的过程，废气通过排气管缓慢流出，达到消声的目的。

X5 系列轿车排气系统的整体方案是由宝马公司与阿文美驰公司共同设计的。由于使用了贴近发动机配置的 V8 发动机排气歧管、三元催化器和带有空气隔离的进气歧管等，有害物质排放显著较少，背压明显降低。其紧凑的和模块式的结构设计也降低了零部件的生产成本。同样，阿文美驰公司也为 X5 轿车 V8 发动机生产最后一级消声器（图 7-30）。所有的单通道和双通道配置方案以及排气系统的内部构件都可以在一套生产设备上实现。

汽车噪声主要来自汽车排气噪声，若不加消声器，在一定速度下，噪声可达 100dB 以上。在排气系统中加上消声器，可使汽车排气噪声降低至 20～30dB。

汽车消声器按消声原理与结构可分为以下三类：

① 阻性消声器　阻性消声器是在排气通过管道的周围填充吸声材料，以吸收声波能量达到消声目的。对中、高频消声效果好，通常是与抗性消声器组合起来使用。

② 抗性消声器　抗性消声器是在其内部通过管道、隔板等部件组成扩张室、共振室等

图 7-30 宝马 X5 系列轿车排气系统及消声器

各种消声单元，声波在传播时发生反射和干涉，降低声能量以达到消声目的。抗性消声器消声频带有限，通常对低、中频消声效果好，对高频消声效果差，货车多采用抗性消声器。

③ 阻抗复合型消声器　阻抗复合型消声器是用抗性消声单元和吸声材料组合构成的消声器，它具有抗性、阻性消声器的共同特点，对低、中、高频噪声都有很好的消声效果。

『情境链接』

常用气动辅件的功用（表 7-1）

表 7-1　常用气动辅件的功用

类型		功　用
转换器	气-液转换器	将压缩空气的压力能转换为油液的压力能,但压力值不变
	气-液增压器	将压缩空气的能量转换为油液的能量,但压力值增大,是将低压气体转换成高压油输出至负载液压缸或其他装置以获得更大驱动力的装置
	压力继电器	在气动系统中气压超过或低于给定压力(或压差)时发出电信号。另外,气-电转换器也是将气压信号转换为电信号的元件,其结构与压力继电器相似。不同的压力不可调,只显示压力的有无,且结构较简单
传感器和放大器		气动位置传感器:将位置信号转换成气压信号(气测式)或电信号(电测式)进行检测。气动放大器:气测式传感器输出的信号一般较小,在实际使用时,一般与气动放大器配合,以放大信号(压力或流量)
缓冲器		当物体运动时,由于惯性作用,在行程末端产生冲击。设置缓冲器可减小冲击,保证系统平稳安全地工作
真空发生器和真空吸盘		真空发生器是利用压缩空气的高速运动,形成负压而产生真空的。真空吸盘正是利用其内部的负压将管子吸住。它普遍用于薄板、易碎物体等的搬运

 习题与思考题

7-1　简述气源装置的组成及各元件主要作用。

7-2　气压辅助装置常用的有哪些？各有何作用？

7-3　简述直动式和先导式减压阀的工作原理。

7-4　气动三联件中的三个元件分别起什么作用？安装顺序如何？

7-5　梭阀的作用是什么？一般用于什么场合？

教学情境八
气动基本回路

 教学目标

知识目标:
- ✓ 掌握气动基本回路的组成、工作原理和应用。
- ✓ 掌握分析气动基本回路的步骤。

技能目标:
- ✓ 能分析气动基本回路图。
- ✓ 能选用气动元件并检查气动元件的性能。
- ✓ 能搭建、调试和维护气动回路。

素质目标:
- ✓ 弘扬爱国主义精神,培养学生树立正确的价值取向。
- ✓ 弘扬工匠精神,树立高尚的职业道德,培养一丝不苟的工作态度。

气动基本回路主要包括换向控制回路、压力控制回路、速度控制回路、位置控制回路和基本逻辑回路。气动基本回路的功用与相应的液压基本回路基本相同,这里不再重复表述。

8.1 压力控制回路

 压力控制包含两方面的内容:一是控制气源压力,避免出现过高压力致使配管或元件损坏,以确保气动系统的安全;二是控制工作压力,给气动元件提供必要的工作条件,维持气动元件的性能和气动回路的功能,控制气缸所要求的输出力及运动速度。

(1)气源压力延时输出回路(见图8-1)

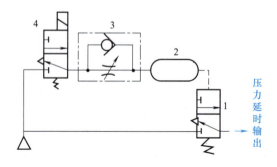

图8-1 气源压力延时输出回路

回路描述	特点及应用
电磁阀4通电时,阀4切换至上位,压缩空气经单向节流阀3向气容2充气。当气容的充气压力经延时升高至使阀1换向时,阀1才有压缩空气输出	该回路为气源压力经过延时后才能输出

(2) 高低压转换回路（见图8-2）

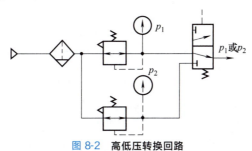

图8-2　高低压转换回路

回路描述	特点及应用
气源输出某一压力值,经过两个减压阀分别调制到要求的压力,当一个执行器在工作循环中需要高、低两种不同压力时,可通过二位二通换向阀进行切换	利用两个减压阀和一个二位二通换向阀构成的高、低压力 p_1 和 p_2 的切换回路,可输出高压和低压

8.2 气动换向回路

气动换向回路（方向控制回路）的功用是利用各种方向控制阀,通过改变压缩气体流动方向,以实现对气动执行元件进行换向控制,改变气动执行元件（气缸、气马达、摆动气马达）的运动方向。

(1) 气控阀控制单作用气缸上升的换向回路（见图8-3）

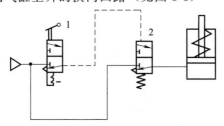

图8-3　气控阀控制单作用气缸上升的换向回路

回路描述	特点及应用
气控阀的先导压力由手动阀1来提供。按下阀1,气控阀2换至上位,压缩空气驱动气缸上升	缸径较大时,手动阀的流通能力小,不能使气缸达到需要的速度,此时可用通径较大的气控阀来驱动气缸

(2) 延时退回回路（见图8-4）

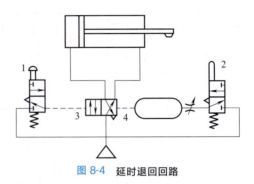

图 8-4 延时退回回路

回路描述	特点及应用
按下按钮 1，气源压缩气体经换向阀 3 左位向气缸左腔进气，使气缸活塞伸出。当气缸在伸出行程中压下阀 2 后，压缩空气又经节流阀进入气容 4，经延时后才使阀 3 换向，气缸活塞退回	气容起到延时的功能，经延时后气缸活塞退回

8.3 调速回路

气动调速回路（速度控制回路）是通过控制流量的方法来调节执行元件运动速度的回路。气动执行元件运动速度的调节和控制大多采用节流调速原理。对于节流调速回路，可采用进口节流、出口节流、双向节流等调速方法。气动节流调速回路组成和工作原理与液压节流调速回路基本相同。

（1）单作用气缸双向调速回路（见图 8-5）

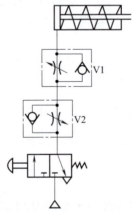

图 8-5 单作用气缸双向调速回路

回路描述	特点及应用
如果单作用气缸前进及后退速度都需要控制，则可以同时采用两个单向节流阀控制，活塞前进时由节流阀 V1 控制速度，活塞后退时由节流阀 V2 控制速度	该回路液压缸活塞杆速度双向可调。两个反向安装的单向节流阀，分别实现进气节流和排气节流来控制活塞杆的伸出和返回速度

（2）缓冲回路（见图 8-6）

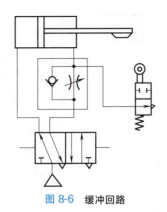

图 8-6　缓冲回路

回路描述	特点及应用
活塞杆右移伸出，撞块切换二通阀后开始缓冲	根据负荷大小及运动速度要求来改变二通阀的安装位置，就能达到良好的缓冲效果

8.4　往复动作回路

（1）压力控制的往复动作回路（见图 8-7）

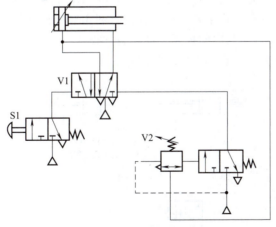

图 8-7　压力控制的往复动作回路

回路描述	特点及应用
按下按钮 S1，主控阀 V1 换向至左位，活塞前进。当活塞腔气压达到顺序阀 V2 的调定压力时，V1 换向，气缸后退，完成一次循环	注意：活塞的后退取决于顺序阀 V2 的调定压力，如活塞在前进途中碰到负荷，也会产生后退动作。该回路不能保证活塞到达行程终点

（2）连续往复动作回路（见图8-8）

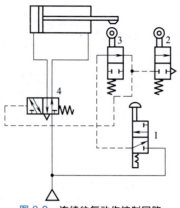

图 8-8　连续往复动作控制回路

回路描述	特点及应用
按下阀1的按钮后，阀4换向，活塞向前运动，这时由于阀3复位将气路封闭，使阀4不能复位，活塞继续前进。到行程终点时压下行程阀2，使阀4控制气路排气，在弹簧作用下阀4复位，气缸返回。压下阀3，阀4换向，气缸将继续重复上述循环动作	该回路可以使气缸实现连续自动往复运动

8.5　顺序动作与同步动作回路

气动系统中，各执行元件按一定程序完成各自的动作。多缸动作回路包括多缸顺序动作与同步动作回路。多缸顺序动作主要有压力控制（利用顺序阀及压力继电器等）、位置控制（利用行程阀及行程开关等）与时间控制三种控制方式。

（1）延时换向的单向顺序动作回路（见图8-9）

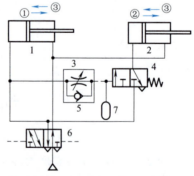

图 8-9　延时换向的单向顺序动作回路

回路描述	特点及应用
阀6切换至左位时，缸1左腔进气实现动作①。同时，气体经单向节流阀(3,5)进入延时换向阀4的控制腔及气容7中，阀4切换至左位，缸2左腔进气实现动作②。当阀6工作在右位时，两缸右腔同时进气而退回，即实际动作③	回路采用一个延时换向阀控制两气缸1和2顺序动作。 两气缸进给的间隔时间可通过节流阀3调节

(2) 气液缸同步动作回路（见图 8-10）

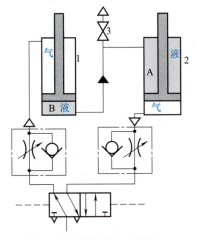

图 8-10　气液缸同步动作回路
1,2—液压缸；3—截止阀

回路描述	特点及应用
缸 1 无杆腔（B 腔）的有效面积和缸 2 的有杆腔（A 腔）面积必须相等。油液密封在回路之中，油路和气路串联驱动 1、2 两个缸，使二者运动速度相同	在设计和制造过程中，要保证活塞与缸体之间的密封，回路中的截止阀 3 与放气口相接，用以放掉混入油液中的空气

8.6　位置（角度）控制回路

气动系统在运行的过程中，有时需要气缸（气动马达）在运动过程中的某个中间位置停下来，这就要求气动系统具有位置（角度）控制功能。由于气体的可压缩性及气动系统不能保证长时间不漏气，所以利用电磁阀对气缸（气动马达）进行位置（角度）控制，难以得到高的定位精度。对于要求定位精度较高的场合，可使用机械辅助定位、多位气缸、锁紧气缸或气液转换单元等方法。

（1）单作用气缸中途停止的位置控制回路（见图 8-11）

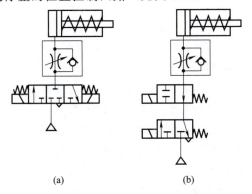

(a)　　　(b)

图 8-11　单作用气缸中途停止的位置控制回路

回路描述	特点及应用
图 8-11(a)采用中位全闭型三位阀,三位阀中位时,活塞停止运动。图 8-11(b)回路用二位三通阀和二位二通阀串联,来完成上述三位阀的功能	回路能使活塞在行程中途任意位置停止运动,并且随时启动。 因气体的可压缩性,这两种回路的定位精度都较低

（2）利用位置传感器的位置控制回路（见图 8-12）

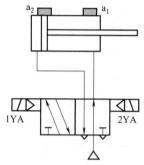

图 8-12　利用位置传感器的位置控制回路

回路描述	特点及应用
若改变气缸上两个位置传感器(磁性开关 a_1 和 a_2)的间距,则活塞杆的检测位置改变,实现位置控制	回路中的气缸是带磁性开关的气缸

『情境链接』

位置传感器

位置传感器是一种将位置信号转换为电信号的装置。电信号有便于传输、转换、处理、显示的特点。在气动技术中,遇到最多的是位置检测。常用的位置检测传感器（位置检测元件）及特点如下:

① 行程开关（电子限位开关）：靠外部机械（撞块、凸轮等）使开关的触点动作,发出电信号。

② 气动位置传感器：将位移的变化转变为压力的变化,再转变为电量的变化。

③ 磁性开关：磁性开关是流体传动系统中所特有的。磁性开关可以直接安装在气缸缸体上,当带有磁环的活塞移动到磁性开关所在位置时,磁性开关内的两个金属簧片在磁环磁场的作用下吸合,发出信号。当活塞移开,舌簧开关离开磁场,触点自动断开,信号切断。通过这种方式可以很方便地实现对气缸活塞位置的检测。

④ 光电开关：光电式传感器是通过把光强度的变化变换成电信号的变化来实现检测的。光电传感器在一般情况下由发射器、接收器和检测电路三部分构成。常用的光电式传感器又可分为漫射式、反射式、对射式等几种。

⑤ 接近开关：当工件接近开关时,根据开关的某种物理量（如电感、电容量、电频率、磁感应电势、超声波声学参数等）的变换来让开关动作。

8.7 安全保护回路

安全保护回路的功用是保证操作人员和机械设备的安全，在气动系统和气动自动化设备上应用得非常广泛。

（1）双手同时操作回路（见图 8-13）

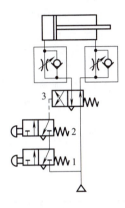

图 8-13　双手同时操作回路

回路描述	特点及应用
为使二位四通阀 3 换向，必须同时按下两个三通手动阀 1 和 2，这样活塞杆才能动作。 在操作时，如任何一只手离开，则控制信号消失，主控阀复位，活塞杆后退，以避免因误动作伤及操作者。该回路可通过单向节流阀实现双节流调速	注意两个手动阀须安装在单手不能同时操作的距离上

（2）互锁回路（见图 8-14）

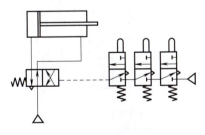

图 8-14　互锁回路

回路描述	特点及应用
二位四通阀的换向受三个串联的行程阀控制，只有当三个行程阀都接通后，主控阀才能换向，气缸才能动作	互锁回路可起到安全保护作用

（3）过载保护回路（见图 8-15）

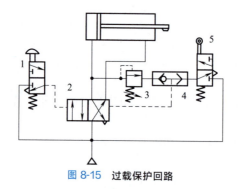

图 8-15 过载保护回路

回路描述	特点及应用
正常工作时，按下阀 1，阀 2 换至左位，气缸活塞右行，直到压下行程阀 5 时，阀 2 切换至右位，活塞退回。 如果气缸活塞右行途中偶遇故障，使气缸左腔压力升高超过预定值时，则顺序阀 3 开启，控制气体经梭阀 4 将阀 2 切换至右位，活塞杆退回，就可防止系统过载	活塞杆在伸出途中，遇到偶然故障或其他原因使气缸过载时，活塞能立即缩回，实现过载保护

8.8 气液联动回路

气液联动是以气压为动力，利用气液转换器把气压传动变为液压传动，或采用气液阻尼缸来获得更为平稳的和更为有效的控制运动速度的气压传动，或使用气液增压器来使传动力增大等。

由于空气有可压缩性，气缸的运动速度很难平稳，尤其在负载变化时，其速度波动更大。在有些场合，例如机械切削加工中的进给气缸，要求速度平稳以保证加工精度，普通气缸很难满足此要求。为此，可通过气液联合控制调节油路中的节流阀来控制气液缸的运动速度，实现平稳的进给运动。

（1）气液缸的速度控制回路（见图 8-16）

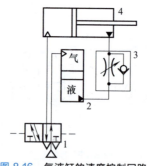

图 8-16 气液缸的速度控制回路

回路描述	特点及应用
换向阀 1 左位时，气液缸左腔进气，右腔液体经单向节流阀 3 排入气液转换器 2 的下腔。缸的活塞杆向右伸出，其运动速度由节流阀调节。 当阀 1 工作在右位时，气液转换器上腔进气，下腔液体经单向阀进入气液缸右腔，而气液缸左腔排气使活塞快速退回	回路速度控制是通过控制气液缸的回油流量实现的。采用气液转换器要注意其容积应满足气液缸的要求。同时，气液转换器应该是气腔在上置状态。必要时，也应该设置补油回路以补偿油液泄漏

（2）气液缸实现快进—慢进—快退的变速回路（见图 8-17）

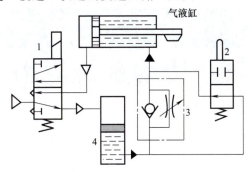

图 8-17　气液缸实现快进—慢进—快退的变速回路

回路描述	特点及应用
电磁阀 1 通电时，气液缸无杆腔进气，而有杆腔的油经行程阀 2 回至气液转换器 4，活塞杆快速前进。当活塞杆滑块压下行程阀 2 后，切断油路，有杆腔的油只能经单向节流阀 3 回油至气液转换器 4，实现慢进。调节节流阀可改变进给速度。当电磁阀 1 断电时，油液通过气液转换器经阀 3 的单向阀进入气液缸的有杆腔，推动活塞杆迅速返回	本变速回路常用于金属切削机床控制刀具进给和退回，行程阀 2 的位置可根据加工工件的长度进行调整

习题与思考题

8-1　气动基本回路有哪些？分析其原理和特点。

8-2　分析如图 8-18 所示气动回路的工作过程，并指出各气动元件的名称。

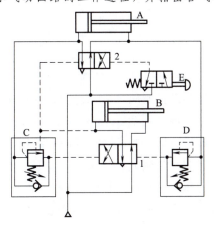

图 8-18　气动回路的工作过程示意图

教学情境九
汽车气压传动系统应用实例

 教学目标

知识目标:
√ 掌握典型的汽车气压传动系统的工作原理和应用特点。
√ 掌握汽车气压传动回路的分析方法。
技能目标:
√ 能分析汽车典型气动回路图。
√ 能选用汽车气动元件并检查气动元件的性能。
√ 能搭建、调试和维护汽车气动回路。
素质目标:
√ 树立高尚的职业道德,培养一丝不苟的工作态度,弘扬爱国主义和工匠精神。

9.1 东风 EQ1092 型汽车主车气压制动回路

如图 9-1 所示为东风 EQ1092 型汽车主车气压制动回路。空气压缩机 1 由发动机通过皮带驱动,将压缩空气经单向阀 2 压入储气筒 3,然后再分别经两个互相独立的前桥储气筒 5 和后桥储气筒 6 将压缩空气输送到制动控制阀 7。当踩下制动踏板时,压缩空气经控制阀同时进入前轮制动缸 10 和后轮制动缸 11(实际上为制动气室),使前后轮同时制动。松开制动踏板,前后轮制动室的压缩空气则经制动控制阀排入大气,解除制动。图 9-1 中 4 为调压阀,8 为压力表,9 为快速排气阀。

该车使用的是风冷单缸空气压缩机,缸盖上设有卸荷装置。压缩机与储气筒之间还装有调压阀和单向阀。当储气筒气压达到规定值后,调压阀就将进气阀打开,使空气压缩机卸荷,一旦调压阀失效,则由安全阀起过载保护作用。单向阀可防止压缩空气倒流。该车采用双腔膜片式并联制动控制阀(踏板式)。踩下踏板,使前后轮制动(后轮略早)。当前、后桥回路中有一个失效时,另一回路仍能正常工作,实现制动。在后桥制动回路中安装了膜片式快速放气阀,可使后桥制动迅速解

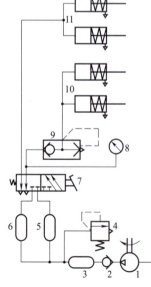

图 9-1 东风 EQ1092 型汽车主车气压制动回路

除。压力表指示后桥制动回路中的气压。该车采用膜片式制动室，利用压缩空气的膨胀力推动制动臂及制动凸轮使车轮制动。

9.2　公交车车门气动安全操纵系统

公交车车门气动安全操纵系统如图9-2所示，该系统能控制公交车车门的开与关，且当车门在关闭过程中遇到障碍时，能使车门再自动开启，起到安全保护作用。

气缸12中活塞的往复直线运动实现门的开、关，气缸用气控换向阀9来控制，而气控换向阀又由1、2、3、4四个按钮式换向阀操纵，气缸运动速度的快慢由单向节流阀10或11来调节。通过操纵阀1或3使车门开启，操纵阀2或4，使车门关闭，起安全保护作用的机动换向阀5安装在车门上。

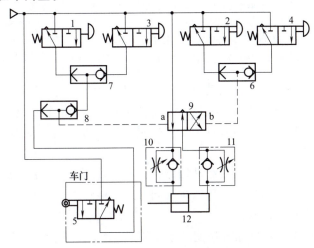

图 9-2　公交车车门气动安全操纵系统原理图
1～4—按钮式换向阀；5—机动换向阀；6～8—梭阀；
9—气控换向阀；10，11—单向节流阀；12—气缸

需开门时，操纵阀1或3，压缩空气便经阀1或3到梭阀7和8，把气压控制信号送到阀9的a侧，压缩空气便经阀9左位和阀10中的单向阀到气缸有杆腔，推动活塞而使车门开启。

需关门时，操纵阀2或4，压缩空气则经阀2或4到梭阀6，把气压控制信号送到阀9的b侧，压缩空气则经阀9右位和阀11中的单向阀到气缸的无杆腔，使车门关闭。

在关闭过程中若碰到障碍物，便推动机动阀5，使压缩空气经阀5把控制信号经阀8送到阀9的a端，使车门重新开启。但是，若阀2或阀4仍然保持按下状态，则阀5起不到自动开启车门的安全作用。

9.3　解放CA1091型汽车气压制动系统

图9-3为解放CA1091型汽车的双回路气压制动系统示意图。由发动机驱动空气压缩机压缩空气经单向阀首先输入湿储气罐中，进行冷却、油水分离，然后输入到前、后制动储气

罐中，对前后轮分别进行制动，这样保证在一个回路发生故障时，另一回路仍具有一定的制动力，从而提高汽车安全性。湿储气罐有压力开关，当罐内压力达到 $0.7\sim0.74\mathrm{MPa}$ 时，安全阀开启，空气压缩机卸荷。

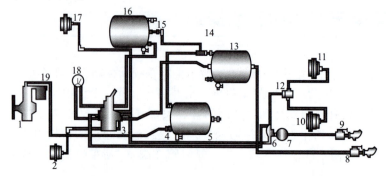

图 9-3　解放 CA1091 型汽车的双回路气压制动系统示意图

1—空气压缩机；2,17—前制动轮缸；3—制动阀；4,14,15—储气罐单向阀；5—湿储气罐；6—或门型梭阀；7—挂车制动阀；8—挂车储气罐充气开关；9—挂车分离开关；10,11—后制动轮缸；12—快放阀；13—前制动储气罐；16—后制动储气罐；18—双针气压表；19—安全阀

制动阀为串列双腔制动阀，不制动时，前、后制动轮缸分别经制动阀和快放阀与大气相通。当制动时，制动阀同时接通前、后制动储气罐与前、后制动轮缸进行制动。这样的制动阀的优点在于，即使前后制动管路有一个发生爆裂，另一管路仍能得到压缩空气进行制动，充分地保证汽车行驶的安全。

此制动系统还有一条通往挂车的制动回路，在不制动时，由前制动储气罐向挂车储气罐充气。制动时，前、后制动储气罐的压缩空气同时进入梭阀中，压力较大者通过梭阀进入到挂车制动阀中，对挂车进行制动。

解放 CA1091 型汽车的双回路气压制动系统如图 9-4 所示，具体工作过程如下：

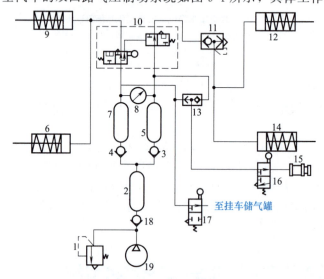

图 9-4　解放 CA1091 型汽车的双回路气压制动系统示意图

1—安全阀；2—湿储气罐；3,4,18—储气罐单向阀；5—后制动储气罐；6,9—前制动轮缸；7—前制动储气罐；8—双针气压表；10—制动阀；11—快放阀；12,14—后制动轮缸；13—或门型梭阀；15—挂车分离开关；16—挂车制动阀；17—挂车储气罐充气开关；19—空气压缩机

（1）前轮制动

空气压缩机 19→储气罐单向阀 18→湿储气罐 2→储气单向阀 4→前制动储气罐 7→制动阀 10 中的手动阀右位→前制动轮缸 6 和 9。

（2）后轮制动

空气压缩机 19→储气罐单向阀 18→湿储气罐 2→储气单向阀 3→后制动储气罐 5→制动阀 10 中的气动阀左位→快放阀 11→后制动轮缸 12 和 14。

（3）挂车制动

空气压缩机 19→储气罐单向阀 18→湿储气罐 2→储气单向阀 3 和 4→前制动储气罐 7 和后制动储气罐 5→或门型梭阀 13→挂车制动阀 16→挂车制动轮缸。

（4）挂车充气

空气压缩机 19→储气罐单向阀 18→湿储气罐 2→单向阀 4→前制动储气罐 7→充气开关 17。

『情境链接』

汽车液压气动技术的发展趋势

液压与气压传动和液力技术的发展，极大地促进了汽车技术和汽车工业的高速发展，使得现代汽车成为机、电、液、气、光一体化的高新技术产物，汽车技术已成为现代科学技术发展的标志。液压、气压传动和液力技术越来越多地被应用，如电控液力自动变速器、电控悬架装置、电控防抱死制动装置、气压式挂车制动装置、液压或气压式转向助力装置、自动倾卸车举升机构及发动机燃料供给、机械润滑系统等。因此，加强针对汽车的液压与气压传动和液力技术的学习与研究，对于科学合理地设计、制造、使用、维护、维修汽车具有重要意义。

20 世纪 60 年代后，随着原子能、空间技术、计算机技术的发展，液压技术也得到了很大发展，并渗透到各个工业领域。当前液压技术正向着高压、高速、大功率、高效率、低噪声、长寿命、高度集成化、复合化、小型化以及轻量化等方向发展。同时，新型液压元件和液压系统的计算机辅助测试（CAT）、计算机直接控制（CDC）、机电一体化技术、计算机仿真和优化设计技术、可靠性技术以及污染控制方面，也是当前汽车液压气动技术发展和研究的方向。

 习题与思考题

试分析汽车上典型气压控制阀有哪些，各有何作用。

教学情境十
电气控制回路设计与PLC控制应用

 教学目标

知识目标:
√ 认识常用的电气控制元件及符号。
√ 掌握基本电气控制电路的组成和功能。
√ 掌握电气控制电路与PLC控制基础知识。

技能目标:
√ 学会液压回路的电控线路设计。
√ 学会气动回路的电控线路设计。
√ 学会液压气动系统的PLC控制技术。

素质目标:
√ 弘扬劳动光荣、技能宝贵、创造伟大的时代风尚。
√ 弘扬精益求精的专业精神、职业精神、工匠精神和劳模精神。

电气控制系统是利用光电开关、接近开关等检测工件的位置及液压缸（气缸）活塞的运动状况，控制执行元件的动作。电气控制系统响应快，动作准确，广泛应用在气动自动化工业设备中。

10.1 常用的电气控制元件

10.1.1 控制继电器

控制继电器用于当输入量变化到一定值时，电磁铁线圈通电励磁，吸合或断开触点，接通或断开控制电路。它被广泛应用于电力拖动、程序控制、自动调节与自动检测系统中。

（1）中间继电器（Relay）

中间继电器由线圈、铁芯、衔铁、复位弹簧、触点及端子组成，如图10-1（a）所示。由线圈产生的磁场用来接通或断开触点。当继电器线圈通电时，衔铁就会在电磁力的作用下克服弹簧拉力，使常闭触点断开，常开触点闭合。如图10-1（b）所示为其线圈及触点的图形符号。继电器在气动控制电路中常起到分配、信号放大及常开、常闭触点转换的作用。

（2）时间继电器（Timer）

时间继电器在气动系统的电气控制电路中主要用于通电延时和断电延时。相应的触点按其功能可分为通电延时触点和断电延时触点两类。其图形符号与时序图如图10-2所示。

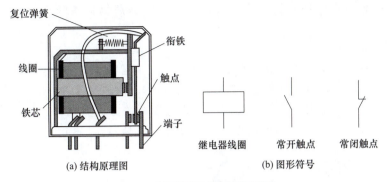

图 10-1 中间继电器结构与图形符号

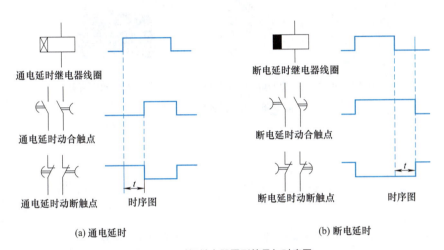

图 10-2 时间继电器图形符号与时序图

10.1.2 控制按钮

控制按钮一般由按钮、复位弹簧、触点和外壳等部分组成。图 10-3 为控制按钮的原理和外形图，图 10-4 为控制按钮的图形及文字符号图。

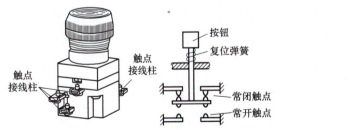

图 10-3 控制按钮的原理和外形图

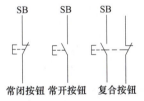

图 10-4 控制按钮图形及文字符号

10.1.3 位置检测与位置传感器

位置传感器（Position Sensor）是能感受被测物的位置并将其转换成可用输出信号的传感器。

液压气动系统经常会使用到位置检测元件。当执行机构的某一动作完成以后，由行程检测元件发出一个信号，此信号传送给电气控制回路经逻辑运算处理后输出控制信号，控制执行机构动作，从而实现循环往复的连续动作。位置传感器包括接触式传感器和接近式传感器。

(1) 电子限位开关（行程开关）

电子限位开关（行程开关）是一种接触式传感器。行程开关依据生产机械的行程发出命令，以控制执行元件的运动行程及运动位置。若将行程开关安装于生产机械行程的终点处，用以限制其行程，则称为限位开关。机械接触式行程开关分为直动式、滚动式和微动式三种，如图10-5所示。行程开关图形及文字符号如图10-6所示。

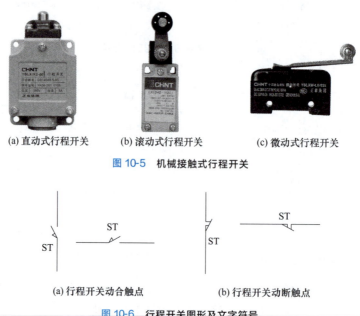

(a) 直动式行程开关　　(b) 滚动式行程开关　　(c) 微动式行程开关

图 10-5　机械接触式行程开关

(a) 行程开关动合触点　　(b) 行程开关动断触点

图 10-6　行程开关图形及文字符号

(2) 磁性接近开关

磁性接近开关又称为干簧管，如图10-7所示。在干簧管中有导磁材料做成的簧片，当永久磁铁接近磁性开关时，簧片被磁化，由于两个簧片的极性相反互相吸引，相当于常开触点闭合。当永久磁铁离开时，簧片靠弹力自动分开。接近开关图形及文字符号如图10-7所示。

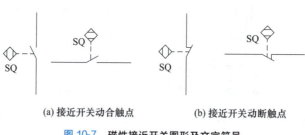

(a) 接近开关动合触点　　(b) 接近开关动断触点

图 10-7　磁性接近开关图形及文字符号

(3) 电感式传感器

电感式传感器是一种接近式传感器，利用半导体三极管的导通和截止来代替机械触点。在电感式传感器内有一个由电感线圈和电容组成的电路（LC振荡电路，它是传感器的主要环节）。电感线圈和电容的等效阻值完全相等，并在回路内是并联连接的。在理想状态下，电路始终处于振荡状态，若在磁场范围内有导磁或导电物体（比如金属材料），就会减弱线圈的能量，并且使电感量减小，振荡受到干涉，这时，振荡电路的电流增大。电路系统根据该电流的变化，通过放大电路输出一个开关量信号。电感式传感器只能用来测量金属物体。

（4）电容式传感器

电容式传感器也是一种无触点接近开关，同样是利用半导体三极管的导通和截止来代替机械触点。在电容式传感器内有一个由电阻和电容组成的电路（RC 振荡电路）。当在 RC 振荡电路上加电压时，电容的两极板带相反的电压，在正负极板之间形成了一个电场。如果有物体（金属或非金属）接近传感器电场的有效区域，就会改变两极板之间的导电能力，同时也改变了电场强度，使回路中的电流增大。电路系统根据该电流的变化，通过放大电路输出一个开关量信号。

（5）光电式传感器

光电式传感器是通过把光的反应变换成电信号来实现检测物体的。光电传感器在一般情况下由发射器、接收器和检测电路三部分构成。常用的光电式传感器又可分为漫射式、反射式、对射式等。

电感式传感器、电容式传感器、光电式传感器图形符号及简化符号如图 10-8 所示。

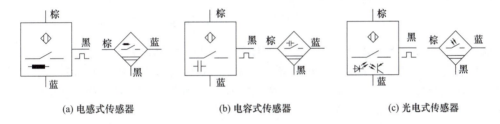

图 10-8　三种传感器图形符号及简化符号

『情境链接』

液压气动系统中的位置传感器

位置传感器可以将位置信号转换为电信号，电信号有便于传输、转换、处理、显示的特点，所以，液压气动系统经常使用位置传感器来检测执行元件或运动部件的位置。位置传感器有很多种类，主要有光电式、电感式、电容式、霍尔式、电磁式等。本书中使用的光电式、电感式、电容式、霍尔式传感器多为 NPN 型三线常开传感器（棕色线接正极，蓝色线接负极，黑色线是输出线或信号线）。常用的位置传感器如图 10-9 所示。

(a) 光电式传感器(三线)　　(b) 电感式传感器(检测金属、三线)　　(c) 电容式传感器(三线)

图 10-9

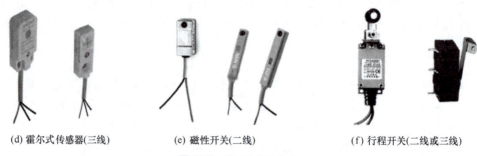

(d) 霍尔式传感器(三线)   (e) 磁性开关(二线)   (f) 行程开关(二线或三线)

图 10-9   常用的位置传感器

行程开关多使用二线常开型，三线为常开常闭型。气动机构使用的磁性开关多为二线常开型，磁性开关可以直接安装在气缸缸体上，当带有磁环的活塞移动到磁性开关所在位置时，磁性开关内的两个金属簧片在磁环磁场的作用下吸合，发出信号。当活塞移开，簧片开关离开磁场，触点自动断开，信号切断。通过这种方式可以很方便地实现对气缸活塞位置的检测。

『知识拓展』

液压传动与电气传动的比较

液压传动是宏观上的分子流动，电气传动是微观上的电子流动。既然都属于流动，那么两者之间在基本原理和元件设计上就会有相同点。例如电气上的电阻、电压和电流，可以分别对应液压上的液阻、压力和流量；电气中的二极管、电容器可以分别对应液压中的单向阀和蓄能器等。液压传动的优势在于：

第一，抗电磁干扰。比如国防设施或军用飞机上的关键控制部分可以采用液压传动作为控制方案来实现，复杂的控制逻辑采用液压梭阀、单向阀等来替代电子器件，可以对抗敌方的电磁干扰。军工中常见的机液伺服装置就是将执行元件的位置与速度采用液压反馈，再与伺服阀构成闭环，这也是抗电磁干扰、提高可靠性的手段。

第二，高功率密度。蓄能器和蓄电池虽然都是存储能量的装置，但是两者对能量的储存的特点各异。研究混合动力的学者常说，蓄能器功率密度大，蓄电池能量密度大。意思就是从存储能量上来看，蓄电池比蓄能器多；但从快速释放能量来看，蓄电池比蓄能器慢得多。这一特性决定了只要搭配合适的回路，利用液压蓄能器可以制成瞬间释放大量能量的机构，这一点是电气传动所做不到的。

液压传动执行元件运动精度高，输出的力与功率大。同时液压系统容易实现过载保护，执行元件便于实现频繁启动与换向。液压传动的优势在于动力传输与运动执行，电气传动的优势在于信号传输与数据处理。

10.2   基本电气控制电路

（1）是门电路

是门电路是一种简单的通断电路，可实现是门逻辑电路。按下按钮 SB1，电路 1 号线导通，中间继电器线圈 KZ1 励磁，其常开触点 KZ1 闭合，电路 2 号线导通，指示灯 S 亮。若放开按钮 SB1，则指示灯 S 不亮。是门电路如图 10-10 所示。

(2) 或门电路

或门电路也称为并联电路，只要按下两个按钮 SB1、SB2 中的任何一个，都能使中间继电器线圈 KZ1 励磁，其常开触点 KZ1 闭合，电路 3 号线导通，指示灯 S 亮。或门电路如图 10-11 所示。

图 10-10　是门电路

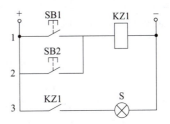

图 10-11　或门电路

(3) 与门电路

与门电路也称为串联电路，只有将按钮 SB1、SB2 同时按下，电流才能通过中间继电器线圈 KZ1，其常开触点 KZ1 闭合，电路 2 号线导通，指示灯 S 亮。与门电路如图 10-12 所示。

(4) 记忆电路

记忆电路又称为自保持电路，在各种液压气动装置的控制电路中很常用。在图 10-13（a）中，按钮 SB1 按下，中间继电器线圈 KZ1 励磁，常开触点 KZ1 闭合，即使松开按钮 SB1，中间继电器 KZ1 也将通过常开触点 KZ1 保持通电状态，使中间继电器 KZ1 获得记忆。当 SB1 和 SB2 同时按下时，SB2 切断电路，SB1 按下是无效的，因此这种电路也称为停止优先记忆回路。

图 10-13（b）是另一种记忆电路，当 SB1 和 SB2 同时按下时，SB1 使中间继电器线圈 KZ1 励磁，SB2 按下无效，这种电路也称为启动优先记忆回路。

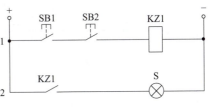

图 10-12　与门电路

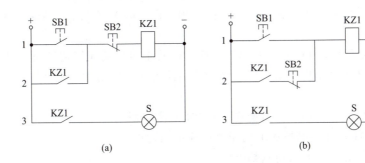

图 10-13　记忆电路

(5) 互锁电路

互锁电路用于防止错误动作的发生以确保安全。如电机的正转与反转，气缸的伸出与缩回，互锁电路防止同时输入相互矛盾的动作信号。如图 10-14 所示，按下按钮 SB1，中间继电器线圈 KZ1 通电励磁，同时电路 3 号线上的常闭触点 KZ1 断开，此时若再按下按钮 SB3，中间继电器线圈 KZ2 不会通电励磁。

(6) 延时电路

延时电路分为两种，即延时闭合和延时断开。图 10-15（a）所示为延时闭合电路，当按下按钮 SB1 后，延时继电器 KT1 开始计时，经过设定的时间后，时间继电器触点闭合，灯 S 点亮。放开 SB1 后，时间继电器 KT1 断电，触点 KT1 立即断开，灯 S 熄灭。

图 10-15（b）所示为延时断开电路，按下开关 SB1 后，时间继电器 KT1 的触点也同时接通，灯 S 点亮，当放开 SB1 后，延时断开时间继电器开始计时，到达设定时间后，时间继电器触点 KT1 才断开，灯 S 熄灭。

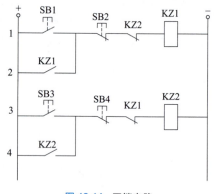

图 10-14 互锁电路

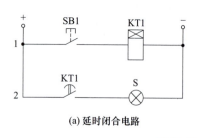 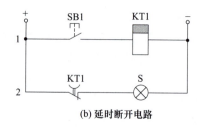

(a) 延时闭合电路　　　(b) 延时断开电路

图 10-15 延时电路

10.3 液压气动回路的计算机仿真

FluidSIM 软件由德国 Festo 公司和 Paderborn 大学联合开发，是专门用于液压气动设计的软件。FluidSIM 软件可设计与液压回路相配套的电气控制电路图。通过电气控制电路控制液压回路，能充分展现各种开关和阀的动作过程。FluidSIM 软件将 CAD 功能和仿真功能紧密联系在一起。

窗口左边显示出 FluidSIM 软件的整个元件库，其中包括新建回路图所需的气动元件和电气元件。窗口顶部的菜单栏列出了仿真和创建回路图所需的功能，工具栏给出了常用菜单功能。

状态栏位于窗口底部，用于显示操作 FluidSIM 软件期间的当前计算和活动信息。在编辑模式中，FluidSIM 软件可以显示由鼠标指针选定的元件。

液压回路图的计算机绘制与仿真如下：

① 新建文件　在"文件"菜单下执行"新建"命令，新建空白绘图区域，打开一个新窗口，并将所用液压元件"拖放"在绘图区域中，同时设置液压控制阀的结构等信息，如图 10-16 所示。

② 液压回路的绘制　将"拖放"到绘图区域中的液压元件利用"油管"连接起来，软件会自动布置线路。检查并调整绘制好的回路图，让元件布置合理，使回路图看起来美观大方。

③ 液压回路的仿真　在"执行"菜单下执行"启动"命令，进行液压回路的仿真运行，

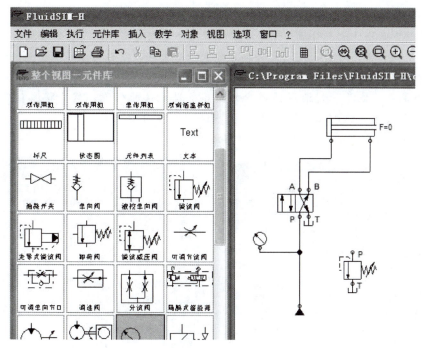

图 10-16 新建绘图文件

以检查液压回路是否正确。

气动回路、电气控制电路绘制方法与液压回路基本相似。

『情境链接』

计算机绘制液压气动与电控电路图

Microsoft Office Visio 是微软公司办公程序中的流程图绘制软件,Visio 以可视方式打开模板,将形状拖放到绘图区域中。现在,Office Visio 中的新增功能和增强功能使得创建的 Visio 图表更为简单,令人印象深刻。

① 在"文件"菜单下执行"新建"→"机械工程"→"流体动力"命令,新建空白的液压气动绘图文件,如图 10-17 所示。

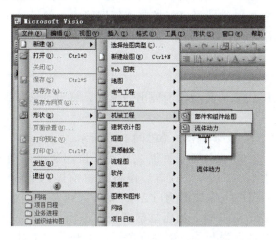

图 10-17 新建空白液压气动绘图文件

② 将所用的液压气动元件"拖放"在绘图区域中，右键单击元件，设置液压气动元件的参数和信息，如图 10-18 所示。部分液压气动元件可能需要组合或重新绘制。

注意：建议将常用的液压气动元件单独建立一个文档，保存为液压气动元件库，以后绘制回路图时可以随时使用。

③ 重新调整"拖放"到绘图区域中的液压气动元件的位置，然后将液压气动元件用"连接线"连接起来，构成液压气动回路图，如图 10-19 所示。

④ 用同样的方法可以绘制电气控制电路图。

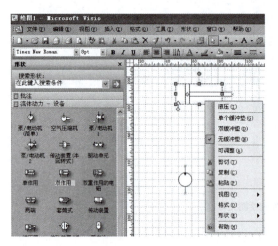

图 10-18　将液压气动元件拖放到绘图区域

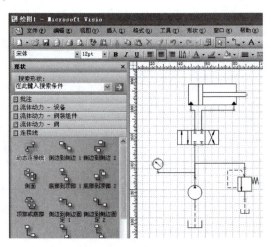

图 10-19　将元件连接起来构成回路图

10.4　液压回路的电控电路设计实例

现代自动化设备中，许多动作是按一定顺序自动完成的，而顺序动作通常是通过电气控制来完成的，从事液压与气动工作的现代技术人员，经常需要根据液压与气动回路来设计电气控制电路。因此本节重点介绍液压顺序动作回路电气控制的设计方法。

电气控制的液压回路中，液压缸的位置通常是由行程开关或接近开关或传感器来控制的，方向控制阀则一律采用电磁阀，电气控制液压回路的一般设计步骤如下：

① 画出位移-步骤图。

② 设计液压回路。

③ 根据液压回路设计电气控制电路。

【例 10-1】　有一液压缸 A，其动作为伸出→退回，试设计液压回路及其电气控制电路。设计步骤如下：

① 根据动作顺序画出位移-步骤图，如图 10-20 所示。

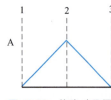

图 10-20　位移-步骤图

② 设计液压回路。采用三位四通电磁换向阀设计的液压回路如图 10-21 所示，通电后控制 A 缸前进的电磁线圈为 YA1，控制 A 缸后退的电磁线圈为 YA0。液压缸活塞杆的最大伸出位置处安装有接近开关 TA1，液压缸活塞杆的退回位置处安装有接近开关 TA0（可以是行程开关、磁性开关、光电开关或由其他传感器代替）。

③ 设计电气控制电路。

a. 根据液压回路图初步拟定如图 10-22 所示的电路图。按下前进按钮 SB1,液压缸前进,放开按钮,液压缸立即停止运动。按下后退按钮 SB2,液压缸后退,放开按钮,液压缸立即停止运动。其动作方式属于点动控制。

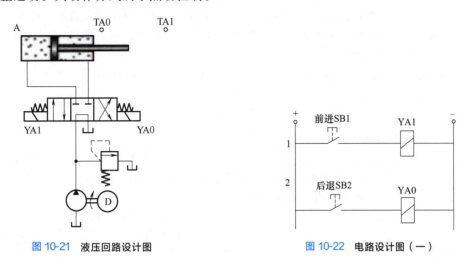

图 10-21 液压回路设计图　　　　图 10-22 电路设计图(一)

b. 为了能够实现连续的前进和后退动作,需要通过自保持继电器 KZ1 和 KZ2 来控制电磁线圈 YA1、YA0,如图 10-23 所示。为了防止出现前进 SB1、后退按钮 SB3 同时按下的错误动作(因为 YA1、YA0 线圈不能同时通电),所以特别在电路中加入中间继电器 KZ1、KZ2 的常闭触点,以防止这种现象的发生。

c. 为了使按钮按下后液压缸能自动前进、后退一次,需要安装接近开关 TA1、TA0 来发出信号,依此设计出的电路图如图 10-24 所示。因为在电路设计中,当所有的动作完成时,需将电全部切断,所以需要用接近开关 TA0 来切断电磁线圈 YA0 所在的电路。

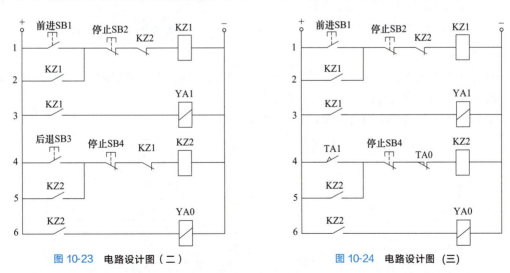

图 10-23 电路设计图(二)　　　　图 10-24 电路设计图(三)

【例 10-2】 两个液压缸的动作顺序为 A+B+A-B-("+"表示伸出,"-"表示缩回),试设计其液压回路及其电气控制电路。

工作过程分析:

① 按下启动按钮 SB1,中间继电器线圈 KZ1 接通,电磁换向阀线圈 YA1 通电,换向阀切换到左位,液压缸 A 活塞杆右移伸出;

② 当液压缸 A 活塞杆触发到接近开关 TA1 时，电磁换向阀线圈 YB1 通电，液压缸 B 活塞杆开始右移伸出；

③ 当液压缸 B 活塞杆右移触发到接近开关 TB1 时，电磁换向阀线圈 YA1 断电，液压缸 A 活塞杆开始退回（此时液压缸 A 活塞杆离开接近开关 TA1，电磁换向阀线圈 YB1 断电）；

④ 当液压缸 A 活塞杆退回原位触发到接近开关 TA0 时，电磁换向阀线圈 YB0 通电，液压缸 B 活塞杆开始退回；

⑤ 当液压缸 B 活塞杆退回原位触发到接近开关 TB0 时，电磁换向阀线圈 YB0 断电，完成一个工作循环。

设计步骤如下：

① 画出两液压缸的位移-步骤图，如图 10-25 所示。

② 设计液压回路，如图 10-26 所示。液压缸活塞杆的最大伸出位置处安装有接近开关 TA1 和 TB1，液压缸活塞杆的退回位置处安装有接近开关 TA0 和 TB0（可以是行程开关、磁性开关、光电开关或由其他传感器代替）。

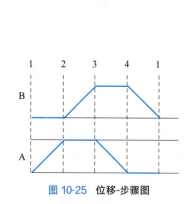

图 10-25 位移-步骤图

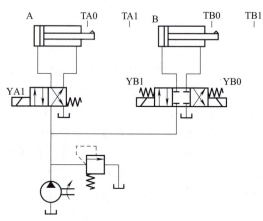

图 10-26 液压回路设计图

③ 设计电气控制电路。

首先由位移-步骤图和液压回路图决定各电磁线圈通电与断电的时间点，再根据液压缸 A 与液压缸 B 的动作过程绘制电路设计图。

a. 绘制电磁换向阀线圈通电图，如图 10-27（a）所示。

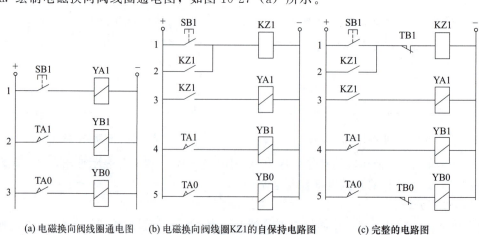

(a) 电磁换向阀线圈通电图　(b) 电磁换向阀线圈KZ1的自保持电路图　(c) 完整的电路图

图 10-27 电路设计图

b. 绘制电磁换向阀线圈 KZ1 的自保持电路图，如图 10-27（b）所示。
c. 加上自动断电的控制过程，绘制出完整的电路图，如图 10-27（c）所示。

10.5 气动回路的电控电路设计实例

10.5.1 单气缸往复运动电控电路设计实例

利用手动按钮控制单电控二位五通阀来操纵单气缸实现单个循环。动作流程是：启动按钮→电磁阀线圈 YA1 通电→活塞杆前进→活塞杆触发接近开关 TA1→近开关 TA1 发出信号使中间继电器线圈 KZ1 断电→触点 KZ1 断开→电磁阀线圈 YA1 断电→活塞杆退回原位。气动回路如图 10-28（a）所示，电气控制电路图如图 10-28（b）所示。

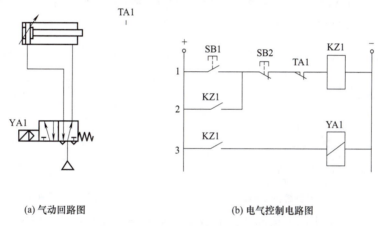

(a) 气动回路图　　　　　　　(b) 电气控制电路图

图 10-28　单气缸往复运动电控电路设计

电气控制电路的设计要点如下：
① 按钮 SB1 及中间继电器线圈 KZ1 置于 1 号线上，常开触点 KZ1 及电磁阀线圈 YA1 置于 3 号线上。当 SB1 按下后，YA1 通电，电磁阀换向。
② 按钮 SB1 为瞬时按钮，手一放开，YA1 断电，活塞后退。为使活塞保持前进状态，必须将继电器 KZ1 所控制的常开触点接于 2 号线上，形成记忆电路。
③ 接近开关 TA1 的常闭触点接于 1 号线，活塞杆触发 TA1，切断电路，YA1 断电，电磁阀复位，活塞退回。

单循环往复运动动作如下：按下启动按钮 SB1，线圈 KZ1 通电，2 和 3 号线上所控制的常开触点闭合，中间继电器 KZ1 自保持，YA1 通电，活塞前进。活塞杆压下接近开关 TA1，切断自保持电路，1、2、3 号线断开，YA1 断电，活塞后退。

10.5.2 双电控两气缸气动回路设计实例

气缸 A、B 组成的气动回路如图 10-29 所示，均采用双电控二位五通换向阀。根据不同的控制要求，两气缸可以按不同的顺序复合成多种动作过程。

电气控制电路图设计步骤如下：
① 气缸 A 与气缸 B 的位移-步骤关系如图 10-30 所示。

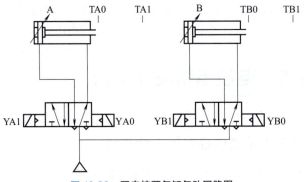

图 10-29 双电控两气缸气动回路图

② 将启动按钮 SB1 和中间继电器线圈 KZ1 置于 1 号线上，常开触点 KZ1 置于 2 号线上且和启动按钮并联。当按下启动按钮 SB1，中间继电器线圈 KZ1 通电并自保持。常开触点 KZ1 和电磁阀线圈 YA1 串联于 3 号线上。当中间继电器线圈 KZ1 通电，气缸 A 的活塞杆即伸出，电路设计如图 10-31 所示。

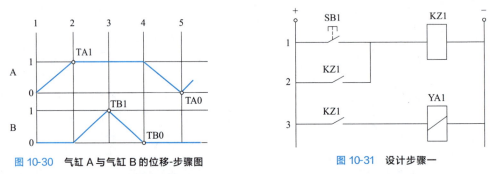

图 10-30 气缸 A 与气缸 B 的位移-步骤图

图 10-31 设计步骤一

③ 气缸 A 活塞杆前进压下接近开关 TA1 时，发信号使气缸 B 活塞杆伸出，故将接近开关 TA1 的常开触点和电磁换向阀线圈 YB1 串联于 4 号线上，电路如图 10-32 所示。

④ 当气缸 B 活塞杆伸出触发接近开关 TB1 时，产生换组动作（第 1 组换到第 2 组），中间继电器线圈 KZ1 断电，故必须将 TB1 的常闭触点接于 1 号线上。将继电器 KZ1 的常闭触点和电磁换向阀线圈 YB0 串联于 5 号线上，中间继电器线圈 KZ1 断电时，5 号线接通，电磁换向阀线圈 YB0 通电，实现第 2 组的第一个动作气缸 B 活塞杆退回，电路如图 10-33 所示。

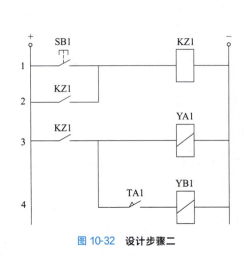

图 10-32 设计步骤二

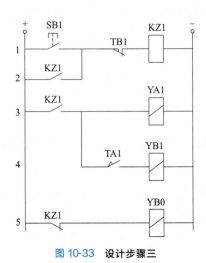

图 10-33 设计步骤三

⑤ 气缸 B 退回触发接近开关 TB0 时，电磁换向阀线圈 YA0 通电，气缸 A 活塞杆退回，故将 TB0 的常开触点和电磁换向阀线圈 YA0 串联且和电磁线圈 YB0 并联。气缸 A 退回触发接近开关 TA0 时，电磁换向阀线圈 YA0、YB0 同时断电，气动回路完成一个工作循环。

将接近开关 TA0 的常闭触点接于 5 号线上，目的是保证按下启动按钮 SB1 后，电磁线圈 YA0 和 YB0 都不能通电。完成后的电路如图 10-34 所示。

整个气动系统的动作过程如下：

① 按下启动按钮 SB1，线圈 KZ1 通电，2 和 3 号线上的常开触点 KZ1 闭合，5 号线上的常闭触点 KZ1 断开，中间继电器 KZ1 形成自保持。此时 3 号线通路，YA1 通电，A 缸前进。A 缸伸出触发接近开关 TA1，4 号线通路，YB1 通电，B 缸前进。

② B 缸前进触发到接近开关 TB1，KZ1 断电，继电器 KZ1 的自保持消失，3 号线断路，5 号线通路，电磁阀线圈 YB0 通电，B 缸退回。B 缸退回触发接近开关 TB0，TB0 闭合，6 号线通路，电磁线圈 YA0 通电，A 缸退回。

③ A 缸退回触发 TA0，TA0 断开，气缸 A、B 回到原始位置。

以上电路可防止电磁线圈 YA1 和 YA0 及 YB1 和 YB0 同时通电的事故发生。

『情境链接』

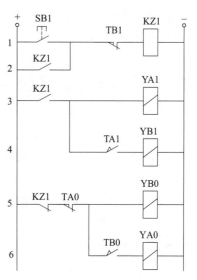

图 10-34　设计步骤四

电控电路梯形图程序编制

梯形图（Ladder Logic Programming Language，LAD）是 PLC 使用得最多的图形编程语言，被称为 PLC 的第一编程语言。

梯形图语言沿袭了继电器控制电路的形式。梯形图是在常用的继电器与接触器逻辑控制基础上简化了符号演变而来的，具有形象、直观、实用等特点，电气技术人员容易接受。

PLC 梯形图中的某些编程元件沿用了继电器这一名称，如输入继电器、输出继电器、内部辅助继电器等，但是它们不是真实的物理继电器，而是一些存储单元（软继电器），每一软继电器与 PLC 存储器中映像寄存器的一个存储单元相对应。该存储单元如果为"1"状态，则表示梯形图中对应软继电器的线圈"通电"，其常开触点接通，常闭触点断开，称这种状态是该软继电器的"1"或"ON"状态。如果该存储单元为"0"状态，对应软继电器的线圈和触点的状态与上述的相反，称该软继电器为"0"或"OFF"状态。使用中也常将这些"软继电器"称为编程元件。

将继电器电路图转换为功能相同的 PLC 梯形图程序的步骤如下：

① 了解和熟悉被控设备的工艺过程和机械的动作情况，根据继电器电路图分析和掌握控制系统的工作原理，这样才能做到在设计和调试控制系统时心中有数。

② 确定 PLC 的输入信号和输出负载，以及与它们对应的梯形图中的输入位和输出位的地址，画出 PLC 的外部接线图。

③ 确定与继电器电路图的中间继电器、时间继电器对应的梯形图中的位存储器（M）和定时器（T）的地址。

④ 根据上述关系画出梯形图程序。水平绘制的梯形图有类似于铁轨的外形，常以英文"railway"表示；而垂直绘制的梯形图类似于梯子，所以以英文"ladder"表示。

10.6 液压气动系统 PLC 控制设计实例

可编程逻辑控制器（PLC）是目前液压气动设备最常见的一种控制装置。PLC 能处理相当复杂的逻辑关系，可以对各种类型、各种复杂程度的液压气动系统进行控制。此外，由于 PLC 控制系统采用软件编程方法实现控制逻辑，因此，通过改变程序就可改变液压气动系统的逻辑功能，从而使系统的柔性增加，可靠性增加。

PLC 作为一种专门用于工业现场控制的单片机系统，与计算机控制系统的组成十分相似，也包括软件和硬件两大部分。其中硬件组织结构方面也与计算机基本相同，也具有中央处理器（CPU）、存储器、输入/输出（I/O）接口、电源等，如图 10-35 所示。

PLC 是工业中应用的设备控制器。PLC 连接的器件分为两类：一类是信号元件，包括各类开关和传感器；另一类是要被驱动完成动作的元件，包括继电器、接触器等。

图 10-35　PLC 的基本组成

PLC 控制系统的设计步骤如下：
① 确定整个系统的输入/输出（I/O）设备的数量，从而确定 PLC 的 I/O 点数；
② 选择 PLC 机型；
③ 建立 I/O 地址分配表；
④ 编写 PLC 梯形图程序；
⑤ 绘制 PLC 控制系统的输入/输出硬件接线图。

【例 10-3】 工业成品自动装箱的送料装置。

如图 10-36 所示，利用一个双作用液压缸将料仓中的成品推入滑槽进行装箱。为了提高效率，采用一个按钮启动液压缸（或气缸）动作。按下开关，液压缸（或气缸）活塞杆伸出，将工件推入滑槽，活塞杆自动退回，完成一个工作循环。随后活塞杆再次伸出推动下一个工件，如此循环，直至按下停止按钮，液压缸（或气缸）活塞杆停止运动。

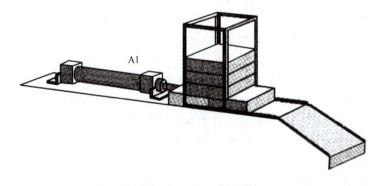

图 10-36　自动送料装置示意图

(1) 设计分析

现以液压缸作为执行元件实现连续自动循环工作,设置相应的发信元件,检测活塞杆是否已经完全伸出或已经完全退回。自动往复换向回路原理图如图 10-37 所示。当阀处于中位时,M 型滑阀机能使泵卸荷,液压缸两腔油路封闭,活塞停止;当 YA1 通电时,换向阀切换至左位,液压缸左腔进油,活塞向右移动;当 YA0 通电时,换向阀切换至右位工作,液压缸右腔进油,活塞向左移动,实现换向。

根据液压系统原理图编写电磁铁动作顺序表。根据动作循环作出电磁阀(或行程开关、压力继电器)的动作顺序表,用符号"+"表示电磁铁通电或压力继电器接通,符号"−"表示断电或断开,如表 10-1 所示。

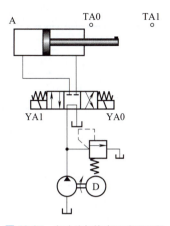

图 10-37 自动往复换向回路原理图

表 10-1 电磁阀动作顺序表

动作元件	YA1	YA0
液压缸向右伸出	+	−
液压缸向左退回	−	+

(2) 自动往复换向回路执行元件动作及步骤

为了使液压缸按下按钮后能实现自动前进与后退,此时就需要安装接近开关 TA1、TA0 来发出信号,依此设计出的电气控制电路图如图 10-38 所示(液压缸伸出、退回位置可用行程开关、磁性开关或其他位置传感器来检测并发出信号)。

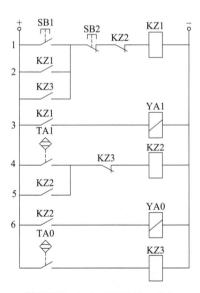

图 10-38 自动往复送料装置电气控制电路图

① 按下启动按钮,液压缸 A 向右运行到指定的位置,位置由行程开关或磁性位置传感器 TA1 限定;

② 行程开关或磁性位置传感器 TA1 发出信号,液压缸 A 活塞杆自动向左退回;

③ 液压缸 A 退回到左端后,完成一个工作循环,此时行程开关或磁性位置传感器 TA0 发出信号,活塞杆自动向右前进;

④ 液压缸 A 向右运行到指定的位置后,行程开关或磁性位置传感器 TA1 发出信号,活塞杆实现自动连续往复运动,直到按下停止按钮。

为了简化电路设计,按下停止按钮 SB1 时选择将活塞杆端部停在无接近开关的位置,即将活塞杆原始位置设置在两个接近开关的中间位置。

(3) 编制输入/输出(I/O)地址分配表

液压系统的控制选用西门子 S7-200 PLC 控制器,编制输入/输出(I/O)地址分配表如表 10-2 所示。

(4) 编制 PLC 梯形图程序

通过计算机参考图 10-39 编制西门子 S7-200 PLC 梯形图程序,并将编制好的 PLC 梯形图程序下载到 PLC 模块中。

表 10-2　西门子控制器编制输入/输出地址分配表

I/O 地址	符号	说明	I/O 地址	符号	说明
I0.1	SB1	启动按钮	Q0.1	YA1	控制液压缸伸出
I0.2	SB2	停止按钮	Q0.2	YA0	控制液压缸退回
I0.3	TA1	伸出止点（发退回信号）			
I0.4	TA0	退回止点（发伸出信号）			

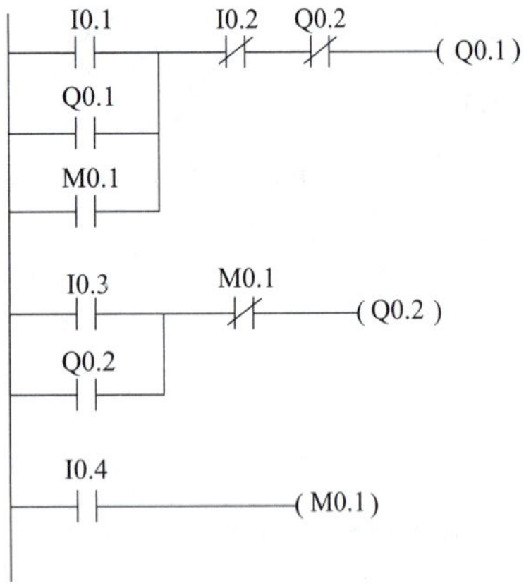

（5）西门子 S7-200 PLC 控制器硬件接线

S7 系列 PLC 已经发展成为西门子自动化系统的控制核心，是西门子自动化系统最尖端、功能最强的可编程控制器。S7-200 PLC 是超小型化的 PLC，它适用于各行各业、各种场合中的自动检测、监测及控制等。S7-200 PLC 的强大功能使其无论单机运行，或连成网络，都能实现复杂的控制功能。S7-200 PLC 有 4 个不同的基本型号与 8 种 CPU 可供选择。西门子 S7-200 PLC 控制器模块的外观如图 10-40 所示。

图 10-39　计算机编制 PLC 梯形图程序参考图

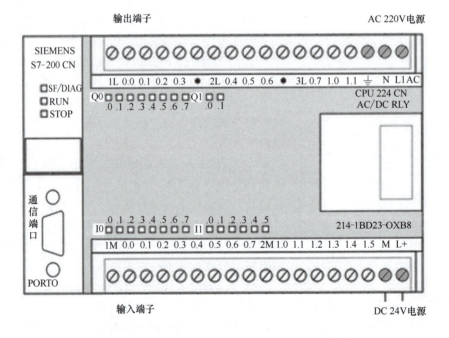

图 10-40　西门子 S7-200PLC 控制器模块外观图

西门子 S7-200 PLC 控制器硬件接线如图 10-41 所示。

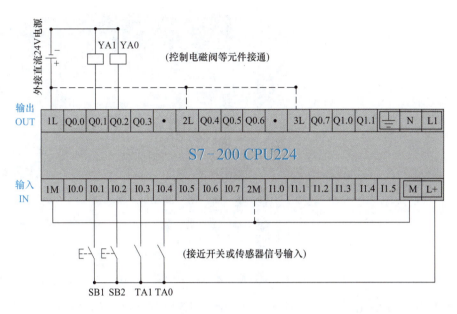

图 10-41　西门子 S7-200 PLC 硬件接线图

『情境链接』

FX2N 系列三菱 PLC 控制器编程及应用

FX2N 系列三菱 PLC 控制器是 FX 家族中最先进的系列。它具有高速处理及可扩展大量实际应用功能等特点，为工厂自动化应用提供最大的灵活性和控制能力。它采用一类可编程的存储器，用于其内部存储程序，执行逻辑运算、顺序控制、定时、计数与算术操作等面向用户的指令，并通过数字或模拟式输入/输出控制各种类型的机械或生产过程。

现以例 10-3 为例，介绍 FX2N 系列三菱 PLC 控制器编程及应用。

① 设计分析（见前文）。

② 自动往复换向回路执行元件动作及步骤（见前文）。

③ 编制输入/输出（I/O）地址分配表。根据系统输入/输出（I/O）点数，选用三菱 FX2N-48MR 微型可编程序控制器编制输入/输出（I/O）地址分配表，如表 10-3 所示。

表 10-3　三菱 FX2N-48MR 微型可编程序控制器输入/输出（I/O）地址分配表

输入地址	符号	说　明	输出地址	符号	说　明
X1	SB1	启动按钮	Y1	YA1	控制液压缸伸出
X2	SB2	停止按钮	Y2	YA0	控制液压缸退回
X3	TA1	伸出止点(发退回信号)			
X4	TA0	退回止点(发伸出信号)			

④ 编制 PLC 梯形图程序。参考图 10-42 使用计算机编制 PLC 梯形图程序，并将编制好的 PLC 梯形图程序传输到 FX2N 系列三菱 PLC 模块中。

⑤ FX2N 系列三菱 PLC 硬件接线。FX2N 系列三菱 PLC 控制器模块外观如图 10-43 所示。按 FX2N 系列三菱 PLC 硬件接线图 10-44 连接 PLC 电控电路。

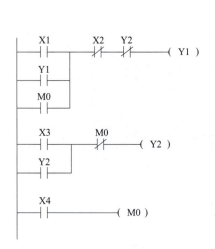

图 10-42 PLC 梯形图程序

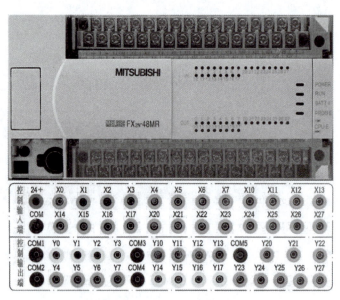

图 10-43 FX2N 系列三菱 PLC 控制器模块外观图

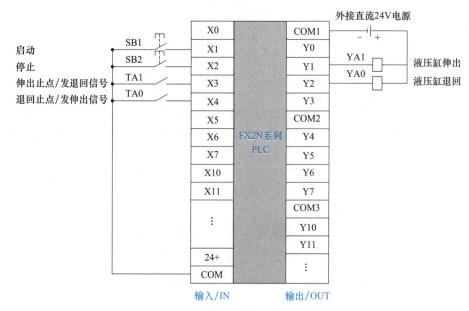

图 10-44 FX2N 系列三菱 PLC 硬件接线图

习题与思考题

1. 液压缸差动连接的快速运动回路设计。

（任务：设计液压回路图与电气控制电路图，描述其工作原理。）

2. 某推料机构的电-气动系统示意图如图 10-45（a）所示。气缸活塞杆的原始状态位于右位，此时接近开关 SQ0 检测到带有磁环的气缸活塞，接近开关 SQ0 处于闭合状态。料仓物料下落即会触发行程开关 ST1，此时按下启动按钮 SB1，气缸活塞杆即向左移动，将物料推出。当气缸活塞左移到触发接近开关 SQ1 使其闭合时，活塞杆自动向右退回，实现一次工作过程。再次按下启动按钮 SB1，推料机构进入下一工作循环。推料机构的气动回路设计如图 10-45（b）所示。

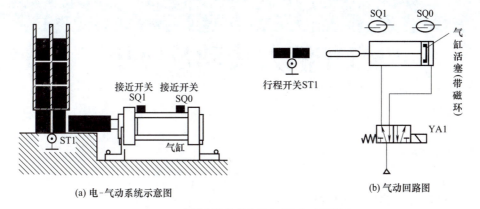

(a) 电-气动系统示意图　　(b) 气动回路图

图 10-45　某推料机构结构示意图和气动回路图

推料机构的电气控制电路设计如图 10-46 所示。

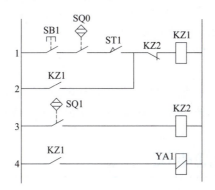

图 10-46　推料机构的电气控制电路设计

试根据推料机构气动回路图和电气控制电路图编制 I/O 地址分配表，设计其 PLC 梯形图程序和 PLC 外部接线图。

教学情境十一
汽车液力传动及应用

教学目标

知识目标：
- ✓ 掌握汽车液力传动基础知识。
- ✓ 掌握液力偶合器和液力变矩器的工作原理。
- ✓ 了解汽车液力变矩器的类型。

技能目标：
- ✓ 能分析汽车液力偶合器和液力变矩器。
- ✓ 学会汽车液力变矩器检修。

素质目标：
- ✓ 落实党的二十大精神和社会主义核心价值观教育，促进学生德技并修。
- ✓ 弘扬精益求精的专业精神、职业精神、工匠精神和劳模精神。

11.1 汽车液力传动基础

液力传动与液压传动都是以液体作为工作介质进行传动的，但传动方式不同。液压传动是以密闭系统内的受压液体来传递能量；而液力传动是通过液体循环流动过程中的动能来传递能量。

11.1.1 汽车液力传动的工作原理

液力传动可看成一台离心泵和一台涡轮机的组合体传动，如图 11-1 所示。工作液体由离心泵泵出，进入涡轮机中，驱动涡轮机旋转，输出轴输出机械能驱动工作机构运动。很明显，离心泵是将发动机的机械能转换成液体的动能的主要装置，涡轮机是将液体动能重新转

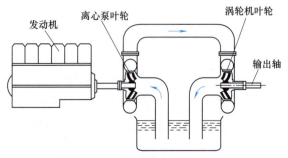

图 11-1 液力传动的工作原理

换成机械能的装置,因此,通过离心泵与涡轮机的组合实现了能量的传递。

离心泵与涡轮机的效率低,再加上管路的损失,总效率一般低于0.7。为了提高效率,将离心泵的泵轮和涡轮机的涡轮尽量靠近,取消中间的连接管路和导向装置,从而形成了液力传动的基本形式——液力耦合器(图11-2)。

汽车液力传动的基本结构包括能量输入部件(一般称泵轮)和能量输出部件(一般称涡轮),如果液力传动装置只有这两个部件,则称这一传动装置为液力耦合器。如果两部件之外,还有一个固定的导流部件(它可装在泵轮的出口处或入口处),则这个液力传动装置称为液力变矩器,如图11-3所示。

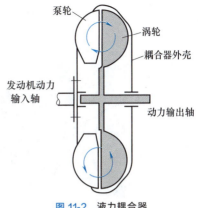

图 11-2 液力耦合器

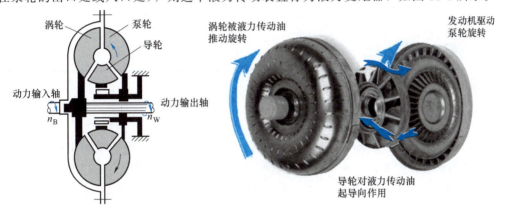

图 11-3 液力变矩器

目前轿车上广泛采用由泵轮、涡轮和导轮组成液力变矩器。泵轮和涡轮均为盆状。泵轮与变矩器外壳连为一体,泵轮是主动元件,与发动机曲轴相连;涡轮在变矩器内,通过花键与输出轴相连,是从动元件;导轮在泵轮和涡轮之间,固定在变矩器外壳上,给涡轮一个反作用力矩。

液力耦合器只起传动转矩作用,不能改变转矩大小。而液力变矩器能根据需要无级地改变传动比与转矩比,即具有变矩的作用。

11.1.2 汽车液力传动的应用特点

汽车液力传动的应用示意图如图11-4所示。

汽车液力传动与其他传动形式相比,有以下特点:

① 自适应性好。液力变矩器能在一定范围内自动地适应外载变化,实现无级变矩、变速调节。

② 防振动性能强。液力传动的工作介质是液体,故能吸收并减少来自发动机和机械传动系统的振动,且能提高机械的使用寿命。

③ 可带载启动,并具有稳定良好的低速运行性能。

④ 简化机械操纵,易于实现自动控制。

液力传动与机械传动相比也有一定的缺点:液力传动系统的效率较低,经济性较差;其结构复杂、造价高。

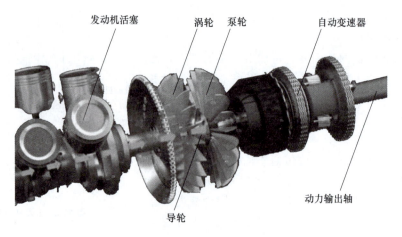

图 11-4　汽车液力传动应用示意图

11.2　液力耦合器

11.2.1　液力耦合器的组成

液力耦合器能够传递发动机的转矩，但不能改变转矩的大小，所以有时也将其称为液力联轴器。液力耦合器安装在汽车发动机和机械变速器之间，即主离合器的位置上。其组成元件如图 11-5 所示，结构简图如图 11-2 所示。

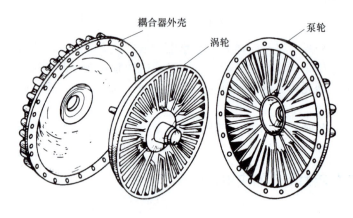

图 11-5　液力耦合器

液力耦合器外壳固定在汽车发动机曲轴的凸缘上。叶轮是液力耦合器的主动元件，称为泵轮，泵轮和外壳刚性连接，与曲轴一起旋转。与动力输出轴相连的叶轮是液力耦合器的从动元件，称为涡轮。

泵轮和涡轮都称为工作轮，工作轮的环状壳体中径向排列着许多叶片。涡轮装在密封的外壳中，与泵轮叶片端面相对，二者之间留有 3～4mm 间隙，没有刚性连接。泵轮和涡轮装合后，形成环形空腔，其内充有工作油液。通过轴线纵断面的环形，称为循环圆。

11.2.2 液力耦合器工作原理

工作轮转动时，其中的液体也被叶片带动着一起旋转。在离心力的作用下，液体从叶片内缘向外缘流动。因此，叶片外缘处压力较高，而内缘处压力较低，其压力差取决于工作轮的半径和转速。

泵轮和涡轮的半径相等，当泵轮转速大于涡轮转速时，泵轮叶片外缘的液压力大于涡轮叶片外缘的液压力，所以液体随工作轮绕其旋转轴线做圆周运动，而且在上述压力差的作用下，沿循环圆做如箭头所示方向的循环流动，其形成的流线如同一条首尾相连的环形螺旋线，如图 11-6 所示。

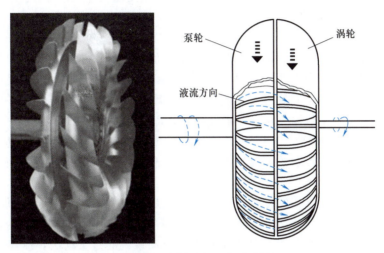

图 11-6 液力耦合器工作原理图

液力耦合器传递动力和转矩的过程是：泵轮接收发动机传来的机械能，在液体从泵轮叶片内缘向外缘流动的过程中，将动能传给涡轮。因此，液力耦合器实现传动的必要条件是液体在泵轮和涡轮之间有循环流动，而循环流动的产生是由于两个工作轮转速不等，使两轮叶片的外缘处产生液压差所致。因此，液力耦合器在正常工作时，泵轮转速总是大于涡轮转速。如果两者转速相等，则液力耦合器不起传动作用。

发动机启动后，可将变速器挂在一定挡位，此时，发动机驱动泵轮旋转，而与整车连着的涡轮暂时还处于静止状态，内部油液立即产生绕工作轮轴线的圆周运动和循环流动。当液流冲到涡轮叶片上时，对涡轮叶片造成冲击力，因而对涡轮作用一个绕涡轮轴线的转矩，力图使涡轮与泵轮同向旋转。对于一定的液力耦合器，发动机转速越大，作用在涡轮上的转矩也越大。

加大发动机供油量，当转速达到一定值时，作用于涡轮上的转矩足以克服汽车的起步阻力，使汽车开始起步。随着发动机转速的继续增高，涡轮连同汽车就被不断加速。

由于液体在液力耦合器中做循环流动时，没有受到任何其他附加外力，故发动机作用于泵轮上的转矩与涡轮所接收并传给从动轴的转矩相等，即液力耦合器只起传递转矩的作用，而不改变转矩的大小。

设泵轮的转速为 n_B，涡轮转速为 n_W，n_W/n_B 为液力耦合器的转速比 i，则耦合器的传动效率 η 为

$$\eta = \frac{P_W}{P_B} = \frac{M_W n_W}{M_B n_B}$$

式中 P_B——泵轮输入功率；

M_B——泵轮输入转矩；

P_W——涡轮输出功率；

M_W——涡轮输出转矩。

因作用在液力耦合器上的泵轮和涡轮的转矩相同，即 $M_B = M_W$，则

$$\eta = \frac{n_W}{n_B} = i$$

所以液力耦合器的传动效率等于其转速比。涡轮与泵轮的转速差越大，转速比越小，传动效率就越低；反之，转速比越大，传动效率越高。在发动机进入运转并挂上了挡，而汽车尚未起步时，泵轮虽转动而涡轮转速为零，此时液力耦合器的效率为零。

汽车刚起步时，车速较低，涡轮转速也低，传动效率低。随着汽车加速，涡轮转速逐渐提高，涡轮与泵轮的转速比增大，液力耦合器的传动效率也随之增高。理论上说，当涡轮转速等于泵轮转速时，效率为100%。实际上，如涡轮转速等于泵轮转速，则涡轮与泵轮叶片外缘处的液压力将相等，从而使得液力耦合器内的循环流动停止，泵轮与涡轮间不再有能量传递，传动效率为零。一般而言，液力耦合器的最高效率可达97%左右。

液力耦合器是以液体作为传动介质，这就使得汽车能够平稳地起步和加速，能够衰减传动系统的扭转振动并防止传动系过载，还能在暂时停车时不脱开传动系而维持发动机的怠速运转。

由于液力耦合器不能改变所传递转矩的大小，使得相应的变速机构需增加挡位。此外，液力耦合器不能使发动机与传动系统彻底分离，为解决换挡问题，在液力耦合器和机械变速器之间还需装一个换挡用离合器，从而使得整个传动系统的重量增大，纵向尺寸增加。20世纪60年代英国生产的劳斯莱斯轿车、美国生产的奥兹莫比尔轿车以及苏联生产的吉姆轿车所用的自动变速器上，都装过液力耦合器。但由于其上述缺点，近年来生产的轿车基本上不采用液力耦合器，而使用液力变矩器。

11.3 汽车液力变矩器

汽车液力变矩器位于汽车自动变速器的前端，汽车自动变速器能根据车速与发动机负荷的变化情况及时自动地换挡，从而使操作简单省力，有利于行车安全，可使发动机经常处于经济转速区域内运转，降低油耗，减少排气污染。汽车液力传动的组成及布置如图11-7所示。

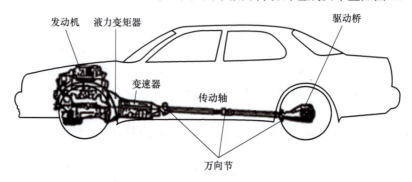

图11-7 汽车液力传动的组成及布置示意图

汽车液力变矩器的作用：
① 起到离合器的作用，传递或切断发动机与自动变速器传动机构之间的动力传递；
② 在一定范围内无级变速、无级变矩，可将发动机的转矩增大 2 倍输出；
③ 起到飞轮的作用，使发动机运转平稳；
④ 驱动液压控制系统的液压泵运转。

电控液力机械自动变速器（AT）是目前使用最普遍的一种汽车自动变速器，它主要由液力变矩器、行星齿轮变速机构和电液换挡控制系统三大部分组成，如图 11-8 所示。自动变速器液压控制系统就是把诸多的液压元件、换挡执行机构合理地连接起来，通过控制油液流向来实现自动换挡。

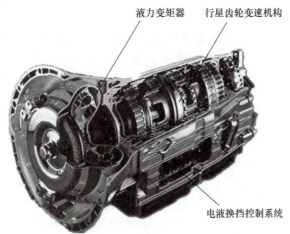

图 11-8　电控液力机械自动变速器的结构组成

11.3.1　液力变矩器的组成

普通液力变矩器由泵轮、涡轮和导轮组成，其结构组成如图 11-9（a）所示。与液力耦合器不同的是，在液力变矩器的泵轮和涡轮之间安装有导轮，并与泵轮和涡轮保持一定的轴向间隙，导轮通过导轮固定套管固定在变速器壳体上，如图 11-9（b）所示。汽车所用液力变矩器的工作轮一般是由钢板冲压焊接而成的，而工程机械和一些军用车辆所用液力变矩器的工作轮则是用铝合金精密铸造成的。

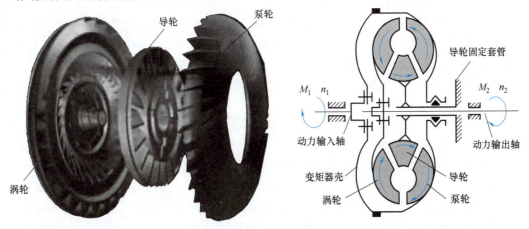

(a) 普通液力变矩器实体结构　　　　(b) 传动与结构简图

图 11-9　液力变矩器结构图

11.3.2 液力变矩器的工作原理

汽车液力变矩器在正常工作时,储存于环形腔内的油液质点绕液力变矩器轴线做圆周运动,同时还在循环圆中做循环流动,故可将转矩从泵轮传至涡轮。与液力耦合器不同的是,液力变矩器不仅能传递转矩,而且能在泵轮转矩不变的情况下,随着涡轮转速的不同自动地改变涡轮所输出的转矩,即"变矩"。

汽车液力变矩器之所以能起变矩作用,就是因为在结构上比液力耦合器多了一个导轮机构。在液体循环流动的过程中,固定不动的导轮给了涡轮一个反作用力矩,使涡轮输出的转矩不同于泵轮输入的转矩。

现以汽车液力变矩器工作轮的展开图来说明液力变矩器的工作原理。如图 11-10 所示,工作轮循环圆中间流线将三个工作轮叶片假想地展开,得到泵轮、涡轮和导轮的环形平面图,图中显示了各叶轮叶片的形状和进出口角度。

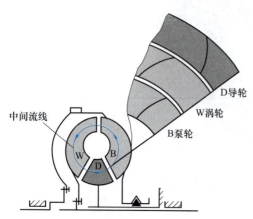

图 11-10 汽车液力变矩器工作轮的展开图

假设发动机转速及负荷不变,即液力变矩器泵轮的转速 n_B 及转矩 M_B 为常数。

① 当汽车发动机开始运转但汽车还未起步时,涡轮转速 n_W 为零,如图 11-11 (a) 所示。

变速器油在泵轮叶片带动下,以一定的绝对速度沿图中箭头 1 的方向冲向涡轮叶片,对涡轮有一作用力,产生绕涡轮轴的转矩,此即液力变矩器的输出转矩。因此时涡轮静止不动,液流则沿着叶片流出涡轮并冲向导轮,其方向如图中箭头 2 所示,该液流也对导轮产生作用力矩。然后,液流再从固定不动的导轮叶片沿箭头 3 的方向流回到泵轮中。当液流流过叶片时,对叶片作用有冲击力矩,根据作用力与反作用力定律,液流此时也会受到叶片的反作用力矩,其大小与作用力矩相等,方向相反。作用力矩或反作用力矩的方向及大小与液流进出工作轮的方向有关。设泵轮、涡轮和导轮对液流的作用力矩分别为 M_B、M_W 和 M_D,方向如图中箭头所示。根据液流受力平衡条件,三者在数值上满足关系式 $M_W = M_B + M_D$,即涡轮转矩等于泵轮转矩与导轮转矩之和。

显然,此时涡轮转矩 M_W 大于泵轮转矩 M_B,即液力变矩器起到了增大转矩的作用。也可以这样来理解其增矩作用:当液流冲击进入涡轮时,对涡轮有一作用力矩,此为泵轮给液流的力矩;当液流从涡轮流出冲击导轮时,对导轮也有一作用力矩,因导轮被固定在变速器壳体上,从而导轮给液流的反作用力矩通过液流再次作用在涡轮上,使得涡轮的转矩等于泵轮转矩与导轮转矩之和。

② 汽车液力变矩器输出的转矩足以克服汽车起步阻力时,汽车起步并开始加速,与之相连的涡轮转速 n_W 也从零起逐渐增加。

设定液流沿叶片方向流动的速度为相对速度 w,在叶轮的作用下所具有的沿圆周方向运动的速度为牵连速度 u,二者的矢量和为绝对速度 v。涡轮转速 n_W 不为零时,液流在涡轮出口处不仅具有相对速度 w,而且具有牵连速度 u_1,故冲向导轮叶片的液流的绝对速度 v_1 为两者的合成速度,如图 11-11 (b) 所示。因设泵轮转速不变,即液流循环流量基本不变,故涡轮出口处的相对速度 w 不变,变化的只是涡轮转速 n_W,即牵连速度 u 发生变化。由图

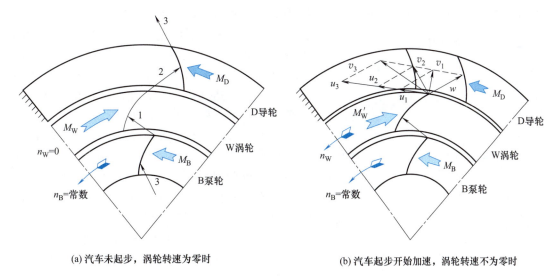

(a) 汽车未起步，涡轮转速为零时　　　(b) 汽车起步开始加速，涡轮转速不为零时

图 11-11　液力变矩器转矩输出分析图

11-11（b）可见，冲向导轮叶片的液流绝对速度 v 将随牵连速度 u 的增加而逐渐向左倾斜，使导轮上所受转矩逐渐减小。

当涡轮转速增大到一定值时，由涡轮流出速度为 v_2 的液流正好沿导轮出口方向冲出导轮。由于液体流经导轮时方向不改变，故导轮转矩 M_D 为零，即涡轮转矩与泵轮转矩相等，$M_W = M_B$。

③当涡轮转速 n_W 继续增大时，液流绝对速度 v 方向继续向左倾，如图 11-11（b）中 v_3 所示方向，液流冲击导轮叶片反面，导轮转矩方向与泵轮转矩方向相反，则涡轮转矩为前二者转矩之差，即 $M_W = M_B - M_D$，液力变矩器输出转矩反而比输入转矩小。

当涡轮转速 n_W 增大到与泵轮转速 n_B 相等时，工作液在循环圆内的循环流动停止，不能传递动力。

11.3.3　液力变矩器的特性分析

液力变矩器特性曲线如图 11-12 所示。变矩比 K 是涡轮输出转矩 M_W 与泵轮输入转矩 M_B 之比，转速比 i 是涡轮转速 n_W 与泵轮转速 n_B 之比，传动效率 η 是涡轮输出功率 P_W 与泵轮输入功率 P_B 之比。

① 变矩比 K　汽车刚起步时，阻力很大，涡轮从零开始加速，此时，变矩比 K 很大。随着涡轮转速 n_W 的增加，变矩比 K 逐渐减小。当变矩比 $K=1$ 时，涡轮输出转矩等于泵轮输入转矩，此对应点称为耦合点。耦合点对应的转速比为 $i=0.85$，耦合点后汽车传动进入高速区，变矩比 K 急速下降。

② 传动效率 η　液力变矩器的传动效率 η 在低速区（自动变矩区）时随涡轮转速增大而增大。耦合点对应的转速比为 $i=0.85$，此时传动效率最

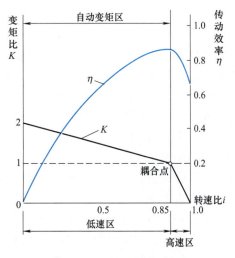

图 11-12　液力变矩器特性曲线

高,最高效率可达 90% 左右。耦合点后转速比进入高速区,传动效率 η 急速下降。

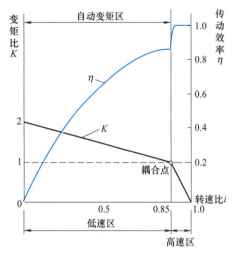

图 11-13　采用了锁止离合器的液力变矩器特性曲线

汽车液力变矩器涡轮输出的转矩是随涡轮的转速而变化的,涡轮转速愈小,输出转矩愈大,涡轮转速增大,输出转矩减小。当涡轮转速为零时,输出转矩达到最大值,使汽车驱动轮获得最大的驱动转矩,有利于汽车顺利起步。

当汽车启动或上坡遇较大阻力时,车速降低,涡轮转速下降,输出转矩增大,保证了汽车能克服较大的行驶阻力。当达到耦合点时,液力变扭器不再有"增扭"的作用,而成为耦合器;当车速再进一步增大,液力变扭器变成"减扭"器,即涡轮输出的转矩小于泵轮输入的转矩。

为了改变汽车液力变矩器高速区传动效率低的状况,通常使用锁止离合器将泵轮与涡轮刚性连接(可参见汽车锁止式液力变矩器工作原理图 11-18),成为直接机械传动,传动效率接近 100%。采用了锁止离合器的汽车液力变矩器特性曲线如图 11-13 所示。

11.3.4　汽车液力变矩器的类型

(1) 综合式液力变矩器

典型的轿车液力变矩器包括泵轮、涡轮和一个导轮,如图 11-14 所示。变矩器壳体由前半部外壳与泵轮焊接而成,壳体前端连接着装有启动齿圈的托盘,并用螺钉固定在发动机曲轴后端凸缘上。为了在维修拆装后保持液力变矩器与曲轴原有的相对位置,以免破坏动平衡,螺钉在圆周上的分布是不均匀的。泵轮及涡轮叶片和壳体均采用钢板冲压件焊接,导轮则用铝合金铸造,并安装在单向离合器外座圈上,通过单向离合器与变速器壳体连接。

单向离合器的结构由外座圈、内座圈、滚柱和不锈钢叠片弹簧组成,如图 11-15 所示。外座圈与导轮以铆钉或花键连接,内座圈与固定套管以花键相连,固定套管安装在变速器壳体上,因而内座圈是固定不动的。外座圈的内表面有若干个偏心的圆弧面,叠片弹簧将滚柱压向内外座圈之间滚道比较狭窄的一端,从而将内外两个座圈楔紧。当涡轮转速较低、与泵轮转速差较大时,从涡轮流出的液流冲击导轮叶面,力图使导轮按逆时针方向旋转,此时滚柱被楔紧在滚道的窄端,导轮和单向离合器外座圈一起被卡紧在内座圈上固定不动,液流可获得导轮的反作用力矩,液力变矩器起增大输入转矩的作用。

当涡轮转速升高到一定值时,液流对导轮的冲击力反向,即液流冲击导轮叶片背面,使导轮相对于内座圈按实线箭头方向转动,滚柱被挤向滚道宽的一端,单向离合器内外座圈松开,导轮成为自由轮与涡轮做同向旋转,对液流不再有反作用力。此时,液力变矩器相当于只有泵轮和涡轮工作,如同液力耦合器一样。这种可以转入液力耦合器工况工作的液力变矩器称为综合式液力变矩器。使用综合式液力变矩器的目的在于当涡轮处于低速和中速段时,可利用液力变矩器能增大输入转矩的特点,而在涡轮处于高转速段时,可利用液力耦合器高效率的特点,即结合了普通液力变矩器和液力耦合器的优点。

为了使液力变矩器的高效率区域更宽,可制成两个导轮,分别装在各自的单向离合器上,从而形成双导轮结构,如图 11-16 所示。两个导轮具有不同的叶片进口角度,在低转速

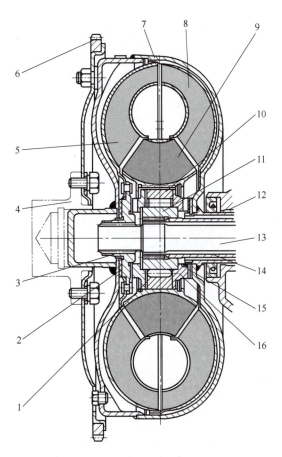

图 11-14 轿车用液力变矩器的典型结构

1—滚柱；2—塑料垫片；3—涡轮轮毂；4—曲轴凸缘；5—涡轮；6—启动齿圈；7—变矩器壳体；8—泵轮；9—导轮；10—单向离合器外座圈；11—单向离合器内座圈；12—泵轮轮毂；13—变矩器输出轴（齿轮变速器第一轴）；14—导轮固定套管；15—推力垫片；16—单向离合器盖

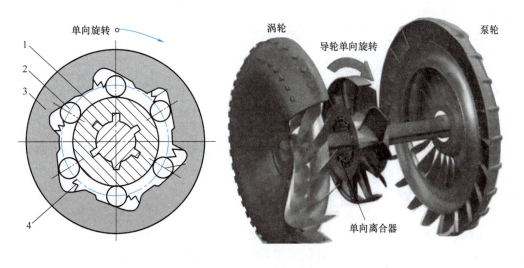

图 11-15 单向离合器结构原理图

1—内座圈；2—滚柱；3—外座圈；4—不锈钢叠片弹簧

比时，两个导轮均被单向离合器锁住，按液力变矩器工况工作。在中转速比时，涡轮出口液流开始冲击第一导轮叶片背面，第一单向离合器松开，第一导轮与涡轮同向旋转，仅第二导轮仍在起变矩作用。在高转速比时，涡轮出口液流冲击第二导轮叶片背面，其单向离合器松开，第二导轮也与涡轮做同向旋转，液力变矩器全部转入液力耦合器工况工作。

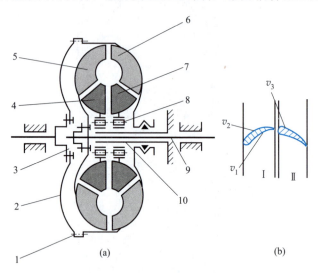

图 11-16　双导轮液力变矩器结构图

1—启动齿圈；2—变矩器壳；3—曲轴凸缘；4—第一导轮（Ⅰ）；5—涡轮；6—泵轮；7—第二导轮（Ⅱ）；8—自由轮机构；9—输出轴；10—导轮固定套管

20 世纪 60 年代到 80 年代，我国生产的红旗 CA770 高级轿车的液力变矩器采用的就是双导轮结构。这种四元件综合式液力变矩器虽然可增大变矩器的高效率工作范围，但结构更加复杂，因此，近十多年来已经很少使用。

（2）锁止式液力变矩器

汽车使用液力变矩器可以提高汽车的起步性能、加速性能和换挡性能，增加动力传动系统的减振隔振性能，减小动载荷，使工作寿命延长等。但由于液力变矩器存在着液力损失，与机械传动相比其效率较低，且效率曲线随工况变化，最高效率也只有 0.85～0.9，因而在正常行驶时油耗较高，经济性差。

汽车在平坦路面上行驶时，液力传动的优点不太明显，相反，如果采用机械传动则可以提高效率，改善经济性。锁止式液力变矩器可以实现液力传动和机械传动两种工况，将两者的优点结合于一体。锁止式液力变矩器内有一个由液压力操纵的锁止离合器。锁止离合器的主动盘就是液力变矩器壳体，从动盘是可以轴向移动的锁止离合器片。通常为了减小离合器结合和分离瞬间的冲击力，锁止离合器片内圈上带有弹性减振盘，然后与涡轮输出轴相连。主动盘和从动盘相接触的工作面上有摩擦片。锁止离合器片右面的油液与泵轮、涡轮中的压力油相通；锁止离合器片左面的油液通过变矩器输出轴中间的控制油道与阀板总成上的锁止控制阀相通，如图 11-17 所示。

锁止控制阀接通变矩器压力油路时，压盘左右两侧保持相同的压力，锁止离合器处于分离状态，如图 11-18（a）所示。汽车动力经液力变矩器传递，可充分发挥液力传动减振吸振、自动适应行驶阻力剧烈变化的优点，适合在汽车起步、换挡或坏路况时使用。

图 11-17 锁止式液力变矩器结构组成

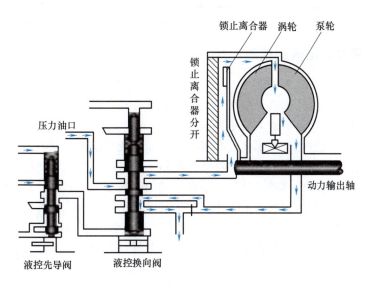

(a) 低速行驶时的分离状态

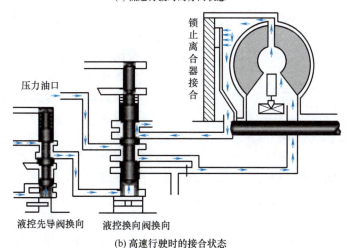

(b) 高速行驶时的接合状态

图 11-18 汽车锁止式液力变矩器工作原理图

锁止控制阀接通液力变矩器回油路时，压盘左侧的油压降低，而压盘右侧的油压仍较高；在压差的作用下，压盘通过摩擦片压紧在主动盘上，锁止离合器接合，如图11-18（b）所示。汽车动力经锁止离合器实现机械传动，变矩器输入（泵轮）轴与输出（涡轮）轴成为刚性机械连接，提高了汽车的行驶速度和燃油经济性，传动效率可提高至近100%（采用了锁止离合器的液力变矩器特性曲线见图11-13）。

当锁止离合器接合时，导轮单向离合器即脱开，导轮自由旋转。泵轮和涡轮虽是同速转动，但与导轮仍然有一定的速度差，液力变矩器内仍有少量液流做循环流动，从而有一定的能量损失，所以，即使成为直接机械传动，其传动效率也略低于100%。

锁止控制阀可以根据车速、节气门开度等参数按比例转换的液压信号进行控制。现在较多采用的是根据车速、节气门开度等参数按比例转换的电信号由汽车电脑进行控制。

11.4 汽车液力变矩器检修

11.4.1 液力变矩器的检查

(1) 汽车液力变矩器外观检查

检查汽车液力变矩器外部有无损坏和裂纹，轴套外径有无磨损，驱动液压泵的轴套缺口有无损伤。如有异常，应更换液力变矩器。

检查汽车液力变矩器是否变形。汽车液力变矩器的变形是指其发生了尺寸及形状上的变化。造成汽车液力变矩器变形的原因有液力变矩器压力过高、工作温度过高。液力变矩器中的压力过高，通常是由于单向阀及其油道被堵造成的。温度过高的主要原因是液力变矩器及变速器的油散热不良，长时间超负荷工作，产生故障而出现打滑，使传动效率降低。常检查的几个部位及尺寸如图11-19所示。过度变形的液力变矩器还会对传动系统的其他部件造成损坏。液力变矩器朝后面的部分膨胀，变速器液压泵就可能被损坏。如果它向前膨胀，曲轴的止推轴承和飞轮转动盘会被损坏。因此，在维修时应仔细检查。

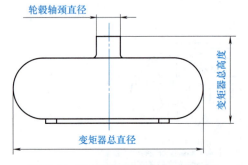

图11-19 液力变矩器外观检查部位及尺寸

(2) 汽车液力变矩器内部运动干涉检查

① 导轮与涡轮之间的运动干涉检查 汽车液力变矩器按图示方向放置在台架上，装入液压泵总成，确保泵轴部分与液压泵接合，以实现良好的定位。把输入轴（涡轮轴）插入涡轮花键轮毂中，使液压泵和液力变矩器保持不动，然后顺时针、逆时针方向旋转涡轮轴，如图11-20所示。要注意听液力变矩器内部是否有异响发出，在转动涡轮轴时也应特别注意转动是否灵活自如。如果涡轮轴转动不顺畅或有异响，则说明汽车液力变矩器内部有故障，需要更换液力变矩器。

② 导轮与泵轮之间的运动干涉检查 将汽车液力变矩器液压泵放在台架上并固定，液力变矩器安装在导轮支架轴的支撑花键上，如图11-21所示。旋转液力变矩器直到轮毂与液压泵驱动部分接合，然后固定住液压泵并逆时针方向旋转液力变矩器（使导轮单向离合器锁止，叶片能够转动），如果液力变矩器转动不顺畅或产生异响，则说明汽车液力变矩器内部

有运动干涉故障，需要更换液力变矩器。

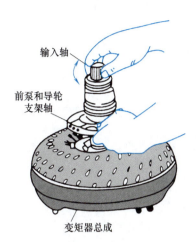

图 11-20　导轮与涡轮之间的运动干涉检查

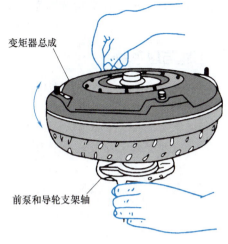

图 11-21　导轮与泵轮之间的运动干涉检查

（3）汽车液力变矩器渗漏性检测

汽车液力变矩器在制造时如果有材质或焊接等缺陷，液力变矩器成品就会出现一些细小的砂眼，使用时间较长的话，就会出现渗漏现象。特别是在对液力变矩器进行解体检修后，很容易出现这种渗漏现象。出现泄漏现象就应使用气压密封试验对其进行检查。

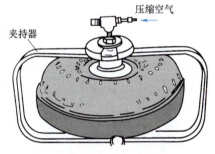

图 11-22　汽车液力变矩器渗漏检测

进行此检查需要使用专用工具，检查原理方法与补胎时检查轮胎密封性一样，如图 11-22 所示，将压缩空气通入液力变矩器内部，放入水中，有气泡溢出的地方就是液力变矩器发生泄漏的地方，根据泄漏部位及泄漏程度决定维修或换新。

11.4.2　汽车液力变矩器的清洗维护

汽车液力变矩器的清洗维护一般采用普通清洗法。普通清洗法指利用液力变矩器油液循环路线，用压缩空气进行清洗排污的方法。如图 11-23 所示，具体清洗方法如下：

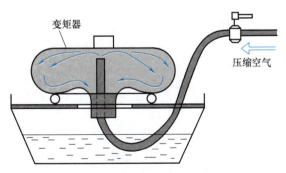

图 11-23　液力变矩器的清洗方法

① 将汽车液力变矩器的轴颈口朝下放置在带孔的铁板或木板上，板下方是盛油的油盆。将压缩空气管插至液力变矩器的最顶部，打开压缩空气开关，将液力变矩器内部原有的油通过压缩空气全部吹出。

② 向汽车液力变矩器内部加入挥发性极好的清洗剂，如汽油等，然后用手上下晃动变矩器，或者将涡轮轴或导轮轴插入液力变矩器内转动搅拌，进行清洗。

③ 使用压缩空气将油排除，重复几次上述过程。

④ 再向汽车液力变矩器内通入压力较大的压缩空气，保持压缩空气流通 10min 以上，使液力变矩器内部的汽油等清洗剂完全被吹出或挥发掉，得以充分干燥。

习题与思考题

11-1 简述汽车液力变矩器的结构组成和工作原理。

11-2 简述液力耦合器和液力变矩器的区别。

11-3 汽车液力变矩器有几种类型？其不同点是什么？

11-4 自动挡汽车挂前进挡行驶过程中，突然踩下制动踏板，试分析发动机不熄火的原因。

11-5 简述汽车锁止式液力变矩器的结构组成和工作原理。

岗课赛证·综合实训工作页

岗课赛证·综合实训工作页

日期	班级	姓名	

实训工作页 1　CB-B 型齿轮泵的拆卸和装配

 任务描述

　　齿轮泵是液压系统中的能量转换装置,本实训项目通过对齿轮泵的拆卸和装配,使学生进一步掌握齿轮泵的结构和工作原理。

 学习目标

　　① 熟悉常见的齿轮泵结构,掌握其工作原理。
　　② 学会使用各种工具正确拆装常用齿轮泵,培养实际动手能力。
　　③ 初步掌握齿轮泵的安装技术要求和使用条件。
　　④ 拆装的同时,学生可以分析和了解常用齿轮泵易出现的故障及其排除方法。

 任务调研

　　齿轮泵的密封容积由齿槽容积、泵体内表面、两端盖的内侧面构成。轮齿脱离啮合时密封容积增大,齿轮泵吸油;轮齿进入啮合时密封容积变小,齿轮泵压油。外啮合齿轮泵实物如实训图 1-1 所示。

实训图 1-1　外啮合齿轮泵实物图

根据现有的学习材料和网络学习互动平台,通过观看微课视频或者学生自己从网上、教材、课外辅导书或其他媒体收集项目资料,小组共同讨论,作出工作计划,并对任务实施进行决策。

『引导问题 1』 了解并描述齿轮泵铭牌上主要参数的含义。

_____

_____

_____

『引导问题 2』 观察分析 CB-B 型齿轮泵的实际结构图(实训图 1-2),注明引线位置的零部件名称。

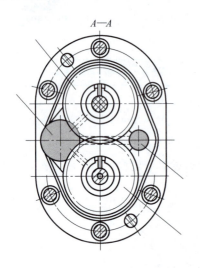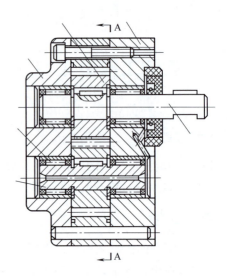

实训图 1-2　CB-B 型齿轮泵的实际结构图

 器材准备

实训	型号	元件名称	数量	生产厂家
	CB-B	齿轮泵		
拆装工具	内六角扳手、钳子、胶木锤、起子等			

 任务实施

(1) 拆卸顺序

拆掉前泵盖上的螺钉和定位销,使泵体与后泵盖和前泵盖分离。拆下主动轴及主动齿轮、从动轴及动齿轮等。

在拆卸过程中,注意观察主要零件结构和相互配合关系,分析工作原理。

(2) 装配要领

装配前清洗各零件,将轴与泵盖之间、齿轮与泵体之间的配合表面涂润滑液,然后按拆卸时的反向顺序进行装配。

『引导问题3』 结合拆装过程，简要描述齿轮泵的结构和工作原理。

　　　　　　　　　　　　　　　　　　　　　　　　　　　　　　　　　　　　　　
　　　　　　　　　　　　　　　　　　　　　　　　　　　　　　　　　　　　　　
　　　　　　　　　　　　　　　　　　　　　　　　　　　　　　　　　　　　　　

『情境链接』

液压泵拆装注意事项

① 实行"谁拆卸，谁装配"的制度，一人负责一个元件的拆装。
② 拆卸时要做好拆卸记录，必要时要画出装配示意图。
③ 对于容易丢失的小零件，要放入专用的小方盒内。
④ 各组相互交流时不要随便拿走其他组的零件。
⑤ 装配之前要分析清楚各泵的密封容积和配油装置。
⑥ 装配之前要列出各元件的装配顺序。
⑦ 严禁野蛮拆卸和野蛮装配。
⑧ 装配之后要进行试运转。

观察分析

观察对象	分　　析
泵体	观察泵体两端面上的泄油槽的形状和位置，并分析其作用
前后泵盖	观察前后泵盖上的两个矩形卸荷槽的形状和位置，并分析其作用
进、出油口	观察进、出油口的位置和尺寸，并分析其结构特点

『知识拓展』

　　齿轮泵工作时，作用在齿轮外圆上的压力是不均匀的。在排油腔和吸油腔内，齿轮外圆分别承受着系统工作压力和吸油压力；在齿轮齿顶圆与泵体内孔的径向间隙中，可以认为油液压力由高压腔压力逐级下降到吸油腔压力。这些液体压力综合作用的合力，相当于给齿轮一个径向不平衡作用力，使齿轮和轴承受载。工作压力越大，径向不平衡力越大，严重时会造成齿顶与泵体接触而产生磨损。

　　通常采取缩小出油口的办法来减小径向不平衡力，使高压油仅作用在一个到两个齿的范围内。

 问题思考

『思考问题 1』 找出密封工作腔，并分析吸油和排油的过程。

『思考问题 2』 齿轮泵进、出油口孔径为何不等？分析为什么缩小出油口可减小齿轮泵的径向不平衡力。

『思考问题 3』 若齿轮泵进、出油口反接会发生什么变化？

『思考问题 4』 观察泵的安装定位方式及泵与原动机的连接形式。

岗课赛证·综合实训工作页			
日期	班级	姓名	

实训工作页 2 YB1型双作用叶片泵的拆卸和装配

 任务描述

叶片泵是液压系统中的能量转换装置,本实训项目通过对叶片泵的拆卸和装配,使学生进一步掌握叶片泵的结构和工作原理。

 学习目标

① 熟悉常用叶片泵的结构,掌握其工作原理。
② 学会使用各种工具正确拆装常用叶片泵,培养实际动手能力。
③ 初步掌握叶片泵的安装技术要求和使用条件。
④ 拆装的同时,学生可以分析和了解常用叶片泵易出现的故障及其排除方法。

 任务调研

叶片泵有两类：双作用叶片泵和单作用叶片泵。双作用叶片泵只能做成定量泵,而单作用叶片泵则往往做成变量泵。

双作用叶片泵主要由定子、转子、叶片、配流盘、转动轴和泵体等组成。定子内表面由两段长半径圆弧、两段短半径圆弧和四段过渡曲线组成,形似椭圆。实训图 2-1 为双作用叶片泵的实物图。

根据现有的学习材料和网络学习互动平台,通过观看微课视频或者学生自己从网上、教材、课外辅导书或其他媒体收集项目资料,小组共同讨论,作出工作计划,并对任务实施进行决策。

实训图 2-1 双作用叶片泵的实物图

『引导问题1』 了解并描述双作用叶片泵铭牌上主要参数的含义。

_____
_____
_____

『引导问题2』 观察分析双作用叶片泵的实际结构图（实训图2-2），注明引线位置的零部件名称。

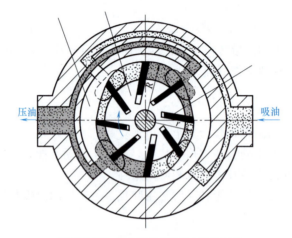

实训图2-2 双作用叶片泵的实际结构图

 器材准备

实训	型号	元件名称	数量	生产厂家
	YB1型	双作用叶片泵		
拆装工具	内六角扳手、钳子、胶木锤、起子等			

 任务实施

（1）拆卸顺序
① 拧下端盖上的螺钉，取下端盖；
② 卸下前泵体；
③ 卸下左右配流盘、定子、转子、叶片和传动轴，使它们与后泵体脱开。在拆卸过程中注意：由于左右配流盘、定子、转子、叶片之间及轴与轴承之间是预先组成一体的，不能分离的地方不要强拆。

（2）装配要领
装配前清洗各部分，按拆卸时的反向顺序装配。

『引导问题3』 结合拆装过程，简要描述双作用叶片泵的结构和工作原理。

_____
_____
_____
_____

观察分析

观察对象	分析
泵体	观察泵体外部结构,找出进、出油口。熟悉主要组成零部件的名称及作用
定子与转子	找出密封工作腔和吸油区、压油区,分析吸油和压油的过程
叶片	分析泵工作时叶片一端靠什么力量始终顶住定子内圈表面而不产生脱空现象

问题思考

『思考问题 1』 观察双作用叶片泵的安装方式及泵与原动机的连接方式。

『思考问题 2』 试分析双作用叶片泵只能制成定量泵的原因。

岗课赛证·综合实训工作页

日期	班级	姓名

实训工作页 3　CY14-1型轴向柱塞泵的拆卸和装配

任务描述

轴向柱塞泵是液压系统中的能量转换装置，本实训项目通过对轴向柱塞泵的拆卸和装配，使学生进一步掌握轴向柱塞泵的结构和工作原理。

学习目标

① 熟悉常见的轴向柱塞泵结构，掌握其工作原理。
② 学会使用各种工具正确拆装常用轴向柱塞泵，培养实际动手能力。
③ 初步掌握轴向柱塞泵的安装技术要求和使用条件。
④ 拆装的同时，学生可以分析和了解常用轴向柱塞泵易出现的故障及其排除方法。

任务调研

轴向柱塞泵是指柱塞轴线与缸体（驱动轴）轴线平行的一种多柱塞泵。轴向柱塞泵按其结构不同可分为斜盘式和斜轴式两大类。斜盘式轴向柱塞泵是由缸体（转子）、柱塞、斜盘、配流盘和驱动轴等主要部件组成，缸体内均匀分布着几个柱塞孔，柱塞可以在柱塞孔里自由滑动。轴向柱塞泵的缸体直接安装在传动轴上，通过斜盘使柱塞相对缸体做往复运动。实训图 3-1 为斜盘式轴向柱塞泵实物图。

根据现有的学习材料和网络学习互动平台，通过观看微课视频或者学生自己从网上、教材、课外辅导书或其他媒体收集项目资料，小组共同讨论，作出工作计划，并对任务实施进行决策。

实训图 3-1　斜盘式轴向柱塞泵实物图

『引导问题 1』 了解并描述轴向柱塞泵铭牌上主要参数的含义。

_____
_____
_____

『引导问题 2』 熟悉手动变量直轴斜盘式轴向柱塞泵的结构（实训图 3-2），标注各主要零部件的名称。

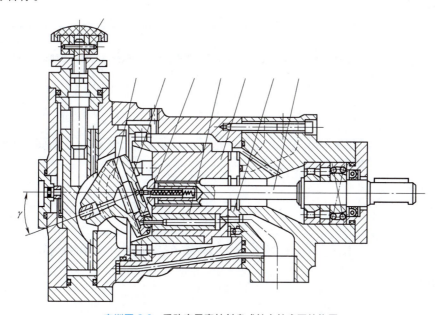

实训图 3-2　手动变量直轴斜盘式轴向柱塞泵结构图

器材准备

实训	型号	元件名称	数量	生产厂家
	CY14-1 型	轴向柱塞泵		
拆装工具	内六角扳手、钳子、胶木锤、起子等			

任务实施

（1）拆卸顺序

① 拆掉前泵体上的螺钉、销子，分离前泵体与中间泵体；再拆掉变量机构上的螺钉，分离中间泵体与变量机构。这样将泵分为前泵体、中间泵体和变量机构三部分。

② 拆卸前泵体部分：拆下端盖、前轴及轴套等。

③ 拆卸中间泵体部分：拆下回程盘及其上的 7 个柱塞，取出弹簧、钢珠、内套以及外套等，卸下缸体、配流盘。

④ 拆卸变量机构部分：拆下斜盘，拆掉手轮上的销子，拆掉手轮。拆掉两端的 8 个螺钉，卸掉缸盖，取出丝杠、变量活塞等。

在拆卸过程中，注意旋转手轮时斜盘倾角的变化。

（2）装配要领

装配前清洗各零件，按拆卸时的逆向顺序装配各个零件。

『引导问题 3』 结合拆装过程，简要描述轴向柱塞泵的结构和工作原理。

___

观察分析

观察对象	分　　析
泵体	观察泵体，分析轴向柱塞泵在工作过程中缸体、柱塞、配流盘和斜盘的运动关系
柱塞与滑履	观察分析柱塞头部滑履的结构及中心小孔的作用。思考轴向柱塞泵的柱塞个数为什么通常是奇数
密封腔	找出 7 个密封腔的位置，观察并分析柱塞泵密封工作油腔是如何形成的

问题思考

『思考问题 1』 分析轴向柱塞泵变量机构的工作原理。分析斜盘倾角与柱塞泵流量之间的关系。

『思考问题 2』 斜盘倾角的大小是如何改变的？斜盘倾角的变化范围是多少？如何锁定斜盘倾角？

岗课赛证·综合实训工作页		
日期	班级	姓名

实训工作页 4 液压基本换向回路电控设计与系统运行

 任务描述

液压基本换向回路的作用是实现执行元件的启动、停止或改变运动方向，即利用各种方向控制阀来控制系统中各油路油液的接通、断开及变向。本实训项目通过设计液压换向回路及电控线路，使学生进一步掌握换向回路的工作原理。

 学习目标

① 设计液压基本换向回路的普通电控电路。
② 深刻地领会"机电一体化"概念。
③ 合理布置管路及液压电气元件，成功地运行液压系统。

 任务调研

根据现有的学习材料和网络学习互动平台，通过观看微课视频或者学生自己从网上、教材、课外辅导书或其他媒体收集项目资料，小组共同讨论，作出工作计划，并对任务实施进行决策。

『情境链接』

液压系统的调试与运行

无论是新制造的液压设备还是经过大修后的液压设备，都要进行工作性能和各项技术指标的调试，在调试过程中排除隐患，从而使液压系统达到正常、稳定、可靠的工作状态。同时，调试中积累的第一手资料可整理纳入技术档案，有助于设备今后的维护和故障诊断及排除。

对液压设备的正确使用、合理运行，可以使设备始终处于良好的状态，减少故障的发生，延长使用寿命。

① 液压设备的操作者必须熟悉系统原理，掌握系统动作顺序及各元件的调节方法。
② 在开动设备前，应检查所有运动机构及电磁阀是否处于原始状态，检查油箱液位，若油量不足，不准启动液压泵。
③ 一般油温应控制在 35~55℃ 范围内。冬季当油箱内温度未达到 25℃ 时，不准执行元件的顺序动作，应先打开加热器进行加热，或启动油泵使泵空运转。夏季，油温高于 60℃ 时，应采取冷却措施，密切注意系统工作状况，一旦有问题要及时停泵。
④ 停机超过 4h 的液压设备，在开始工作前，应使泵空转 5~10min，然后才能带压工作。

 器材准备

型号	元件名称	数量	生产厂家

任务实施

采用三位四通电磁换向阀的液压基本换向回路原理图如实训图 4-1 所示。当阀处于中位时，M 型滑阀机能使泵卸荷，液压缸两腔油路封闭，活塞停止；当 YA1 通电时，换向阀切换至左位，液压缸左腔进油，活塞向右移动；当 YA2 通电时，换向阀切换至右位工作，液压缸右腔进油，活塞向左移动，实现换向。

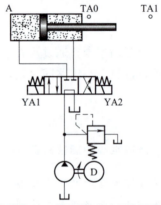

实训图 4-1 液压基本换向回路原理图

根据液压基本换向回路工作原理图和执行元件动作循环编写电磁铁动作顺序表，用符号"＋"表示电磁铁通电或接近开关接通，符号"－"则表示断电或断开。

液压缸动作	YA1	YA2

过程考核记录　□油路连接成功　□经指点后连接成功　□连接错误　□未参与该环节

(1) 液压缸 A 的点动控制（绘制电气控制线路图，说明系统运行的工作原理）

过程考核记录　□系统成功运行　□经指点后成功运行　□运行有误　□未参与该环节

(2) 自动往复换向回路（绘制电气控制线路图，说明系统运行的工作原理）
执行元件动作及步骤：
① 按下启动按钮，液压缸 A 向右运行到指定的位置，位置由行程开关或位置传感器限定；
② 液压缸 A 活塞杆自动向左退回；
③ 液压缸 A 退回到左端后，完成一个工作循环；此时行程开关或位置传感器发出信号，活塞杆自动向右前进，实现自动连续往复运动，直到按下停止按钮。

过程考核记录　□系统成功运行　□经指点后成功运行　□运行有误　□未参与该环节

(3) 时间控制的自动往复换向回路（绘制液压回路与电气控制线路图，说明系统运行的工作原理）
执行元件动作及步骤：
① 按下启动按钮，液压缸 A 向右运行到指定的位置，位置由行程开关或位置传感器限定；
② 液压缸 A 在右侧停留 5～10s 后，自动退回到左侧；
③ 液压缸 A 在左侧停留 3～6s 后，活塞杆自动向右移动；
④ 以上动作自动连续往复进行，直到按下停止按钮。

过程考核记录　□系统成功运行　□经指点后成功运行　□运行有误　□未参与该环节

问题思考

『思考问题1』 液压泵在最初启动时和运行一段时间后,工作特性有何不同?试分析其原因。

『思考问题2』 分析比较三位四通换向阀的O型、H型、M型中位机能的工作特点。

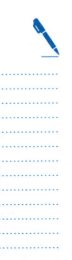

岗课赛证·综合实训工作页

日期　　　　　　班级　　　　　　姓名

实训工作页 5　自动化生产线上的圆柱形工件分送装置

任务描述

本实训项目通过自动化生产线上的圆柱形工件分送装置的电气控制电路设计与线路连接，使学生进一步掌握双气缸气动系统的电控工作原理。

圆柱形工件
分送装置

① 认识气动系统控制理念，设计气动回路及电控线路。
② 合理布置管路及气动与电气元件，深刻理解"机电一体化"概念。

任务调研

圆柱形（或球形）工件分送装置示意图如实训图 5-1 所示。原始状态下气缸 A 和气缸 B 活塞杆完全伸出，挡住圆柱形（或球形工件）工件，避免其滑入加工机。本实训项目利用气缸 A、B 的交替伸缩将圆柱形工件（或球形工件）三个三个地送到加工机上加工。

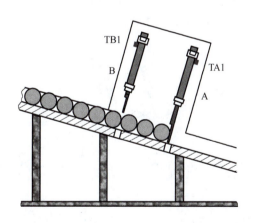

实训图 5-1　圆柱形（或球形）工件分送装置示意图

根据现有的学习材料和网络学习互动平台，通过观看微课视频或者学生自己从网上、教材、课外辅导书或其他媒体收集项目资料，小组共同讨论，作出工作计划，并对任务实施进行决策。

器材准备

型号	元件名称	数量	生产厂家

任务实施

(1) 设计提示

圆柱形工件分送装置气动系统工作原理如实训图 5-2 所示。为了保证后边三个圆柱形工件只有在前三个工件加工完毕后才能滑入加工机,所以下一次的滑入须间隔 3~5s 后才能开始。电气控制器件使用了两个时间继电器 KT1、KT2,三个中间继电器 KZ1、KZ2、KZ3 和两个磁性位置传感器(磁性开关)TA1、TB1。通过两个磁性位置传感器 TA1、TB1 发出信号来控制机构实现连续工作循环。在停电或停气后,分送装置必须通过按钮开关 SB1 重新启动,不得自行开始动作。

注意:如果使用四个磁性位置传感器分别置于两个气缸控制上下位置,控制电路可能会出现触点接通与断开混乱的情况,电路设计会复杂化。

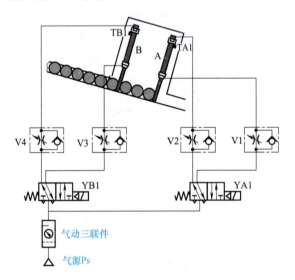

实训图 5-2 圆柱形工件分送装置气动系统工作原理图

根据气动系统工作原理图和执行元件动作循环编写电磁铁动作顺序表,用符号"+"表示电磁铁通电或接近开关接通,符号"-"则表示断电或断开。

动作元件	YA1	YB1
气缸 A 活塞杆提起	+	
气缸 A 活塞杆伸出	−	
气缸 B 活塞杆提起		+
气缸 B 活塞杆伸出		−

过程考核记录　□气路连接成功　□经指点后连接成功　□连接错误　□未参与该环节

（2）气动回路执行元件动作及步骤

原始状态下气缸 A 和气缸 B 活塞杆完全伸出。按下启动按钮 SB1，电磁换向阀线圈 YA1 通电，压缩空气经 V1 进入气缸 A 下腔，气缸 A 活塞杆提起，三个圆柱形工件（或球形工件）滑入加工机，后边的圆柱形工件被气缸 B 活塞杆挡住。

气缸 A 活塞杆提到磁性开关 TA1 的限定位置时，TA1 发信，电磁换向阀线圈 YA1 断电，气缸 A 活塞杆伸出。此时时间继电器 KT1 开始计时，计时 3～5s 后，电磁换向阀线圈 YB1 通电，压缩空气经 V3 进入气缸 B 下腔，气缸 B 活塞杆提起，三个圆柱形工件又滚入滑道被气缸 A 活塞杆挡住。

随后气缸 B 活塞杆提到磁性开关 TB1 的限定位置时，TB1 发信，电磁换向阀线圈 YB1 断电，气缸 B 活塞杆伸出，此时时间继电器 KT2 开始计时，计时 3～5s 后 YA1 自动通电，气缸 A 活塞杆提起，又有三个圆柱形工件（或球形工件）滑入加工机，下一个工作循环自动开始。

依此设计出的电气控制电路图如实训图 5-3 所示。

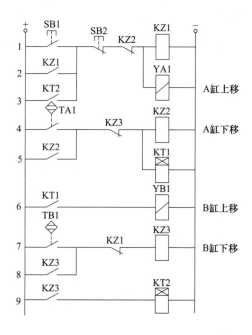

实训图 5-3　圆柱形工件分送装置电气控制电路图

过程考核记录　□电路连接成功　□经指点后连接成功　□连接错误　□未参与该环节

『知识拓展』

双缸气动实训设备参考模型

纸箱抬升与推出装置参考模型如实训图 5-4、实训图 5-5 所示，利用两个气缸（液压缸）将已经完成装箱打包的纸箱从自动生产线上取下。执行元件动作步骤如下：

① 通过一个按钮控制气缸 A1 活塞杆伸出，将纸箱抬升到气缸 A2 的前方；
② 气缸 A2 活塞杆伸出，将纸箱推入滑槽；
③ 气缸 A1 活塞杆首先退回；
④ 气缸 A2 活塞杆退回，一个工作循环完成。

检测到工件后，执行元件自动动作；气缸活塞杆运动速度设计为回油路节流调速（前进方向），或双向节流调速。

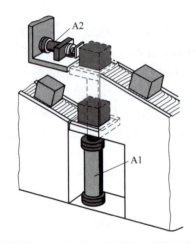

实训图 5-4　纸箱抬升与推出装置参考模型（一）

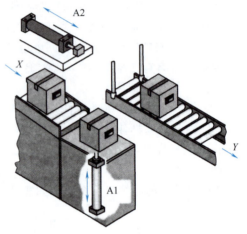

实训图 5-5　纸箱抬升与推出装置参考模型（二）

岗课赛证·综合实训工作页		
日期	班级	姓名

实训工作页6　液压速度切换回路电控设计与系统运行

 任务描述

液压系统的执行机构，往往需要在工作行程的不同阶段有不同的运动速度，这时可以采用速度切换回路。速度切换回路的作用就是将一个运动速度转换成另外一个运动速度。本实训项目通过设计液压速度切换回路及电控线路，使学生进一步掌握速度切换回路的工作原理。

 学习目标

① 熟悉液压元件，自行组装速度切换（快速运动）回路。
② 掌握实现速度切换（快速运动）回路的基本方法。
③ 了解速度切换（快速运动）回路的特点及主要参数的调节。
④ 合理布置管路及液压元件和电气元件，成功地运行液压系统。

 任务调研

根据现有的学习材料和网络学习互动平台，通过观看微课视频或者学生自己从网上、教材、课外辅导书或其他媒体收集项目资料，小组共同讨论，作出工作计划，并对任务实施进行决策。

 器材准备

型号	元件名称	数量	生产厂家

 任务实施

使用调速阀的速度切换回路如实训图6-1所示，回路可使执行元件完成"快进→工进→快退→停止"这一自动工作循环。启动液压泵3，在图示位置，YA1通电，三位四通电磁换向阀2处在左位，液压缸1快进。此时，溢流阀4处于关闭状态。当YA3通电时，电磁换向阀 7 处于上位，液压缸右腔的油液必须通过调速阀 5 才能流回油箱，活塞运动速度转变为慢速工进。此时，溢流阀 4 处于溢流稳压状态。当 YA2 通电时，换向阀 2 处于右位，压力油经单向阀 6 进入液压缸右腔，液压缸左腔的油液直接流回油箱，活塞快速退回。

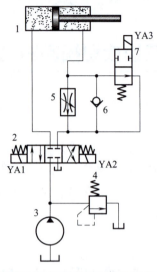

实训图 6-1　使用调速阀的速度切换回路

根据液压速度切换回路工作原理图和执行元件动作循环编写电磁铁动作顺序表，用符号"＋"表示电磁铁通电或接近开关接通，符号"－"则表示断电或断开。

液压缸动作	YA1	YA2	YA3

过程考核记录　□油路连接成功　□经指点后连接成功　□连接错误　□未参与该环节

绘制电气控制线路图，说明工作过程。

问题思考

『思考问题 1』 说明阀 5、6、7 在液压系统中的作用。

『思考问题 2』 试比较调速阀与节流阀的调速特点及特性曲线。

岗课赛证·综合实训工作页

日期　　　　　　班级　　　　　　姓名

实训工作页 7　工业成品自动推料装箱设备 PLC 控制

 任务描述

可编程逻辑控制器（PLC）是目前液压气动设备最常见的一种控制装置。PLC 能处理相当复杂的逻辑关系，可以对各种类型、各种复杂程度的液压气动系统进行控制。此外，由于 PLC 控制系统采用软件编程方法实现控制逻辑，因此，通过改变程序就可改变液压气动系统的逻辑功能。

本实训项目通过自动化装配线上的板材冲裁装备的 PLC 控制线路，使学生进一步掌握西门子 S7-200 PLC 控制器的电控线路连接与工作原理。

工业成品自动推料装箱

 学习目标

① 认识液压系统 PLC 控制理念，设计液压回路及西门子 S7-200 PLC 电控线路。
② 深刻地领会"机电一体化"概念。
③ 合理布置管路及液压电气元件，体会 PLC 控制与普通电气控制的区别。

 任务调研

如实训图 7-1 所示，利用一个双作用液压缸将料仓中的成品推入滑槽进行装箱。为了提高效率，采用一个按钮启动液压缸（或气缸）动作。按下开关，液压缸（或气缸）活塞杆伸出，将工件推入滑槽，活塞杆自动退回，完成一个工作循环。随后活塞杆再次伸出推动下一个工件，如此循环，直至按下停止按钮，液压缸（或气缸）活塞杆停止运动。

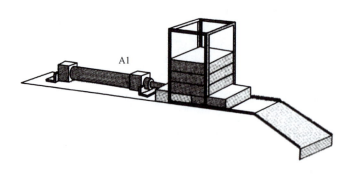

实训图 7-1　自动送料装置示意图

根据现有的学习材料和网络学习互动平台，通过观看微课视频或者学生自己从网上、教材、课外辅导书或其他媒体收集项目资料，小组共同讨论，作出工作计划，并对任务实施进行决策。

器材准备

型号	元件名称	数量	生产厂家

任务实施

（1）设计分析

现以液压缸为例作为执行元件实现连续自动循环工作，设置相应的发信元件，检测活塞杆是否已经完全伸出或已经完全退回。自动往复换向回路原理图如实训图 7-2 所示。当阀处于中位时，M 型滑阀机能使泵卸荷，液压缸两腔油路封闭，活塞停止；当 YA1 通电时，换向阀切换至左位，液压缸左腔进油，活塞向右移动；当 YA0 通电时，换向阀切换至右位工作，液压缸右腔进油，活塞向左移动，实现换向。

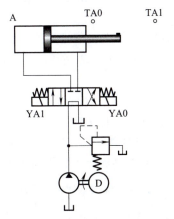

实训图 7-2　自动往复换向回路原理图

根据液压回路工作原理图和执行元件动作循环编写电磁铁动作顺序表，用符号"＋"表示电磁铁通电或接近开关接通，符号"－"则表示断电或断开。

动作元件	YA1	YA0
液压缸向右伸出	＋	－
液压缸向左退回	－	＋

过程考核记录　　□油路连接成功　　□经指点后连接成功　　□连接错误　　□未参与该环节

（2）自动往复换向回路执行元件动作及步骤

为了使液压缸按下按钮后能实现自动前进与后退，此时就需要安装接近开关 TA1、TA0 来发出信号，依此设计出的电气控制电路图如实训图 7-3 所示（液压缸伸出、退回位置可用行程开关、磁性开关或其他位置传感器来检测并发出信号）。

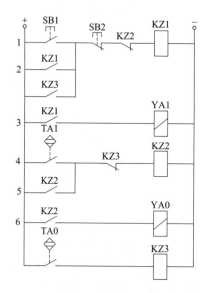

实训图 7-3　自动往复送料装置电气控制电路图

① 按下启动按钮，液压缸 A 向右运行到指定的位置，位置由行程开关或磁性位置传感器 TA1 限定；

② 行程开关或磁性位置传感器 TA1 发出信号，液压缸 A 活塞杆自动向左退回；

③ 液压缸 A 退回到左端后，完成一个工作循环，此时行程开关或磁性位置传感器 TA0 发出信号，活塞杆自动向右前进；

④ 液压缸 A 向右运行到指定的位置后，行程开关或磁性位置传感器 TA1 发出信号，活塞杆实现自动连续往复运动，直到按下停止按钮。

（说明：为了简化电路设计，按下停止按钮 SB1 时选择将活塞杆端部停在无接近开关的位置，即将活塞杆原始位置设置在两个接近开关的中间位置。）

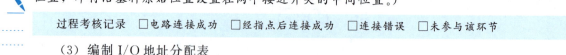

过程考核记录　　□电路连接成功　　□经指点后连接成功　　□连接错误　　□未参与该环节

（3）编制 I/O 地址分配表

I/O 地址	符号	说明	I/O 地址	符号	说明
I0.1	SB1	启动按钮	Q0.1	YA1	控制液压缸伸出
I0.2	SB2	停止按钮	Q0.2	YA0	控制液压缸退回
I0.3	TA1	伸出止点(发退回信号)			
I0.4	TA0	退回止点(发伸出信号)			

（4）编制 PLC 梯形图程序

通过计算机参考实训图 7-4 编制西门子 S7-200 PLC 梯形图程序，并将编制好的 PLC 梯形图程序下载到 PLC 模块中。

实训图 7-4　计算机编制 PLC 梯形图程序

过程考核记录　□梯形图程序绘制正确　□经指点后绘制正确　□绘制错误　□未参与该环节

（5）西门子 S7-200 PLC 控制器硬件接线

西门子 S7-200 PLC 控制器硬件接线如实训图 7-5 所示，外部连线完毕后开机运行系统。

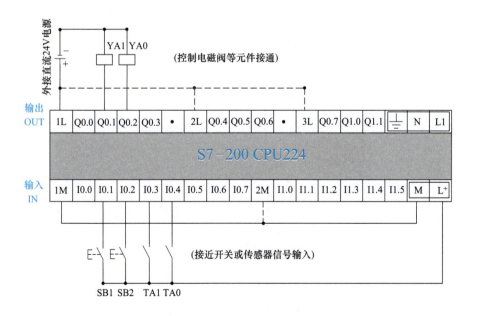

实训图 7-5　西门子 S7-200 PLC 硬件接线图

过程考核记录　□PLC 硬件接线成功　□经指点后接线成功　□接线错误　□未参与该环节

 问题思考

『思考问题 1』 通过连接 PLC 控制线路，简述 PLC 控制技术与普通电气控制技术的区别和优势。

『思考问题 2』 根据教材相关内容的讲述，学习使用 FX2N 系列三菱 PLC 控制器编程，完成对工业成品自动装箱的送料装置的 PLC 控制，并比较其相同和不同之处。

岗课赛证・综合实训工作页			
日期	班级	姓名	

实训工作页 8　自动化生产线上的工件转运设备 PLC 控制

 任务描述

本实训项目通过工业自动化生产线上的工件转运设备 PLC 控制线路设计与连接，使学生进一步掌握 FX2N 系列三菱 PLC 控制器的电控工作原理。

自动化生产线上的工件转运设备

学习目标

① 认识气动系统控制理念，设计气动回路及 FX2N 系列三菱 PLC 控制器电控线路。

② 合理布置管路及气动与电气元件，深刻理解"机电一体化"概念。

 任务调研

利用气缸将传送装置从某一方向送来的工件推送到与其垂直的传送装置上做进一步加工，如实训图 8-1 所示。传送带上的工件到达指定位置，被光电传感器 SE0 检测到时，气缸活塞杆伸出将工件推出，随后活塞杆自动退回到原位，传送带 S1 继续自动运行，下一工件到达指定位置，重复执行以上动作。传送带 S1 用 24V 直流电机驱动，速度可调。

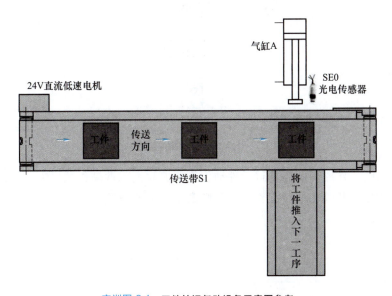

实训图 8-1　工件转运气动设备示意图参考

根据现有的学习材料和网络学习互动平台，通过观看微课视频或者学生自己从网上、教材、课外辅导书或其他媒体收集项目资料，小组共同讨论，作出工作计划，并对任务实施进行决策。

 器材准备

型号	元件名称	数量	生产厂家

任务实施

（1）设计提示

传送带上的工件到达指定位置，被光电传感器检测到时，传送带 S1 停止运动；气缸活塞杆推出工件后，传送带 S1 继续自动运行。本项目采用 FX2N 系列三菱 PLC 控制器来对系统运行进行控制。自动化生产线上的工件转运设备气动回路原理图如实训图 8-2 所示。

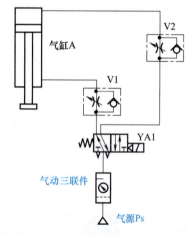

实训图 8-2　工件转运设备气动回路工作原理图

根据气动回路工作原理图和执行元件动作循环编写电磁铁动作顺序表，用符号"＋"表示电磁铁通电或接近开关接通，符号"－"则表示断电或断开。

动作元件	YA1	SE0
气缸活塞杆伸出	＋	＋
气缸活塞杆退回	－	－

过程考核记录　□气路连接成功　□经指点后连接成功　□连接错误　□未参与该环节

（2）气动回路执行元件动作及步骤

① 原始状态下电磁换向阀 YA1 断电，气缸活塞杆处于原位退回状态。

② 按下启动按钮 SB1，直流电机 M 开始驱动传送带运动。

③ 当工件到达指定位置，光电传感器 SE0 检测到工件时，光电传感器 SE0 发出信号，YA1 通电，换向阀切换至右位，压缩空气通过 V2 进入气缸上腔，活塞杆伸出，推出工件。

④ 推出工件后，光电传感器 SE0 信号消失，YA1 断电，换向阀回到常位工作，压缩空气通过 V1 进入气缸下腔，气缸活塞向上移动，退回到原位。

PLC 控制

依此设计出的电气控制电路图如实训图 8-3 所示。

过程考核记录　□电路连接成功　□经指点后连接成功　□连接错误　□未参与该环节

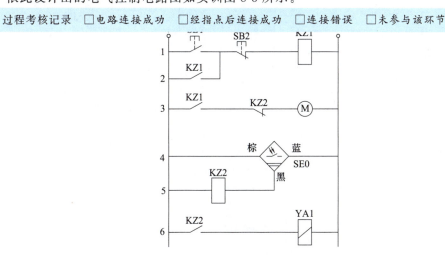

实训图 8-3　自动往复送料装置电气控制电路图

（3）编制 PLC 输入/输出（I/O）地址分配表

输入地址	符号	说明	输出地址	符号	说明
X1	SB1	启动按钮	Y0	M	控制电机运转
X2	SB2	停止按钮	Y1	YA1	控制气缸推出工件
X3	SE0	光电传感器发信号 传送带停止、气缸推出			

（4）编制 PLC 梯形图程序

参考实训图 8-4 使用计算机编制 PLC 梯形图程序，并将编制好的 PLC 梯形图程序传输到 FX2N 系列三菱 PLC 模块中。

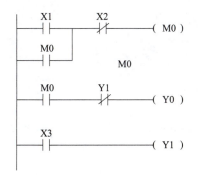

实训图 8-4　自动往复送料装置 PLC 梯形图程序

过程考核记录　□梯形图程序绘制正确　□经指点后绘制正确　□绘制错误　□未参与该环节

（5）FX2N 系列三菱 PLC 硬件接线

按 FX2N 系列三菱 PLC 硬件接线实训图 8-5 连接 PLC 电控线路，认真检查线路连接，开机运行气动系统。

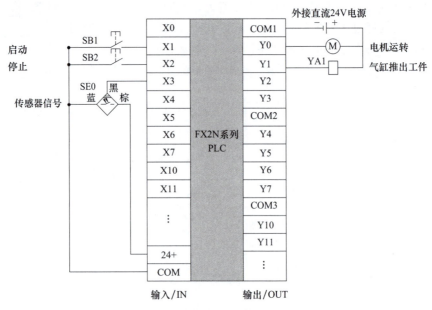

实训图 8-5　FX2N 系列三菱 PLC 硬件接线图

过程考核记录　□PLC 硬件接线成功　□经指点后接线成功　□接线错误　□未参与该环节

『知识拓展』

单缸气动实训设备参考模型

工业自动化生产线上的工件转运设备是现代工业流水线上的必备装备，其结构和类型很多，实训过程中可以参考以下的同类设备模型，如实训图 8-6、图 8-7 所示。

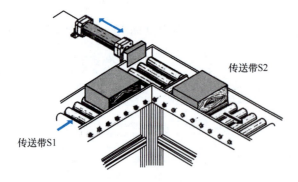

实训图 8-6　工件转运气动设备参考模型（一）

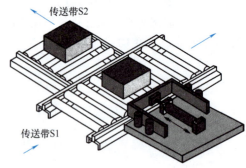

实训图 8-7　工件转运气动设备参考模型（二）

岗课赛证·综合实训工作页

日期·　　　班级　　　姓名

实训工作页 9　汽车装配线上的板材冲裁装备 PLC 控制

 任务描述

通过改变 PLC 程序就可改变液压气动系统的逻辑功能。本实训项目通过汽车装配线上的板材冲裁装备 PLC 控制程序设计和线路连接，使学生进一步掌握西门子 S7-200 PLC 控制器的电控线路连接与工作原理。

汽车装配线上的板材冲裁装备

 **学习目标**

① 认识 PLC 液压系统控制理念，设计液压回路及西门子 S7-200 PLC 电控线路。
② 合理布置管路及液压电气元件，体会 PLC 控制与普通电气控制的区别。

 任务调研

汽车装配线上的板材冲裁装备示意图如实训图 9-1 所示。其中双作用液压缸 N1 用于工件的夹紧，当其夹紧力达到 3MPa 时由系统压力继电器发信，液压缸 N2 活塞杆伸出，对板材进行冲裁。冲裁完毕后，液压缸 N2 活塞杆首先退回，之后液压缸 N1 活塞杆退回。为了避免损坏工件表面，两个液压缸的伸出速度应可以调节。

特别注意：设计制作板材冲裁装备时，对于金属板材，冲孔（圆孔或方孔）时需要考虑退刀问题，裁剪弧线边和直边时一般可以顺利退刀，如实训图 9-1（b）所示。本实训项目采用宽度为 1～5cm、厚度为 1～4mm 的塑料板或木板板材，裁剪弧线边或直边。

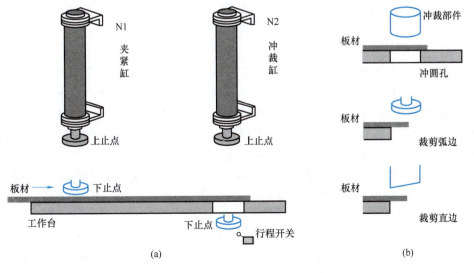

实训图 9-1　汽车装配线上的板材冲裁装备示意图

根据现有的学习材料和网络学习互动平台，通过观看微课视频或者学生自己从网上、教材、课外辅导书或其他媒体收集项目资料，小组共同讨论，作出工作计划，并对任务实施进行决策。

器材准备

型号	元件名称	数量	生产厂家

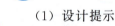

（1）设计提示

课题中液压缸动作顺序为：按下启动按钮开关 SB1→YA1 通电→夹紧液压缸 N1 伸出夹紧工件→夹紧液压缸 N1 移动至下止点→管路压力升高压力继电器 SP1 发信→YA2 通电→冲裁液压缸 N2 伸出对板材进行冲裁→冲裁液压缸 N2 移动至下止点→触发行程开关 ST1 发出退回信号→冲裁液压缸 N2 退回至上止点原位→管路压力升高压力继电器 SP2 发出退回信号→夹紧液压缸 N1 退回，完成一个工作循环。

回路中需要设置调速阀，对液压缸进行节流调速，以获得相当稳定的速度，保证生产质量，减少夹紧和冲裁时工件的夹伤和变形。

（2）绘制液压系统工作原理图

汽车装配线上的板材冲裁装备如实训图 9-2 所示。

（提示：可以考虑将该液压装置改造成气动装置进行实训，气缸可以使用磁性开关来限位，气动系统图可以仿制液压系统图来设计。）

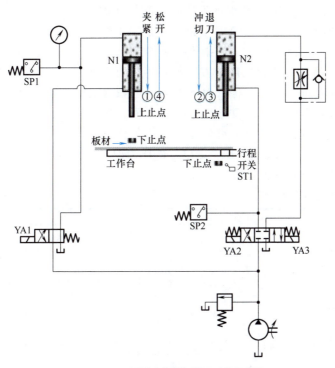

实训图 9-2　板材冲裁装备液压系统原理图

根据液压系统工作原理图和执行元件动作循环编写电磁铁动作顺序表，用符号"＋"表示电磁铁通电或接近开关接通，符号"－"则表示断电或断开。

液压缸动作	YA1	YA2	YA3	SP1	SP2	ST1
夹紧液压缸 N1 伸出	＋					
冲裁液压缸 N2 伸出		＋		＋		
冲裁液压缸 N2 退回		－	＋			＋
夹紧液压缸 N1 退回	－		－		＋	

『引导问题』　压力继电器控制的顺序动作回路为什么有时候会出现液压缸振动的情况，分析其原因，并说明解决问题的方法。

过程考核记录　□油路连接成功　□经指点后连接成功　□连接错误　□未参与该环节

【注意事项】
① 为了保证系统能正常运行，防止出现压力不稳产生的振动现象，在连接液压管路前，

首先一定要将压力继电器 SP1、SP2 的发信压力值调节到 3.0MPa，系统工作压力略高于 3.0MPa。液压系统图中的压力继电器可用接近开关或其他位置控制传感器来替代。

② 压力继电器的发信压力值调节方式是：将压力表和压力继电器接入液压泵出口，将压力继电器的两根接线接通带指示灯的中间继电器线圈与 24V 直流电源（实训图 9-3），慢慢旋转旋钮，将压力继电器从压力低值逐渐提高，指示灯亮起的压力值就是压力继电器的压力设定值。

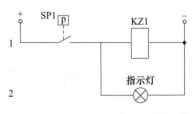

实训图 9-3　压力继电器发信压力值调节

③ 按照液压系统图连接液压管路。

（3）编制 I/O 地址分配表

I/O 地址	符号	说明	I/O 地址	符号	说明
I0.1	SB1	启动 N1 伸出夹紧工件	Q0.1	YA1	控制夹紧液压缸 N1 伸出/退回
I0.2	SB2	停止按钮	Q0.2	YA2	控制冲裁液压缸 N2 伸出
I0.3	SP1	N1 位于下止点 发信号 N2 伸出	Q0.3	YA3	控制冲裁液压缸 N2 退回
I0.4	ST1	N2 位于下止点 发信号 N2 退回原位			
I0.5	SP2	N2 位于上止点 发信号 N1 退回原位			

（4）绘制电气控制线路图

汽车装配线上的板材冲裁装备电气控制线路图如实训图 9-4 所示。

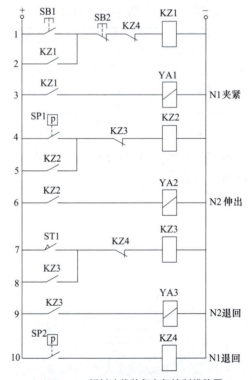

实训图 9-4　板材冲裁装备电气控制线路图

过程考核记录　□电路连接成功　□经指点后连接成功　□连接错误　□未参与该环节

（5）编制 PLC 梯形图程序

参考实训图 9-5 在电脑上编制汽车装配线上的板材冲裁装备 PLC 梯形图程序，并将编制好的 PLC 梯形图程序下载到 PLC 模块中。

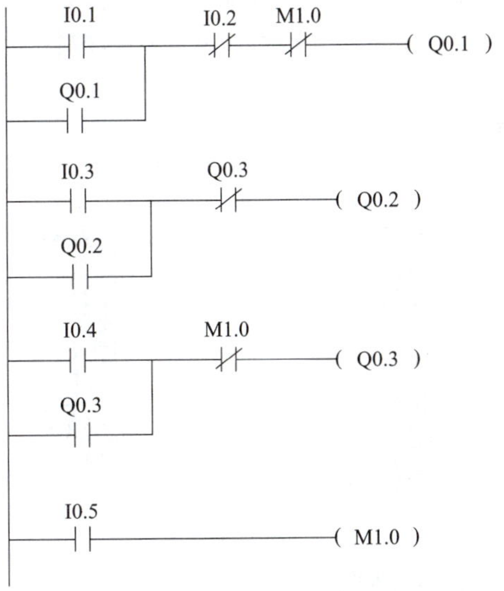

PLC 控制

实训图 9-5　板材冲裁装备 PLC 梯形图程序

| 过程考核记录 | □梯形图程序绘制正确　□经指点后绘制正确　□绘制错误　□未参与该环节 |

（6）PLC 硬件接线

汽车装配线上的板材冲裁装备 PLC 硬件接线如实训图 9-6 所示。连接 PLC 电控线路，认真检查完毕后，开机运行液压系统。

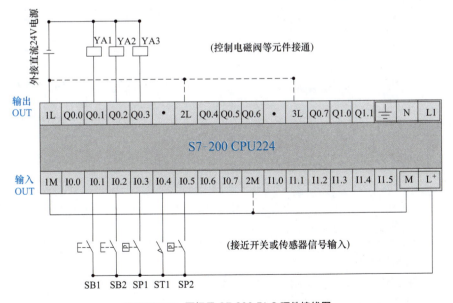

实训图 9-6　西门子 S7-200 PLC 硬件接线图

| 过程考核记录 | □PLC 硬件接线成功　□经指点后接线成功　□接线错误　□未参与该环节 |

『情境链接』

采用光电传感器的板材冲裁 PLC 控制

使用光电传感器或电感式传感器（感应金属）可以代替按钮开关 SB1 发出启动信号，当光电传感器 SE0 检测到工件时就能自动完成夹紧和冲裁动作，如实训图 9-7 所示。汽车装配线上的板材冲裁装备 PLC 输入/输出（I/O）地址分配表、电气控制线路图、PLC 梯形图程序、PLC 硬件线路设计如下。

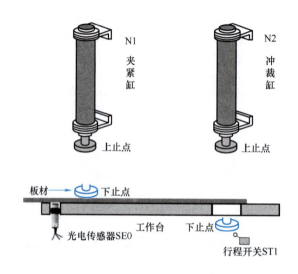

实训图 9-7　汽车装配线上的板材冲裁装备示意图

（1）编制 I/O 地址分配表

I/O 地址	符号	说明	I/O 地址	符号	说明
I0.0	SE0	启动 N1 伸出夹紧工件	Q0.1	YA1	控制夹紧缸 N1 伸出/退回
I0.1	SB1	启动 N1 伸出夹紧工件	Q0.2	YA2	控制冲裁缸 N2 伸出
I0.2	SB2	停止按钮	Q0.3	YA3	控制冲裁缸 N2 退回
I0.3	SP1	N1 位于下止点 发信号 N2 伸出			
I0.4	ST1	N2 位于下止点 发信号 N2 退回原位			
I0.5	SP2	N2 位于上止点 发信号 N1 退回原位			

（2）绘制电气控制线路图

汽车装配线上的板材冲裁装备电气控制线路图如实训图 9-8 所示。

（3）编制 PLC 梯形图程序

参考实训图 9-9 在电脑上编制汽车装配线上的板材冲裁装备 PLC 梯形图程序，并将编制好的 PLC 梯形图程序下载到 PLC 模块中。

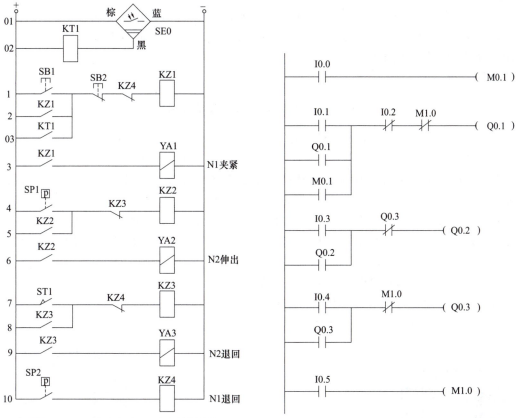

实训图 9-8 采用光电传感器的电气控制线路图

实训图 9-9 汽车板材冲裁装备 PLC 梯形图程序

（4）PLC 硬件接线

汽车装配线上的板材冲裁装备 PLC 硬件接线如实训图 9-10 所示。连接 PLC 电控线路，认真检查完毕后开机运行。

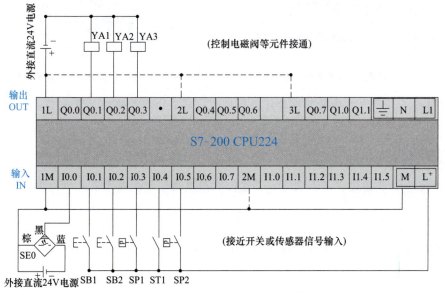

实训图 9-10 采用了光电传感器的 PLC 硬件接线图

【特别注意】

系统压力和 SP1、SP2 发信压力全部调到 3MPa，如果冲裁缸程序连续二次下行的情况，则尝试微微调高 SP1 的发信压力，或尝试微微调高主系统压力，或尝试调节调速阀的开度（调速阀的开度会影响系统压力）。

『知识拓展』

汽车工件专用钻床实训设备参考模型

汽车工件专用钻床可以对不同材料的工件进行钻孔加工。工件的夹紧和钻头的升降由两个液压缸驱动，动力源为同一个液压泵。夹紧液压缸应根据工件材料和形状的不同调整夹紧力，夹紧速度可调。钻头下降速度应稳定，不受负载压力大小的变化或油源压力的波动影响。

专用液压钻床的结构参考模型如实训图 9-11、图 9-12 所示，利用一个液压缸对工件进行夹紧，并利用另一个双作用液压缸实现钻头的进给。放上工件后启动，其工作过程为：

① 液压缸 A1 活塞杆伸出，夹紧工件；
② 液压缸 A2 活塞杆伸出，对工件进行钻孔；
③ 钻孔结束后，液压缸 A2 活塞杆退回；
④ 液压缸 A1 活塞杆退回，松开工件。

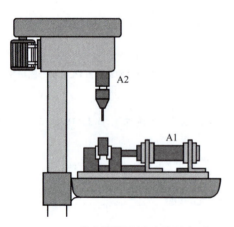

实训图 9-11　钻床模拟设计参考模型（一）

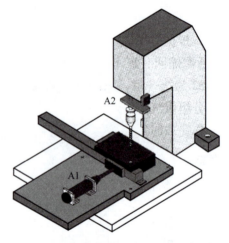

实训图 9-12　钻床模拟设计参考模型（二）

夹紧缸的工作压力应根据不同工件进行调节；需要检测工件的位置是否合适；执行元件需要考虑使用调速阀进行调速。

问题思考

『思考问题 1』　通过该实训项目，简述传感器检测技术在现代工业中的重要地位。

『思考问题 2』　说明行程开关及压力继电器控制顺序动作时各自的特点。

附　录

附录 1　常用液压与气动元件图形符号（摘自 GB/T 786.1—2021）

名称	符号	名称	符号
定量泵		单作用单杆缸（靠弹簧力复位）	
变量泵		双作用单杆缸	
定量马达（顺时针单向旋转）		双作用双杆缸	
变量马达（双向流动，顺时针单向旋转）		单作用柱塞缸	
变量泵/马达（双向流动，带有外泄油路，双向旋转）		单作用多级缸	
气马达		单作用气-液压力转换器	
空气压缩机		气压锁	
单作用增压器		梭阀（或门）	
单向阀		双压阀（与门）	
		快速排气阀	
摆动执行器/旋转驱动装置		二位二通方向控制阀（推压控制，弹簧复位，常闭）	

续表

名称	符号	名称	符号
二位二通方向控制阀(电磁铁控制,弹簧复位,常开)		先导式溢流阀	
二位三通方向控制阀(滚轮杠杆控制,弹簧复位)		直动式减压阀	
二位三通方向控制阀(单电磁铁控制,弹簧复位,常闭)		先导式减压阀	
二位四通方向控制阀(电磁铁控制,弹簧复位)		直动式顺序阀	
三位五通直动式气动方向阀(弹簧对中、中位时两出口都排气)		单向顺序阀	
二位四通方向控制阀(液压控制,弹簧复位)		节流阀	
二位五通方向控制阀(双向踏板控制)		压力继电器	
三位四通方向控制阀(液压控制,弹簧复位)		直动式比例溢流阀	
二位四通方向控制阀(电液先导控制,弹簧复位)		单向节流阀	
三位四通电磁方向控制阀(双电磁铁控制,弹簧对中)		调速阀	
三位五通方向控制阀(手柄控制,带有定位机构)		单向调速阀	
三位四通方向控制阀(电液先导控制,先导级电气控制,主级液压控制,先导级和主级弹簧对中、外部先导供油,外部先导回油)		分流阀	
直动式比例方向控制阀		集流阀	
直动式溢流阀			

续表

名称	符号	名称	符号
压力表		通气过滤器	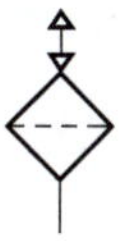
温度计		油雾器	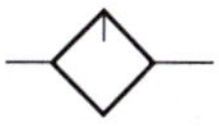
流量计		手动排水油雾器	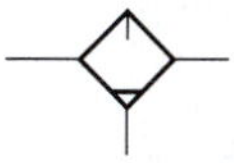
过滤器		不带有冷却方式指示的冷却器	
隔膜式蓄能器		采用液体冷却的冷却器	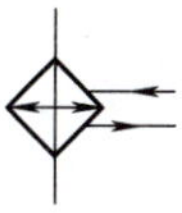
囊式蓄能器		采用电动风扇冷却的冷却器	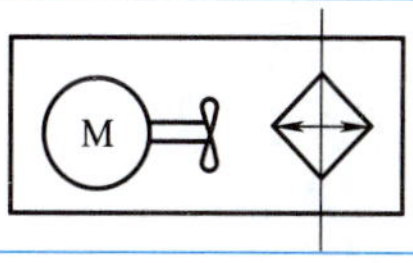
活塞式蓄能器		气源处理装置(气动三联件) 上图为详细示意图,下图为简化图	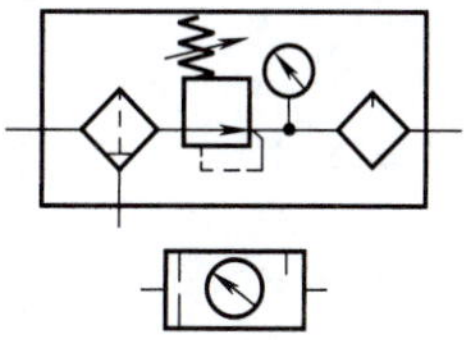
气瓶			
气罐		气压源	
带光学压差指示器的过滤器		带有手动排水分离器的过滤器	
带有压力表的过滤器		加热器	
吸附式过滤器		空气干燥器	
自动排水分离器		液压源	

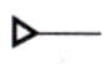

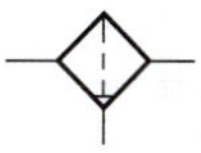

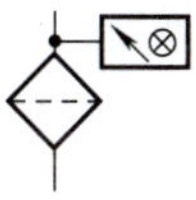

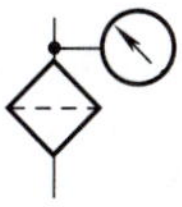

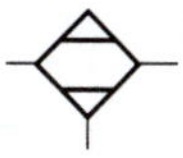

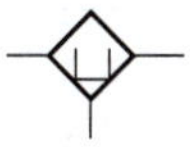

附录 2 常用电气图形符号

名称	图形符号	文字符号	名称	图形符号	文字符号
电阻器		R	电流表	Ⓐ	
电位器		RP	电压表	Ⓥ	
热敏电阻器		R_T	功率表	Ⓦ	
极性电容器		C	电阻表	Ω	
无极性电容器		C	电池		E
可调电容器		C	扬声器		SP
电感线圈		L	开关		S
耳机		B	天线		W
传声器		B	磁棒线圈		L
半导体二极管		VD	接机壳或底板		E
稳压二极管		VS	中间继电器线圈		KA
光敏二极管		VD	常开触头		相应继电器符号
发光二极管		VL	常闭触头		
晶体管(NPN)		VT			
晶体管(PNP)		VT			
熔断器		FU	三相笼型异步电动机		M
接地		GND			
灯		HL,EL	变压器		T
常开按钮		SB	常闭按钮		SB
限位开关常开触点		SQ	限位开关常闭触点		SQ

续表

名称	图形符号	文字符号	名称	图形符号	文字符号
直流发电机	Ⓖ	G	热继电器	热元件 FR ⊢ FR 触点	FR
直流电动机	Ⓜ	M			
交流发电机	Ⓖ	G	交流接触器	线圈 KM KM 主触点 辅助触点	KM
交流电动机	Ⓜ	M			
三相交流电动机	Ⓜ 3~	M			
插座和插头	—⌒	XS			
三极单投刀开关符号	QS	QS			
复合按钮	SB	SB			
通电延时型时间继电器	线圈 KT KT KT 通电延时接点	KT	断电延时型时间继电器	线圈 KT KT KT 断电延时接点	KT

参 考 文 献

[1] 赵波,王宏元. 液压与气动技术 [M]. 5版. 北京:机械工业出版社,2020.
[2] 宋锦春. 液压与气压传动 [M]. 4版. 北京:科学出版社,2021.
[3] 赵雷,陈翠. 液压与气压传动技术 [M]. 成都:西南交通大学出版社,2019.
[4] 王积伟. 液压与气压传动 [M]. 3版. 北京:机械工业出版社,2018.
[5] 黎少辉,李建松. 液压与气动技术 [M]. 北京:化学工业出版社,2021.
[6] 马振福. 液压与气压传动 [M]. 2版. 北京:机械工业出版社,2012.
[7] 李新德. 液压与气动技术 [M]. 北京:机械工业出版社,2017.
[8] 毛好喜. 液压与气动技术 [M]. 4版. 北京:人民邮电出版社,2021.